U0910255

刘瀑
——
著

中部崛起

THE RISE OF CENTRAL CHINA

人力资本积聚与产业升级之路

The Interaction between Human Capital Accumulation and Industrial Upgrading

社会科学文献出版社
SSAP
SOCIAL SCIENCES ACADEMIC PRESS (CHINA)

国家社会科学基金项目（15BRK030）

河南省哲学社会科学规划项目（2021BJJ113）

河南省高等学校哲学社会科学创新团队支持计划（2022-CXTD-05）

河南省高等教育教学改革研究与实践项目（2021SJGLX111Y）

序　言

中国经济正处于由高速增长阶段向高质量发展阶段转变的关键期，中部地区依靠资源要素大量投入、技术模仿和生产要素低成本的增长模式难以为继，必须实施创新驱动发展战略，加快推进经济发展方式转变。人力资本是创新的核心资源，加快人力资本积聚对于中部地区产业结构转型升级及经济增长方式转变有着重大的现实意义。本书在构建人力资本积聚和产业结构转型升级耦合机理的基础上，从中部地区人力资本和产业结构的特征出发，分别从人力资本存量、人力资本异质性和人力资本空间溢出等多个角度研究中部地区人力资本积聚与产业结构转型升级的关系，探讨加速中部地区人力资本积聚的路径，并在借鉴国际经验的基础上，提出相关政策建议，期望能够加速人力资本积聚，助推中部地区产业结构转型升级。

本书的突出特色有以下两点。

一是理论与实践相结合，研究服务于实践。本书通过梳理相关理论和已有研究成果，把整个研究建立在坚实的理论基础之上。同时，从中部地区破解要素禀赋约束、提升区域核心竞争力和实施创新驱动发展战略等的迫切要求出发，结合中部地区人力资本和产业结构发展历程及现状，构建人力资本积聚和产业结构转型升级的耦合机理，并从不同角度进行实证分析。通过理论分析和实证研究，提出中部地区加速人力资本积聚的路径和加快产业转型升级的政策建议。

二是计量分析与案例分析相结合使研究结论更加科学合理。一方面，本书构建计量模型，探讨了中部地区人力资本积聚与产业结构转型升级的关系，以及人力资本积聚的机制。以上研究为中部地区的政策选择提供了科学的依据。另一方面，本书借助案例分析，探讨了中部地区产业结构转型升级的现实困境，为中部地区加速人力资本积聚支撑产业结构转型升级提供了可行的路径。此外，本书还用案例分析法对发达国家在经济转型过程中人力资本积聚和产业结构转型升级的关系进行考察，并对其经验和做法进行总结和归纳，使本书的政策建议更具有可行性。

本书的学术价值、应用价值以及社会影响和效益主要体现在以下几个方面。

一是有利于进一步丰富人口经济学和产业经济学理论。中部地区是支撑全国发展的人口密集区和产业承载区，在经济高质量发展的过程中，人力资本积聚与产业结构转型升级还存在一些阻碍因素和难题，目前相关的理论研究还比较薄弱。本书系统研究了中部地区人力资本积聚与产业结构转型升级的现状，从定量分析到定性概括，从案例分析到经验总结，有利于进一步丰富人口经济学和产业经济学理论。

二是有利于促进中部地区经济高质量发展。当前，促进中部地区发展的关键在于突破资源禀赋约束，加快产业结构转型升级，而加快人力资本积聚是推动产业结构转型升级的有力支撑。本书探讨了人力资本积聚和产业结构转型升级的互动关系，相关研究成果不仅对提升中部地区创新能力、实现经济高质量发展至关重要，也有利于促进我国区域协调发展。

三是为各级政府制定区域经济政策提供参考。本书以理论为指导，着眼于中部地区的实践，通过历史回顾和实证考察，借助计量模型，对中部地区人力资本和产业结构的发展进行全面的研究，构建了加速人力资本积聚的路径，提出了推动产业结构转型升级的方式，可以为各级政府的决策提供有益参考。

人力资本积聚支撑产业结构转型升级是一项复杂的系统工程，本项目后续将在以下三个方面进行深入研究。第一，进一步优化人力资本核算指标。人力资本是凝结在人身上的知识和能力，难以定量测算。本书以常用的平均受教育年限来衡量人力资本，优点是简单明了、易于测算，缺点是忽略了劳动者的健康、“干中学”等特质。所以，用综合指标来衡量区域人力资本，可以使相关的经济分析更具科学性。第二，进一步细化产业分类。不同产业对人力资本质量和数量的要求是有差异的，而人力资本的异质性使其在不同产业的表现力不同。但本项目主要是按照传统的三次产业来分析，涉及细分产业和按照生产要素分类的实证较少，需要深入到产业内部来研究二者的关系。第三，在城市层面进行分析。无论在发达国家还是发展中国家，人力资本积聚的主要场所是城市，它具备成熟的公共教育、文化、医疗等服务体系，并且产业分布密集，为劳动者就业、教育及就医提供平台，是获取信息与交流知识、实现人力资本积聚的理想之地。而不同规模和不同区位的城市的人力资本和产业结构具有不同的特点，因此，可以进一步在中部六省的城市层面，探讨在不同规模、不同区位的城市中，人力资本积聚与产业结构转型升级的关系。

刘诗白

摘　要

世界经济发展史表明，一个区域的经济发展水平和其拥有的自然资源的丰裕度关联不大，但是与人力资本丰裕度及开发程度正相关。一般来说，人力资源丰富、人力资本开发利用效率高的区域，其经济发展水平就高；反之，人力资源贫乏、人力资本开发利用效率低的区域，其经济发展水平就比较落后。基于此，落后地区可以通过人力资本的积累和提升，推动产业结构优化升级，从而实现“弯道超车”。我国中部地区的经济发展水平落后于东部沿海地区，同时面临着越来越严重的资源与环境约束，再加上劳动力低成本优势不再明显，中部地区经济发展面临着严峻的挑战。在这种困境下，中部地区需要另辟蹊径，加快人力资本积聚，让创新成为中部地区经济高质量发展的新引擎。

本书在梳理人力资本理论、经济增长理论、产业结构升级理论和相关研究成果的基础上，剖析了中部地区人力资本和产业结构的特征，揭示了中部地区人力资本积聚和产业结构转型升级在互动发展过程中存在的问题，从理论上构建了人力资本和产业结构的耦合机理。同时，设定计量模型，从人力资本积累、异质性和空间集聚等角度，综合城市化、科技水平和对外开放等因素，深入剖析中部地区人力资本积聚与产业结构转型升级的关系，从中归纳出有助于人力资本积聚及产业结构转型升级的几个理论观点。进一步地，建立双向固定效应面板模型，探讨中部地区加速人力资本积聚的路径，并在借鉴国际经验的基础上，从提升高等教育水平和着力发展职业教育、完善人才引进和服务体系、统筹以产业为导向的人才集聚、加强人才交流与合作等方面提出政策建议，以期助推中部地区产业结构转型升级，实现中部地区经济由高速增长到高质量发展的转变。

目　录

第1章 导言

经济增长始终是经济学研究的核心问题之一，而产业结构优化升级是经济增长的重要方面。2020年4月，习近平总书记在陕西调研时强调中国经济正处于转变发展方式、优化经济结构，由高增长阶段向高质量发展阶段转变的关键期。那么，落后地区如何通过产业结构转型升级使经济质量得以提升呢？也就是说，是否存在推动区域间经济增长的趋同因素？世界经济发展史表明，一个区域的经济发展水平和其拥有的自然资源的丰裕程度之间的关联度并不大，自然资源丰富的国家或地区的经济增长率不一定高于自然资源匮乏的国家或地区。但是人力资本丰裕度及开发程度，一定与经济发展质量正相关。这表明，可以通过人力资本的积累和提升，推动落后地区产业结构优化升级，从而使落后地区经济实现“弯道超车”。

中部地区正处于产业结构转型升级的关键时期，经济结构正由工业主导型向服务业主导型转变。受疫情影响，在外需不足而内需又正在升级的情况下，中部地区产业结构转型升级面临多重挑战：供给不足的问题已转化为传统产业供给能力过剩；经济发展方式仍然依赖资源型产业，技术密集型产业发展缓慢；产业附加值低，缺乏足够的竞争优势。从生产要素相对优势看，过去低廉且丰富的劳动力是中部地区发展的最大优势，丰富的劳动力资源使引进的技术和管理知识能迅速转化成生产力。但随着“刘易斯拐点”的逼近，人口红利日渐削弱，人口老龄化步伐加快，农村富余劳动力减少，单纯依靠劳动力成本优势已经难以继续维持经济的高增长态势。在这种困境下，中部地区需要另辟蹊径，加快人力资本积聚，让创新成为中部经济发展的新引擎。发达国家的经济发展实践及众多学者的研究都表明，人力资本在经济增长及产业结构优化中起着不可替代的重要作用。人力资本作为核心的高级生产要素，具有正外部性和收益递增的特性。劳动者可通过人力资本投资提升自身的综合素质，更好地配置生产要素，提高生产效率和自身劳动技能。人力资本积聚对产业结构调整和优化起着支撑作用，一方面通过加快技术创新速度，不断促进新兴产业发展，从供给侧推动产业结构升级，另一方面通过促进消费升级，刺激更多新兴产业出现，从需求侧推动产业结构优化升级。近年来，中部地区人力资本存量随着经济增长快速增加，人力资本流量也随着东部沿海地区产业转移增多，中部地区人力资本的质量得到大幅度提升。但是，中部地区仍然面临着不同层次人力资本水平差异较大、初级人力资本比重较高、高水平人力资本相对稀缺、人力资本在产业间分布不均、人力资本与产业结构在匹配上扭曲错位等问题，这将阻碍中部地区产业结构的转型升级和经济增长方式的转变。

作为中国人口最密集的区域，中部地区正处于由传统产业向现代产业转型升级的关键时期，而人口老龄化程度的加深以及人口红利的减弱势必对中部地区崛起带来严峻挑战。要实现中部地区发展方式的成功转变和经济的可持续发展、缩小与东部沿海地区的差距，必须将经济增长的动力从劳动力成本优势转化为人力资本优势，提高人力资本存量，优化人力资本结构，加速人力资本积聚，为产业转型升级提供有效的人力资本保障。

本书正是以中部地区为研究对象，探讨如何通过人力资本积聚加速产业结构转型升级，从而推动中部地区高质量发展。首先，本书基于新结构经济学视角，分析中部地区内部要素禀赋及外部发展环境，阐述中部地区产业结构转型升级从依靠低劳动力成本、原始资源和投资推动到依靠人力资本积聚推动的必要性。（1）破解自然环境约束的需要。中部地区经济发展对资源型产业的依赖较为严重，环境承载能力已经达到或接近上限，必须推动形成绿色、低碳、循环的发展新方式。（2）提升区域核心竞争力的需要。中部地区产业以原材料产业和初级产品加工制造业为主，产业链条短、研发能力弱、缺乏规模优势，必须依靠科技进步和劳动者素质的提升，实现中部地区经济的跨越式发展。（3）发展战略性新兴产业的需要。战略性新兴产业的发展依赖技术和人才的支撑。（4）实施创新驱动发展战略的需要。复杂的国际和国内环境对中部地区实施创新驱动战略产生深刻影响，一方面，制造业出现向发达国家或地区回流的迹象，另一方面，国内各区域在各种要素和市场之间的竞争激烈，其中最关键的是人才竞争。

其次，本书对中部地区人力资本积聚与产业结构发展特征进行研判。（1）分别从人力资本投入、人力资本存量、人力资本层次结构、人力资本分布结构和人力资本空间集聚等角度探讨中部地区人力资本积聚特征，发现在加大人力资本投入后，中部六省人力资本存量增加、层次结构优化、分布结构趋于合理、空间集聚度提高。但是和全国平均水平相比，人力资本存量仍然较低，中级和高级人力资本在总人力资本中的比重有待提高，人力资本积聚度较低，人力资本流失严重。（2）分析中部地区产业结构发展特征。从三次产业的产值结构和就业结构看，中部六省第一产业产值比重和就业比重总体呈下降趋势，各省之间的差距缩小；第二产业产值比重在样本期先升后降，就业人数增速减缓，表明中部地区正提前进行"去工业化"。第三产业的发展未能与第一、第二产业同步，但其吸纳就业的能力增强，就业人数已经反超第二产业。从产业结构优化角度考察，中部地区产业结构偏离程度呈现下降趋势，但仍高于全国平均水平，说明中部地区产业结构合理化程度还较低；产业高级化速度明显加快，增速高于全国平均水平，与全国产业高级化程度的差距正在缩小。（3）分析人力资本积聚与产业结构转型升级的困境。第一，人力资本素质差，产业结构同质化程度高。第二，人力资本的产业分布不均衡，结构性矛盾突出。第三，高层次人才匮乏，难以满足产业结构转型升级的需要。

再次，构建人力资本积聚与产业结构转型升级的耦合机理。人力资本积聚能够推动区域产业结构转型升级，其作用机制如下。（1）生产效应。人力资本的积聚不但可以提高人力资本的边际生产率，同时还可以提高其他生产要素的边际生产率，从而改变生产要素投入结构，带来区域产业结构的转型升级。（2）配置效应。人力资本与其他要素在边际生产力上的差异所导致的生产要素在产业间的流动和重新配置，决定了产业结构转型升级的速度。（3）溢出效应。人力资本积聚地区会引起技术和物质资本等生产性要素的更多流入，各类生产要素的集聚为产业结构转型升级提供更高级的要素组合。（4）收入效应。人力资本的积聚提高了劳动生产率，进而提高了劳动者的收入水平，并引起消费结构的变化，从而推动产业结构转型升级。同时，区域产业结构转型升级也会反过来促进人力资本的积聚。（1）倒逼效应。产业结构的变化导致高层次人力资本的需求不断上升和低层次人力资本的需求不断下降。全社会在人力资本方面的投资大幅度增长，高等教育全面普及，在职培训成为常态，劳动者不断通过学习来适应经济社会发展对劳动力的要求。（2）吸引效应。区域产业结构转型升级促进形成新的增长极，推动区域经济增长和收入水平的提高，从而加速人力资本积聚。这种人力资本积聚来自两条路径，一是其他区域的高素质劳动力被高收入所吸引而转移到本区域来，二是本地劳动者有更高的积极性进行人力资本投资，从而提高自身素质和技术能力。总之，人力资本积聚和产业结构转型升级共同推动区域经济高质量发展。

最后，分别从人力资本存量、人力资本异质性和人力资本空间溢出等角度，用计量模型实证研究中部地区人力资本积聚与产业结构转型升级的关系，得到如下结论：人力资本积聚促进了中部地区产业结构转型升级。

本书还运用双向固定效应模型实证考察了人力资本积聚的路径。结果表明，产业集聚程度、地区工资水平、城市化率以及到大港口距离是影响地区人力资本积聚的主要因素，并且该种影响受到地区经济发展水平、受教育程度以及国家中心城市政策定位等因素的异质性影响。为更好地探寻加速人力资本积聚的做法，本书还梳理了美国、日本、韩国、德国人力资本积聚和产业结构升级的经验。

本书的创新之处在于以下三个方面。(1) 构建人力资本积聚与产业结构转型升级的耦合机理。一方面，人力资本积聚是因，区域产业结构转型升级是果，人力资本积聚通过生产效应、配置效应、溢出效应和收入效应促进区域产业结构转型升级；另一方面，区域产业结构转型升级是因，人力资本积聚是果，区域产业结构转型升级通过倒逼效应和吸引效应促进区域人力资本积聚。人力资本积聚与产业结构升级互为因果，相互促进，共同推进区域经济发展。本书对两者耦合机理的分析丰富了人口经济学理论和产业经济学理论。

(2) 实证考察中部地区人力资本积聚与产业结构转型升级的关系。本书揭示了中部地区人力资本积聚和产业结构转型的特征及两者在互动发展中存在的问题，并设定计量模型，从人力资本积聚、异质性和空间集聚等角度，综合城市化、科技水平和对外开放等因素，定量分析了中部地区人力资本与产业结构转型升级的关系。

(3) 将人力资本的空间依赖性纳入人力资本积聚的考察体系。鲜有文献考虑人力资本积聚的空间依赖性，一般在分析问题时将空间效应包含于人力资本积聚效应之中，从而导致高估人力资本积聚效应。本书充分考虑了人力资本积聚的空间依赖性，运用 Getis 空间过滤模型进行过滤处理，消除空间效应的影响，考察人力资本积聚水平的地区差异对产业结构升级的影响以及地理邻近性引致的人力资本空间溢出给产业结构升级带来的红利，并通过与传统的要素驱动的发展方式进行对比分析，更好地把握区域产业结构优化升级的政策取向。

第2章　人力资本、产业结构转型升级的内涵与相关研究

2.1　基本概念界定

2.1.1　人力资本内涵

第二次世界大战后，人力资本的概念被越来越多的学者接受。Schultz（1961）对人力资本理论进行了系统阐述，他认为人力资本就是劳动者身上的无形资产，主要通过教育、培训、医疗保健以及迁移等方式形成。我国大部分学者支持舒尔茨对人力资本的界定。经济合作与发展组织将人力资本定义为“个人拥有的能够创造个人、社会和经济福祉的知识、技能、能力和素质”①。李忠民（1999）把人力资本定义为“凝结在人体内，能够物化于商品或服务，增加商品或服务的效用，并以此分享收益的价值”。李玲（2003）提出人力资本是凝聚在人体中的各种能力的总和，包含知识、技术、经验、能力和健康等一系列因素，它具有经济价值，能带来未来收益并能参与收益分享。张凤林（2006）认为人力资本是对人投资和开发形成的各种能力的总和，包含身体、职能和文化道德三个方面。闵维方（2020）提出非认知能力是人力资本更重要的组成部分。

综上所述，本书认为人力资本是投资在人身上的知识、技能和健康等具有经济价值的能力之和。此外，由于教育在人力资本中起着至关重要的作用，鉴于数据的可获得性，本书第4章着重从教育的角度选取人力资本的各项指标进行实证研究。

---

① 孙海波：《我国人力资本及其空间分布对产业结构升级影响研究》，吉林大学博士学位论文，2017。

2.1.2 人力资本积聚内涵

周秀英（2000）认为人力资本积聚就是通过人力资本积累而不断增大的人力资本存量，是人力资本积累的静态产物。王金营（2013）指出人力资本附着在劳动力的身体上，因此必然随着人口的聚集而积聚。然而，这种人力资本积聚的性质和物质资本的逐利性有明显的差异，因为人力资本的流动和聚集除了逐利性，还有对生活、生产、环境、家庭以及政治和军事等诸多方面的考量。因此，王金营认为应该充分利用各种途径和因素，促进人口、劳动力的聚集从而带动人力资本的积聚。通常来讲，资本积聚是指资本通过积累，把自身获得的剩余价值转化为资本，是单个资本依靠剩余价值的资本化来增大自己资本总额的过程。根据资本积聚相关理论和学者们的研究成果，本书认为人力资本积聚就是在一定时期内，人力资本存量的增加和人力资本在地理空间上的集中，即人力资本的积累与集聚。

其中，人力资本积累是指在人体之中，能够投入到生产中的知识、技术、能力等因素的价值积累过程，通常表现为人力资本的存量和增量。人力资本存量决定着劳动效率的高低，增量表示人力资本存量的增加情况，人力资本积累的过程正是人力资本存量及增量变化的过程，积累的途径主要是非生产性的教育和生产性的产业发展所带来的“干中学”效应和“知识外溢”。人力资本积聚可以增强劳动者的技术水平、熟练程度，提高产出效率，从而推动区域产业结构优化，促进经济增长。正如 Schultz（1961）所说：“人类未来不是由空间、能源和耕地决定，而是由人类的知识发展决定。”

2.1.3 产业结构转型升级内涵

产业结构，也被称为国民经济的部门结构，是指国民经济各产业部门之间和各产业部门内部的结构，通常由各产业部门之间的比重（产值比重）和就业人数比重（就业结构）来衡量。本书探讨的产业结构仅强调三大产业部门（农业、工业和服务业）间的经济联系和数量对比关系，不涉及产业部门内部的结构。

产业结构转型升级是受外部资源、环境和市场等发展条件制约，产业内部要素配置不合理，阻碍产业发展，必须通过重组产业要素，也就是将资本、劳动力等生产要素从衰退产业向新兴产业转移，形成新的产业结构以实现产业长远发展。

对于产业结构转型升级，国内外研究时一般将其等同于产业结构升级，有学者从产业价值链条方面阐述产业结构升级，也有学者从产业层面进行解读。国外学者主要从微观企业角度界定产业结构升级的内涵，认为产业结构升级是企业产品质量的提升以及经济全球化下企业在全球价值链中地位的上升。Ernst（2010）认为产业结构升级是指产业从低附加值向高附加值的转变、从依赖自然资源到依赖物质资本和社会资本的转变、产品被需求层次的升级、价值链环节的升级、产业关联层次的升级等。Gereffi（1999）认为企业自身能力不断提升的过程就是产业结构升级。Poon（2004）认为企业生产的产品从低价值产品向资本或技术密集型的高价值产品转变就是产业结构升级。Lima（2009）提出，企业不断提高在价值链内的相对竞争地位的过程就是产业结构升级。国内学者对产业结构升级的研究主要集中在两个方面。一是从主导产业更替角度来分析产业结构升级。例如，国内最早对产业结构升级进行研究的学者周振华（1992）从我国实际出发，指明产业结构调整的两个方向，即合理化和高级化，并对其中的机制进行深刻的剖析，金碚（2020）、陶长琪和彭永樟（2018）对此也持相同的观点，周璇（2017）认为产业结构升级内涵还应该包括产业高效化。另外，李子伦（2014）认为产业结构从低级形态向高级形态不断演进的过程，就是产业结构升级。刘伟和蔡志洲（2018）认为产业结构升级的核心包括结构的高级化演进和效率改善，二者相辅相成。二是从全球价值链视角研究产业结构升级的含义。周昌林和魏建良（2007）提出产业结构转型升级具体表现为四个方向的“递进”：沿着第一、第二、第三产业方向；由劳动密集型向资本密集型进而向知识、技术密集型方向；由低附加值向高附加值方向；由低加工度产业向高加工度产业方向。林晶和吴赐联（2014）、陈生明等（2017）对此也持相同观点。

综上所述，产业结构转型升级的内涵大致可以从微观、中观和宏观三个层面进行理解。微观上产业结构转型升级是指企业整体结构升级的过程，如通过技术进步、管理方式的改进、产业链的升级等，企业效率得到提升、整体结构得到改善、产品附加值实现提高。中观上产业结构转型升级是指一个产业内部产业链定位达到更高级的状态，这可能是由产业内部的某个重要企业生产效率改善、生产技术水平提升而带动的整个产业的结构升级。宏观上产业结构转型升级是指资源在各产业间的重新配置，通过淘汰低附加值、低技术含量、高耗能的产业，实现产业结构由低层次产业向较高层次产业不断发展的动态过程。

本研究同样认为，产业结构转型升级是地区间的产业结构演进，是产业结构高级化和产业结构合理化的有机统一（干春晖等，2011）。产业结构合理化是一定时期内产业间的要素配置、产业比例的协调程度，可从产业间的比例关系，尤其是人力资本在各产业间的投入比例来考察产业结构合理化。产业结构高级化既包含产业间升级，即三次产业间第三产业比重不断上升及第一、第二产业比重不断下降，也包含产业内升级，即产业结构由低附加值的劳动密集型产业向高附加值资本、技术密集型产业发展。无论从哪一个层次界定产业结构转型升级内涵，其核心都是产品附加值的提高。在经济活动中，人力资本的积聚是提升区域产品附加值、促进产业结构优化的根本条件。

2.2 人力资本与产业结构升级相关理论

2.2.1 人力资本相关理论

2.2.1.1 早期人力资本理论

早在几千年前，我国古代圣贤者就已经认识到人具有提高收入的能力，并意识到这种能力对推动经济社会发展至关重要。例如，管仲就认为教育是收益最大、获利时间最持久的投资。在西方，第一次工业革命后，劳动者的素质在机器化大生产中的重要作用日益凸显，英国古典经济学家威廉·配第首先意识到人的素质差异可以导致生产力的不同，提出“土地为财富之母，而劳动则为财富之父和能动要素”的著名论断；18 世纪法国重农学派代表人物魁奈也指出培养人的重要性；英国古典政治经济学家亚当·斯密明确指出人力资本的概念及投资思想，他指出，教育投入所获得的知识技能可固化为学习者的一种资本，这种资本和生产产品时的机器一样，是社会上可以带来利润的固定资本。随后，法国古典经济学家让·巴蒂斯特·萨伊更清晰地阐明了人力资本的概念和投资思想；英国古典经济学家大卫·李嘉图以边沁的功利主义为出发点，建立起了以劳动价值论为基础的理论体系，阐明了人力资本的价值，这个观点受到约翰·斯图亚特·

穆勒的认同。穆勒认为，人力资本投资的差异会导致收入的不同，并指出接受教育和培训可以增加知识、积累经验，也是人力资本积累的途径，第三个人力资本积累途径是通过医疗保健获得健康。

马克思在古典政治经济学劳动价值理论的基础上，创立了劳动二重性理论。他从哲学的高度阐述了人是劳动的主体，且劳动有具体和抽象之分，它们作用于自然资源这个客体，在商品价值形成中起到不同的作用。马克思在《资本论》关于“总体工人”的论述中，对脑力劳动给予了肯定，认为这些劳动也是创造价值的劳动。因此，他指出，必须对生产力最活跃的因素——劳动者进行培训，“教育会生产劳动能力”。马克思的劳动价值论对后来的人力资本研究有很大的启发。

1890 年马歇尔在《经济学原理》中明确提出，相比物质财富，知识财富具有重要的作用，且最有价值的资本是人力资本。著名经济学家欧文·费雪在《资本和收入的性质》一书中指出，劳动力应该同物质资本一样，归到资本名下。美国经济学家沃尔什试图测算正规教育收益率，指出教育成本应包括学生受教育的费用和“机会成本”。除此之外，还有许多学者从不同角度提出了与人力资本有关的经济思想。

2.2.1.2　现代人力资本理论

现代人力资本理论诞生于 19 世纪 50 年代末 60 年代初，在 1970 年前后达到顶峰，是经济理论中重要的组成部分。第二次世界大战后，许多经济学家试图探寻西方发达国家经济持续增长的根源，但用传统经济增长模型测算时普遍发现回归结果有一个很大的“剩余”，由此产生了人力资本理论。由于当时各发达国家劳动力平均受教育程度较高，一些学者注意到受教育水平提升对生产的促进作用，开始系统研究人的知识和能力的提升对产业结构变迁、经济增长的推动机理和作用。在此过程中，西奥多·舒尔茨等经济学家从不同角度研究人力资本，共同搭建了人力资本理论的基本框架，为人力资本理论发展做出了重要贡献。

诺贝尔经济学获奖得者、美国著名经济学家舒尔茨对人力资本理论的形成和发展进行了开创性的研究。他在 1960 年发表的题为“人力资本投资”的演说中对人力资本做了系统的阐述，成为人力资本理论形成的重要标志之一。舒尔茨认为人力资本具有异质性，而人力资本投资正是异质性产生的原因。在《教育与经济增长》《教育的经济价值》等一系列重要著作中，舒尔茨指出，教育的发展即对人力资本的投资是许多国家经济高增长的原因。除了理论分析外，舒尔茨还实证检验了教育对经济增长的作用。不过，舒尔茨对于人力资本理论的探讨主要从宏观层面展开，缺乏对微观层面的研究。

美国经济学家贝克尔在微观经济分析方面发展了人力资本理论，并确立了一个一般性的框架，使之数学化。他在 1964 年发表的经典著作《人力资本》中系统论述了人力资本形成的各项投资及收益，强调正规教育和职业培训支出对人力资本形成的重要性。美国经济学家明塞尔从个人收入分配以及劳动经济问题角度研究人力资本理论，他在收入方程方面的经典工作更是推动了人力资本理论的实证研究。明塞尔把受教育年限纳入收入方程，根据斯密的补偿理论从微观经济分析的角度构建人力资本投资的收益率模型，即“明瑟收入方程”，据此探讨人力资本投资量（受教育年限）和个人收入之间的关系，并计算教育投资的收益率。正是由于个人对人力资本投资的决策不同，造就了不同的收入分配格局。明塞尔还将人力资本理论和研究方法应用于劳动力的市场行为和家庭决策，并提出了一些具有创新性的理论见解。

2.2.1.3 当代人力资本理论

人力资本理论自从创立之后，成为许多国家发展经济的理论依据。国际宏观经济环境的变化，尤其是 20 世纪 70 年代的石油危机，促使学者们从不同角度重新审视教育和经济之间的关系。其中，最具有代表性的是罗伯特·卢卡斯和保罗·罗默，他们在研究中都揭示了人力资本对促进经济长期增长的作用，明确了经济发展过程中人力资本的关键价值。

美国著名经济学家、芝加哥学派代表人物罗伯特·卢卡斯对人力资本最主要的贡献体现在《论经济发展的机制》等一系列研究论文中，他将人力资本作为独立的生产要素纳入经济增长理论，指出经济之所以没有出现索罗模型中的收敛趋势，是因为外在技术发展转化成了专门的人力资本，成功地解决了世界经济发展与索罗模型间的矛盾。卢卡斯将人力资本的效应分为内部效应与外部效应，其中内部效应更多地关注个体知识技能的增长对经济的影响，会出现边际收益递减的问题；外部效应是人力资本促进各种生产要素相互作用的综合效应，人力资本的外部效应是经济增长的动力。

保罗·罗默论证了人力资本的数量和质量决定经济增长率，是人力资本而不是人口决定经济增长。他还认为基础知识具有非竞争性和非排他性的特征，技术不是完全排他的，而人力资本既具有竞争性又具有排他性。据此，罗默构建了三部门的经济增长模型，一是竞争性的研究部门，二是垄断竞争的中间产品部门，三是竞争性的最终产品部门。该模型更深入地揭示了技术进步的经济逻辑，即知识与技术具有非竞争性和部分非排他性，其边际收益是递增的，因而人类经济在长期是可持续增长的。

卢卡斯和罗默通过构建模型，揭示了人力资本对经济长期持续增长的促进作用。美国经济学家詹姆斯·赫克曼沿用贝克尔的研究方法，在微观层面建立了从人的生命周期角度动态分析人力资本投资的理论框架，对人力资本政策做出了更科学的评价。赫克曼的全生命周期动态人力资本理论有两个关键点：一是强调人力资本投资前期与后期的互补性，据此，他提出了著名的生命周期人力资本收益率曲线；二是强调非认知能力的重要性。总之，赫克曼将人力资本理论建立在更为全面系统的基础之上，解决了人力资本理论构建过程中的诸多难题。

2.2.2　产业结构转型升级相关理论

2.2.2.1　平衡和不平衡增长理论

（1）平衡增长理论。平衡增长理论的核心思想就是，发展中国家如果想消除贫穷，就只有快速发展，早日实现工业化。而资本又是推进工业化进程的重要因素，这就意味着中部地区要想加速崛起，必须大力发展工业，提高工业化程度。也就是说，要大量投资工业部门，确保工业化发展过程的资金保障，才能实现工业的大发展，才能从根本上解决中部地区的发展问题。英国著名发展经济学家罗森斯坦·罗丹于 1943 年在《东欧和东南欧国家工业化的若干问题》一文中提出的“大推进”理论、发展经济学家纳克斯的“贫困的恶性循环”理论等，都是平衡增长理论的代表。这些理论都能很好地指导中部地区在发展过程中，有效地规避“贫困恶性循环”或者“低水平均衡”，从而确保中部地区工业化的平衡发展。

（2）不平衡增长理论。在《经济发展战略》中，赫希曼从主要稀缺资源（人才、资金等）应得到充分利用的认识出发，提出了“引致投资最大化”和“关联效应”理论。他认为在投资过程中，可以通过关联效应传递机制，优先投资那些在产业结构中关联效应最大的产业，并通过这些关联产业，引起投资的连锁效应，最终实现整个产业的发展和经济增长。据此，中部地区应该集中力量，重点塑造一些品牌产业、关联产业，以快速获得经济效益，然后再逐渐增加对其他产业的投资，促使中部地区的经济全面、快速发展。

2.2.2.2 主导产业理论

(1) 罗斯托的主导产业扩散论与经济成长阶段论。20 世纪 60 年代，发展经济学先驱华尔特·惠特曼·罗斯托运用历史阶段分析法、部门总量分析法和心理因素分析法等方法，深入考察世界经济增长规律和发展历史，开创性地提出主导产业扩散论和经济增长过程的六个阶段。其中，主导产业扩散论提出，主导产业部门的迅速扩大，使得主导产业通过回顾效应、旁侧效应和前向效应带动其他产业部门的发展，进而推动整个社会经济增长。罗斯托根据人类经济发展中，主导产业由物质服务部门到精神服务部门递进、社会生产力由低层次向高层次递进的规律，将人类文明进程划分为六个阶段，并指出每个阶段的主导产业。这就启示我们要依据中部地区经济发展水平，在不同阶段重点发展相对应的主导产业，以便有针对性地构建起一个主导产业部门，从而有效实现产业贡献率的整体提升以及社会生产部门的联动发展，最终带动经济体不断向高质量阶段发展。

(2) 筱原三代平的动态比较理论。筱原三代平认为一国经济的发展是动态的而不是静态的，而比较成本也具有动态优势。如果按照李嘉图的比较优势理论，发达国家和发展中国家的差距将越来越大，因此，从发展和动态的角度出发，发展中国家要重点发展那些有潜力且对国民经济有重大意义的产业。他依据“需求收入弹性基准”和“生产率上升基准”选择具有动态优势的主导产业，指出在政府 10 年、20 年的扶持和保护下，这些产业将有可能成为强有力的出口产业，从而取得动态的比较成本优势。20 世纪六七十年代，日本主要依据筱原三代平的“两基准”原则，优先发展和重点扶持钢铁工业、机械工业和石油精制等市场需求旺盛、投入产出率较高的产业，实现了经济大发展。

2.2.3 产业结构演进理论与人均收入理论

2.2.3.1 配第 – 克拉克定律

关于产业结构升级一般规律的研究，最早开始于 17 世纪。威廉·配第在《政治算术》一书中，研究英国、荷兰和法国三国经济结构形成的原因时，揭示了不同产业部门创造收益的差异，指出在工业、农业和商业三个产业部门中，商业部门的收益最大，其次是工业部门，最后是农业部门，并据此推断英国经济最终可以超越荷兰和法国。但配第并没有揭示国民收入与产业结构变迁的关系。不过，在配第研究的基础上，英国经济学家科林·克拉克通过实证分析证实了配第的结论，揭示了三次产业产值比重和劳动力就业比重变动的规律。该规律为本研究提供了判断劳动力转移的方法。

2.2.3.2 库兹涅茨的人均收入理论

美国经济学家西蒙·库兹涅茨将产业分为农业、工业和服务业三大部门，为产业结构的后续研究奠定了基础。库兹涅茨通过搜集和整理多国数据，运用经济统计分析法，考察产业产值结构和劳动力就业结构在国民经济发展中的变动规律，这一成果被称为库兹涅茨人均收入理论，是对配第 – 克拉克定律的继承和发展。

根据库兹涅茨人均收入理论，（1）随着经济社会的发展，在国民收入中农业产值比重下降的同时，劳动力就业比重也将随之下降；（2）工业产值比重不断上升的同时，劳动力就业比重基本不变或者略有上升；（3）服务业部门在国民收入和劳动力就业人数中的比重呈上升趋势，这表明各产业间的劳动生产率是有差异的，农业比较劳动生产率是小于 1 的，工业比较劳动率整体是上升的，服务业的比较劳动率是下降的，说明服务业对劳动力的吸纳能力很强。

2.2.3.3 钱纳里的标准产业结构理论

在配第、克拉克和库兹涅茨的研究基础上，钱纳里等（1986）建立多国模型，对二战后 9 个准工业化国家的时间序列数据进行比较研究，得出经济发展不同阶段所具有的经济结构的标准数值，提出了标准产业结构。

钱纳里的标准产业结构继续采用产值结构和就业结构两个指标来衡量。钱纳里提出的产业结构划分标准比库兹涅茨的划分标准更加精细，也更精准地归纳了产业结构演变特征。

具体来看，钱纳里等（1986）根据人均 GDP，将不发达经济到成熟工业经济的整个过程分为三个阶段——前工业化阶段、工业化阶段和发达经济阶段。但由于经济结构转变过程并不存在明显的转折点，三个阶段的分界线并不明确。其中，前工业化阶段对应的是农业时期，是初级产品生产阶段，以农业生产活动为主，资本增长速度慢于劳动力增长速度，全要素生产率极低。工业化阶段又可划分为初期、中期和后期三个时期。在这一阶段，要素积累的贡献率较高，经济重心逐渐转向制造业，经济增长的主要原因是全要素生产率贡献加大。发达经济阶段又可以划分为后工业化社会技术密集时期和现代化社会知识密集时期两个时期。在这一阶段，工业制成品的收入弹性逐渐下降，国内总需求也开始下降，要素投入对经济增长的贡献率减小，全要素生产率的增长主要依赖技术与知识的贡献。从上述任何一个阶段到另一个阶段的跃进都是产业结构转型升级推动的，并且产业结构的升级是由要素供给和社会总需求水平来决定的。

2.2.4 空间集聚和溢出理论

空间集聚和溢出理论主要研究由人口集聚所带来的经济活动的集中现象，同时研究人口集聚对经济增长和产业增长的正向空间溢出效应。

2.2.4.1 新古典经济学的空间集聚和溢出理论

亚当·斯密较早对经济活动的空间集聚现象进行研究，他从劳动分工的角度出发，很好地解释了产业集聚的发生，并指出产业集聚可提高生产率。新古典经济学家马歇尔在《经济学原理》一书中对经济活动的空间集聚现象进行了经典的分析，他认为在空间集聚过程中起关键作用的因素有三个：（1）高度专业化的劳动力集聚；（2）专业化的中间投入；（3）知识外溢和集成创新。马歇尔认为产业空间集聚有利于专业化生产和分工，这和斯密的“市场决定分工”思想是一致的。马歇尔在一定程度上解释了经济活动空间集聚的原因以及集中生产的优势。马歇尔从外部经济角度研究产业集聚现象的方法对本研究有很大的指导意义。因为产业在集聚的同时，也加快了劳动力之间的转移，这就强化了劳动力的流动与竞争，从而推动了知识的传递，促进了人力资本的积累。

2.2.4.2　新经济地理学的相关研究

新古典区位理论是在完全竞争框架下对空间集聚问题进行的局部均衡分析（胡健和焦兵，2010），无法解释所有空间集聚现象。20 世纪 90 年代以来，以克鲁格曼为代表的新经济地理学派将 D－S 垄断竞争模型应用于空间分析中，首次将空间因素纳入主流经济学一般均衡理论之中，推动了空间经济学的发展。尤其是近几年来，空间集聚和经济增长也被新经济地理学家试图纳入统一的分析框架下，他们尝试从多角度揭示空间经济集聚的内在机制，并取得了一些成果。其中最核心的机制是克鲁格曼（Krugman，1991）提出的基于迁移联系的集聚模型，后经过完善，逐渐形成了新经济地理学中经典的“中心－外围”模型。该理论将供给－需求的垄断竞争模型嵌入空间分析中，并提出两个前提假设：（1）制造业生产规模报酬递增；（2）区际运输成本遵循“冰山形式”。该理论通过数理方法完美演绎了在两个初始条件对称的地区，由制造业工人的区际自由流动形成的“中心－外围”空间分布模式，揭示了从人才集聚到经济集聚的内在运行机理。该理论认为由于运输成本和交易成本的存在，生产者将在接近大市场的地方投资建厂，以便就近获得原料、劳动力等生产要素，这就形成了一个生产性聚集地，并同时拥有大的需求和供给市场。在“本地市场效应”和“生活成本效应”这两种优势效应的相互关联下，资本与人口的流动将进一步引起生产要素的流动，推动地区间产业和人口实现梯度转移和分工协作，从而形成“中心－外围”模式。克鲁格曼的“中心－外围”模型强调在劳动力自由流动的条件下，规模报酬递增和运输成本降低才是产业空间集聚的充要条件。

尽管新经济地理学的空间集聚模型并不完美，且在实际应用中还存在一些问题，但还是帮助我们从规模报酬递增、运输成本变化、中间品投入以及知识和技术外溢等方面来认识空间集聚现象，为我们研究产业集聚和人力资本积聚指明了方向。

2.3 国内外对于人力资本积聚与产业结构升级的研究综述

2.3.1 人力资本积累与产业结构升级

如果把劳动力看作均质人力资本的载体，科林·克拉克在揭示产业结构演变与劳动力结构变动的基本趋势时，就间接描述了人力资本在产业结构升级中的一般转移方向，即由第一产业向第二产业、第三产业转移。自从 Schultz（1961）首次提出人力资本理论后，学者们用其考察技术进步、经济增长时，总是直接或间接地涉及人力资本与产业结构调整的关系：产业结构升级的主要驱动因素是技术进步，而人力资本正是技术进步的推动力量。Caselli 等（2001）提出人力资本投资成本降低，有利于农业劳动力向非农产业转移，加速产业结构转型升级和区域经济趋同的速度。Rodrik 和 Subramanian（2004）证实印度快速增长的高学历人口确实提升了非农产业产值在国民生产总值中的比重。Amin 和 Mattoo（2008）发现技能型人力资本对服务业产值具有显著的促进作用，但是不能促进制造业的发展；Aurora 等（2016）提出发达国家人力资本和产业结构合理化、高级化正相关。Herrendorf 和 Schoellman（2018）发现产业结构的变动正是人力资本不断积累与转移的结果。

经济增长是一个结构不断变迁与升级的过程，并且主要依赖产业由小到大、由低级到高级的不断更替，实际上也就是产业结构升级的过程（刘瀑，2010）。因此，21 世纪以来，一些国内学者不再局限于从宏观角度研究人力资本的经济增长效应，而是从中观层面出发，研究人力资本与产业结构升级的关系，这也更加符合我国现阶段的发展要求。学者们从人力资本积累和扩展推动技术进步（靳卫东，2010）、提升比较优势（杨志学，2010；黄文正，2010）、加速产业集聚（武勇和陈剑，2011）、重新配置资源（李萍和谌新民，2012；齐鹰飞和王伟同，2014）等角度阐述人力资本影响我国产业结构升级的机制。也有学者研究了两者间的互动关系，如赵光辉（2008）研究了人力资本与产业结构互动的“推力－拉力”规律；董福荣和李萍（2009）通过对广东省人力资本与产业结构的分析，探讨了两者的互动机制；薛继亮（2015）运用尼尔森－菲尔普斯模型实证发现，中国的技术进步来自产业转型和人力资本积累；陈恩和李卫卫（2017）采用省际面板数据，利用协整分析和脉冲响应分析，发现人力资本与产业结构之间存在相互促进的效应，但在不同区域间会有所差异；战炤磊（2018）从供给与需求、数量与质量的耦合视角描述人力资本和产业结构优化的相互作用机理；唐代盛和冯慧超（2019）通过构建耦合协调评价模型，测算 2012～2016 年全国各省份的人力资本和产业结构的耦合度，发现总体趋好，东部耦合度显著高于中西部。

学者们的实证研究表明人力资本是促进产业升级的重要因素（张国强等，2011；王力南，2012；周海银，2014），还有学者进一步从结构角度实证分析中国人力资本结构与产业结构的匹配性，认为充足的人力资本存量和完善的人力资本结构是一个国家或地区产业结构升级的必要条件（蔡晓月，2004；赵雯，2009；李萍和谌新民，2012）。也有学者在实证检验后提出，在我国产业转型升级过程中，人力资本与产业结构的适配性较差，存在结构性矛盾（蔡昉和王美艳，2012；翟振武和赵梦晗，2013；张抗私和周晓蒙，2014），如张桂文和孙亚南（2014）指出虽然我国人力资本和产业结构有较强的耦合关联，但耦合程度不够理想；尤济红（2019）运用 2000 年和 2010 年两次全国人口普查的数据进行分析发现，人力资本与产业结构之间不仅存在匹配不足的问题，也存在匹配过度的现象，这不利于发挥人力资本的积极作用。

学者们也从不同的角度提出加速人力资本积累、推动产业结构优化的政策建议。许庆明等（2015）建议打破阻碍城市群中人口等生产要素流动的非市场化壁垒，提高核心城市人口聚集度，推动区域产业结构优化升级。张银银和李凡（2016）建议推动知识的分工、积累和扩散。苏丽锋（2017）提出加强职业教育，制定教育改革方案，使专业结构和产业结构相吻合。孙海波等（2017）认为提高人均收入水平是人力资本积聚促进地区产业结构升级的有效办法之一。邹璇和杨雪（2018）建议优化教育结构、提高人力资本，为产业结构优化提供智力保障。李敏等（2020）批评各地政府的“人才大战”，指出各地政府须从自身经济结构、资源禀赋等实际出发，制定适合产业发展的人才政策。

2.3.2　人力资本空间集聚与经济增长

20 世纪 80 年代以来，人力资本的空间集聚理论在新经济地理学和空间计量方法的突破下得到发展，学者们结合内生经济增长模型，取得许多关于人力资本空间集聚和经济增长的研究成果。Rauch（1993）对美国大城市的研究证实人力资本积聚促进区域生产率和工资提升。Simon 和 Nardinelli（1996）发现在英国，大学毕业生比重越高的城市，其各个阶段的增长速度也比其他城市高。Forslid 和 Ottaviano（2003）研究认为区域市场规模扩大会不断吸引企业集中，从而促进企业经济增长。López-Bazo（2004）认为区域人力资本水平的提高可以促进区域经济发展。Alessandra 和 Philip（2009）指出，在区域经济发展中人力资本积聚起着很重要的作用。Nicola 等（2013）采用跨国面板数据，研究发现跨国发展差异在较大程度上可以用人力资本差异进行解释。

近年来，国内学者在此基础上进行深入探讨。虽然采用的方法和数据不同，但都表明我国人力资本空间集聚与经济增长表现出鲜明的空间性，证实了人力资本积聚效应的存在。肖志勇（2010）运用空间计量方法进行实证检验发现，中国人力资本同经济增长具有明显的空间关联性，人力资本的空间集聚对区域经济增长具有明显的溢出效应。逯进和周慧民（2014）构建了空间卢卡斯模型，通过面板回归分析，发现我国省际人力资本与经济增长在地理空间上呈现显著的集聚态势，且存在强烈的全域空间相关性，但局域存在差异性，同时从总体上看，相邻省份人力资本对本省经济增长具有显著的正向溢出效应。方超和罗英姿（2016）根据卢卡斯模型的分解，对中国进行实证检验，发现教育人力资本及其溢出效应能够促进经济增长，地理空间上的人力资本表现出明显的集聚状态。邓翔等（2019）对我国 282 个城市的研究表明，随着人力资本积聚度提高，我国人力资本对经济增长的影响呈现先增大后减小的特征。

2.3.3 人力资本空间集聚与产业空间集聚演化

新古典经济学没有将人力资本流动纳入产业空间分布的研究框架，新经济地理学认识到了人力资本对产业集聚的重要性，认为正是区域技术和创新知识的扩散导致产业分布的区域不同，在 Krugman（1991）“路径依赖”的基础上，形成了“核心 - 边缘”模型（即 CP 模型）中的自由企业家模型（Forslid，1999）和在自由资本 FC 模型基础上形成的 FCVL 模型（Robert-Nicoud，2002）。

将新经济地理学引入中国的空间经济学家梁琦（2005）在分析决定产

业集聚的八个因素时，认为人口集聚通过改变企业定位而形成产业集聚。陈建军（2007）、吴福象和沈浩平（2013）对长三角地区产业空间发展和演化进行分析后，认为各种优质要素的集聚，尤其是不同区域存在的人力资本积聚造成的产业发展环境的变化，推动产业空间结构的集聚。田静（2014）研究发现，产业集聚空间演化受人力资本流动的影响。许庆明、胡晨光、刘道学（2015）对 20 世纪 70 年代至 90 年代经济快速增长时期的日本与韩国进行分析后发现，城市人口聚集程度与产业结构高级化、合理化的变动方向一致。钟水映和余远（2017）构建动态空间杜宾模型，研究发现异质性人力资本存量会推动产业结构升级。陈朝阳等（2019）运用空间杜宾模型进行实证分析发现，人力资本积聚对本地产业结构升级有显著的促进作用，但会抑制邻近地区产业结构升级。杨秀云和尹诗晨（2020）运用分位数回归模型，从弹性维度分析了行业收入差距、人力资本与产业结构升级间的关系，发现适度的收入差距能够推动新兴产业的人力资本积聚，发挥人力资本知识溢出效应，进而促进产业结构优化。

2.3.4　国内外文献述评

国外学者关于人力资本积累的经济增长效应的研究已经较为成熟，形成了许多经典的经济理论，并且，随着新经济地理学理论的发展，对于人力资本空间集聚的经济增长效应研究也取得了一定进展。国内关于人力资本积累与产业结构升级的研究普遍认为，人力资本积累对产业结构升级有着积极的促进作用，同时产业结构对于人力资本的积累和配置也有着重要的导向作用，这些为本研究提供了坚实的理论和实证基础。但是，学者们的分析大多立足于全国，极少关注区域人力资本积聚、异质性和人力资本空间溢出效应对产业结构转型升级的影响。因此，本研究立足于中部地区，深入挖掘在全球经济下滑、国内资源环境约束增强、传统经济发展方式难以为继的关键时期，中部地区加速人力资本积聚支撑产业结构转型升级的机制和路径。

第3章　中部地区加速人力资本积聚支撑产业结构转型升级的必要性

改革开放以来，中部地区取得了长足发展，中部地区经济增长的动力主要来自有形要素（自然资源、资本和劳动力）投入的增加。近年来，随着我国经济发展进入新常态，国民经济从快速增长阶段进入高质量发展阶段，有形要素对于经济增长的促进作用逐渐减弱，中部地区的产业结构与经济发展阶段不相适应，出现了许多矛盾和问题。当前，中部地区面临着越来越严重的资源环境约束，劳动力低成本优势不再明显，这些都给中部地区经济发展带来了严峻的挑战。另外，战略性新兴产业的发展、创新驱动战略的实施，都需要中部地区引入新的生产要素以提高区域经济竞争力。新常态下中部地区要实现经济的持续稳定增长，就需要从外延式增长转变为内涵式增长，即从主要依靠要素数量扩张转向主要依靠技术进步和人力资本积聚的路径上来。

3.1　破解资源环境约束的需要

3.1.1　自然资源约束日益严峻

中部地区一直以来都是我国重要的能源基地，中部地区拥有全国最大的铀矿生产基地、煤炭开采基地和水力发电厂。此外，中部六省的原材料工业发展比较好，具有较强的竞争优势，是我国重要的板材生产基地。和东部沿海发达地区相比，中部地区以资源依赖型、能源消耗型和高污染型产业为主的特点很突出。中部地区以发展煤、电、铝、钢铁、造纸、水泥等产业为主，由此带来的综合优势在我国经济发展进入新常态的背景下正逐步弱化和削减。中部地区的能源工业占比偏大。根据2019年的中国统计年鉴和中部六省统计年鉴中的相关数据，2018年山西省煤炭产业增加值约占全省 GDP 的 16.5%，利润约占全省工业企业的 68%。煤炭是山西省的支柱产业，产业结构较为单一。中部地区其他省份的产业结构尽管比山西省更加多元化，但也都是以资源型和能源型产业为支柱产业。2018 年，河南省煤炭、化工、有色金属冶炼、电力热力生产等六大高耗能产业实现增加值占全省规模以上工业企业的 31.8%；安徽省六大高耗能产业实现增加值占全省规模以上工业企业的 25.7%；湖北省高耗能产业实现增加值占全省规模以上工业企业的 24.6%；江西省五大高耗能产业实现增加值占规模以上工业企业的 16.3%；湖南省的黑色金属冶炼、化工、非金属矿物制品、石油加工等七大高能耗产业实现增加值占全省规模以上工业企业的 31.2%。上述统计数据表明，中部地区经济发展对资源型产业的依赖较为严重，产业结构重型化现象明显。

与东部地区主要通过承接发达国家和地区的产业转移来发展外向型经济的区域经济发展路径不同，中部地区主要靠传统的农业、资源性产业和劳动密集型产业来支撑区域经济发展。近年来，随着煤炭、石油等各类矿藏资源的大量开采，一些资源型城市和地区陷入了资源枯竭的困境，经济发展难以为继。2002 年，我国共有煤炭、森工、石油等各类资源型城市 118 座，其中煤炭城市 63 座、有色金属城市 12 座、冶金城市 8 座、石油城市 9 座。2008 年 3 月 17 日，国家发改委确定了第一批资源枯竭城市 12 个，其中中部地区占 3 个；2009 年 3 月 6 日，国务院确定了第二批资源枯竭城市 32 个，其中中部地区占 11 个；2012 年，国家发改委、国土资源部、财政部确定了第三批资源枯竭城市 25 个，其中中部地区占 7 个。截至 2012 年，国家发改委确定的这三批资源枯竭城市一共有 69 个，其中中部地区有 21 个，约占全国的 30%（见表 3 - 1），中部地区经济发展面临着严峻的自然资源约束。

表 3 - 1　中部地区资源枯竭城市

省份	2008 年第一批	2009 年第二批	2012 年第三批
山西		孝义市	霍州市
安徽		淮北市、铜陵市	
江西	萍乡市	景德镇市	新余市、大余县
河南	焦作市	灵宝市	濮阳市

续表

省份	2008 年第一批	2009 年第二批	2012 年第三批
湖北	大冶市	黄石市、潜江市、钟祥市	松滋市
湖南		资兴市、冷水江市、耒阳市	涟源市、常宁市

资料来源：根据国家发改委网站的资料整理。

3.1.2 环保压力越来越大

中部地区省份以发展能源或原材料产业为主，对资源的依赖度较高。再加上长期以来，中部地区的经济增长方式较粗放、环境污染和生态破坏问题较严重，中部地区面临较大的环境保护和产业转型升级压力。以湖南省为例，在湖南省规模以上工业企业的能源消费中，尽管一些清洁能源，如天然气，在能源消费中的比重逐年上升，但是煤炭在能源消费中的占比仍然超过了 60%。燃煤导致的污染物，如二氧化硫、氮氧化物等的大量排放，引起大气污染和温室效应。中部地区其他省份的情况与湖南省大体相当。

环境问题近年来在我国受到了高度重视，各地都采取措施缓解环境污染问题。在全国范围内多次进行的环境污染整治行动中，中部六省是重点整治区域。在 2015 ~2017 年开展的中央第一轮环保督察中，河南省取缔化工企业 43265 家，山西省取缔“散乱污”化工企业 1068 家，安徽省关停化工企业 753 家，湖北省关停化工企业 209 家，环境污染治理对中部地区工业经济增长产生了巨大影响。经过多年的治理，中部地区的环境质量有所改善，但是以“高投入、高消耗、高排放、低循环、低效率”为特征的粗放型增长方式没有发生根本转变，中部地区的环境问题还没有实现根本性好转。中央第二轮环保督察从 2019 年 7 月持续到 2021 年，第二轮环保督察的范围更大、手段更新，对中部地区经济发展产生了更加深刻的影响。以山西省为例，由于能源原材料产业占比过大，随着污染防治力度的进一步加大，钢铁、焦化、铸造、有色、建材等行业停限产的可能性进一步增大。

中部六省的土地面积占全国陆地面积的 10.7%，但是中部地区的森林面积占 15.6%，水资源占 16.9%，自然保护区数量占 21.5%。另外，在全国的主体功能区规划中，中部地区还承载着重大的生态保障功能。中部地区靠北区域的防沙带、靠南区域的南方丘陵山地生态、长江水生态、南水北调中线水源地、黄河流域生态保护和高质量发展区，都承载了国家重大生态保障功能与使命。但是，中部地区某些地方出现的生态功能退化、环境污染等问题一直没有得到根本性解决，甚至日益恶化。近年来，中部各省积极承接产业转移，但是承接的产业大部分仍然是能源原材料产业，对生态环境也有较大负面影响。从长期来看，经济高质量发展的要求、中部地区加快发展的目标与生态保护的矛盾会越来越尖锐，中部地区必须处理好经济发展与生态保护二者之间的关系。

随着生态保护要求的提高，中部地区矿产、劳动力、土地等传统要素的供应增长受到很大限制，传统生产要素已经不能像过去那样支撑中部地区经济的快速发展，生产要素的革新和升级迫在眉睫。随着科技革命和产业变革的深入推进，人才、技术、知识、信息等新生产要素开始大规模应用于生产，为经济发展增添了新的活力，成为经济发展的新动能。在这些新兴的生产要素中，人才是最具活力的要素，技术是最为核心的要素，人才和技术是中部地区产业转型升级的支撑。只有通过人力资本积聚和新技术的应用来弥补传统要素的不足，才能推进中部地区产业结构的转型升级。

3.2　提升区域核心竞争力的需要

区域核心竞争力是一个区域所特有的在资源利用、产品开发与生产和市场开拓过程中与其他地区相比具有的较大的竞争优势，并且这种优势不易被其他地区获得。在经济发展水平比较低的时期，丰富的自然资源、低成本的劳动力、良好的交通条件等可能就形成了一个地区的核心竞争力，但是当经济发展到一定水平之后，传统投入要素形成的优势已难以在区域竞争中发挥关键作用，而科技、管理与信息等成为区域核心竞争力的关键要素。改革开放至今，影响我国区域核心竞争力的要素不断发生变化，政策因素、自然资源、区位条件、创新能力都在某个时期构成区域核心竞争力的关键要素。随着我国经济发展进入新常态，中部地区面临的压力越来越大，传统投入要素和传统产业已难以形成区域核心竞争力。

中部地区的劳动力资源优势在新常态下已经不再明显。近年来，我国人口红利已经消失殆尽，劳动力已经从过剩阶段转向相对稀缺阶段，普通劳动力的工资水平也在不断上涨。目前，中国普通劳动力的工资水平远高于周边的印度、越南等国家，在国际竞争中的劳动力成本优势已大幅削弱。在国内，中部地区所拥有的劳动力低成本优势与沿海发达地区相比已经不再明显，劳动力低成本优势已经不能维持中部地区的竞争力。

能源资源优势也难以维持中部地区的区域竞争力。长期以来，中部地区的企业在研发方面投入不足，高层次研发人才和管理人才缺乏，导致中部地区产业内在素质较差、技术结构水平较低。目前，中部地区的社会经济发展水平和技术研发水平明显处于劣势，中部地区以拼资源、拼消耗为主的粗放的增长模式使中部地区的经济发展面临更加严峻的局面，产业结构转型升级更为迫切。

尽管中部地区各省份近年来不断加大产业结构转型力度，但是目前产业结构并没有得到根本性改变。第一产业所占比重仍然比较高，第二产业中重工业所占比重偏高、轻工业所占比重偏低，总体优势不明显。原材料产业和初级产品加工制造业所占比重大、产业链条短、深加工产业发展水平低，没有形成规模。资源型加工企业规模小、研发能力弱、市场竞争力弱，现代高科技企业数量少，产业配套能力弱，第三产业尤其是现代服务业的发展水平还比较落后。同时，中部地区各省的区位优势未能得到很好发挥，省份之间的专业化分工不够明确，产业结构趋同现象比较严重。这导致区域之间经济联系弱、协作性差，没有产生相应的规模经济效益，使中部地区总体的经济发展速度和经济效益都比较低，在与我国东部地区的竞争中长期处于不利地位。

加快科技进步和提高劳动者素质是提升中部地区核心竞争力和推进产业结构转型升级的必由之路。目前，中部地区正在由外延扩张式发展模式向产业结构转型升级和质量提高的内涵式发展模式转变，同时依靠科技进步和高素质劳动力，实现由“投资驱动”向“创新驱动”、由“资源依赖”向“科技支撑”的转变。中部地区的企业要加大研发资金的投入力度，加快高层次人才的培养和引进工作，着力实现技术创新和管理创新，走新型工业化道路。为此，一方面，增加研发投入，发展高新技术产业；另一方面，加大对中部地区人力资本的投资，引进和培养专家型、复合型高层次人才，提高研发和创新能力。

3.3　发展战略性新兴产业的需要

3.3.1　战略性新兴产业是产业结构转型升级的重点

近年来，中部地区各省份纷纷制定区域经济发展规划，以战略性新兴产业为重点发展方向，以促进产业转型升级为重点发展内容，以实现地方经济的跨越式发展为目标。2007 年 12 月，长株潭城市群获批；2007 年 12 月，国务院正式批准武汉城市圈为全国资源节约型和环境友好型社会建设综合配套改革试验区；2009 年 12 月，武汉东湖国家自主创新示范区获得国务院批复，示范区是以光电子信息产业为主导产业，以生物、新能源、环保、消费类电子等产业为支柱产业的高新技术产业集群；2009 年 12 月，国务院批复《鄱阳湖生态经济区划》，这是新中国成立以来江西省第一个被列为国家战略的区域性发展规划；2010 年 1 月，国务院批复《皖江城市带承接产业转移示范区规划》；2010 年 12 月，国务院批复设立“山西省国家资源型经济转型综合配套改革试验区”，山西成为我国第一个全省域、全方位、系统性的国家级综合改革配套试验区；2012 年 11 月，《中原经济区规划（2012—2020 年）》得到国务院正式批复，中原经济区成为中国首个内陆经济改革和对外开放经济区；2013 年 3 月，《郑州航空港经济综合实验区发展规划》获得国务院批复。在这些区域发展规划中，战略性新兴产业都是各地区的支柱产业，“十三五”时期中部六省推进新兴产业发展的重大举措详见表 3－2。

表 3－2　“十三五”时期中部六省推进新兴产业发展的重大举措与目标

省份	重大举措	目标
山西	实施“十大创新”行动计划	培育 30 个具有国际竞争力、引领产业发展、销售收入过百亿元的创新型企业
安徽	推进重大新兴产业基地、重大新兴产业工程、重大新兴产业专项建设	构建创新型现代产业体系
河南	着力构建集聚发展、跨界深度融合、高端引领的产业集群	构建十个新兴制造业产业集群和八个新兴服务业产业集群
江西	实施战略性新兴产业倍增计划	实现战略性新兴产业总体规模倍增、龙头企业倍增、示范基地倍增
湖北	实施万亿战略性新兴产业推进实施方案	打造一批战略性新兴产业策源地和集聚区

续表

省份	重大举措	目标
湖南	加快高端装备、新材料、生物、新一代信息技术、绿色低碳、数字创意等战略性新兴产业发展	培育战略性新兴产业策源地和产业集群

资料来源：根据中部六省出台的“十三五”规划整理而得。

3.3.2 人力资本积聚支撑战略性新兴产业发展

战略性新兴产业的发展依赖技术和人才的支撑，在新常态下，地方经济发展更多地依靠技术进步和人力资本投入。这里以郑州航空港经济综合实验区为例来探讨战略性新兴产业对人力资本的需求。

河南省地处内陆，不沿海、不沿边，而郑州航空港经济综合实验区是我国第一个国家级航空港经济综合实验区，弥补了河南省对外开放方面的不利条件，在带动河南省及周边地区经济发展上起着重要作用。郑州航空港经济综合实验区利用航空港的比较优势，重点发展航空物流、高端制造、现代服务业三大战略性新兴产业，这三个产业密切关联，发展成熟后会形成一个庞大的产业群。对于河南省来说，这三个产业的发展基础非常薄弱，发展这三个产业面临的最大问题是相关人才不足，尤其是高端人才稀缺。这三大产业都对人才有比较高的技术能力要求，从业者需要掌握必要的专业基本技能，同时具有突出的实践能力和创新能力。目前，郑州航空港经济综合实验区最缺乏的人才就是高级经营管理人才、高科技人才、高技能人才。从长期来看，随着郑州航空港经济综合实验区的逐步建设和发展，对各类、各级人才的需求将不断增加，近两三年内至少能够增加20万个工作岗位。根据《郑州航空港经济综合实验区概念性总体规划》，港区人口规模在2030年将达到190万人，2040年将达到260万人，而不断增加的人口将主要由具备一定专业技能的各级、各类人才来填充。郑州航空港经济综合实验区对人才需求是紧迫的，当地的人才政策应以引进和开发培养高质量人才为重点。

3.4 中部地区实施创新驱动发展战略的需要

3.4.1 世界经济格局的深刻变化带来严峻挑战

在经济全球化过程中，不同国家、不同地区、不同群体所掌握的资源不同，参与的机会和程度不同，所获得的利益也存在明显差别。在世界经济总体形势比较乐观的情况下，增量财富创造速度快，利益覆盖范围广，尽管不同国家、地区和群体之间的获益明显不同，但是全球经济增长带来的财富分配可以缓和这一矛盾。因此，在世界经济比较繁荣的时期，多数国家、地区和群体会支持经济全球化。但是在全球经济衰退的时期，增量财富创造速度下降，财富分配的难度加大，竞争也更趋激烈，部分国家、地区和人群在经济全球化过程中的利益受损，他们就会反对全球经济一体化，各类贸易保护主义势力也会加大活动力度，从而对国际贸易和投资政策产生影响。从当前国际环境来看，危与机并存，特别是新冠肺炎疫情的全球大流行，对世界经济、国际秩序、全球治理和各国政治生态都产生了广泛而深远的影响，全球经济发展面临的不确定性因素明显增多，各国（地区）之间的矛盾显著增多。

我国经济发展外部环境的复杂性、严峻性前所未有，这给我国经济发展带来更多挑战。一是中国和美国两个大国之间的战略博弈越来越显性化、激烈化。随着中国经济的快速发展和综合国力的日益增强，美国将我国视为最大的战略竞争对手，并且以美国为主导的西方国家与我国在社会制度、发展道路和意识形态等方面深层次的竞争和较量更加激烈，在科技、经济、政治、军事等领域全方位打压遏制我国。二是新冠肺炎疫情之下世界经济困境加剧，短时期内难以走入正常轨道。在世界主要经济体全面复苏后劲明显不足的情况下，全球经济发展有可能陷入严重衰退，进而引发新一轮的经济危机，我国发展面临较大的外部不确定性和不稳定性。三是新一轮科技革命和产业变革还没有发生质的变化，目前仍处于量变积累阶段。目前的新兴技术领域，如新能源、新材料、节能环保、生物技术、大数据、智能制造等，虽然发展速度很快，产业化之势明显，但是目前的一些核心关键技术尚未完全掌握，一些配套的产业链也不够成熟，还没有形成大规模的产业化生产能力，因此我国对全球产业更新和产业革命的带动作用有限。经济全球化发展缺乏新的产业基础，也给发展中国家经济发展带来严峻挑战。

随着世界经济逆全球化潮流的兴起以及我国经济从高速增长阶段进入高质量发展阶段，我国经济下行压力持续加大，多重约束趋紧，产业转型升级更加困难，在多种复杂因素影响下，我国发展不平衡、不充分的问题日益显现，各类社会矛盾和问题交织，对中部地区实施创新驱动战略产生了深刻影响。一方面，制造业向发达国家或地区回流对中部地区经济发展产生了不利影响。近年来，一些发达国家开始引导制造业和资本回流本国，以解决本国经济和就业问题，这样就使得制造业从发达国家向发展中国家转移的速度放缓。与东部沿海地区相比，我国中部地区远离国内主要港口，进出口货物的运输成本较高，再加上近年来中部地区的土地和劳动力价格也在快速上涨，与沿海地区相比已不存在明显的要素成本优势。因此，一些转移到中部地区的加工贸易企业目前又有向越南、柬埔寨等东南亚国家进行再次转移或返回沿海地区的倾向，这必然不利于提升中部地区的产业链竞争力。另一方面，长期以来以发展外向型经济为主的我国东部沿海地区，在国际市场不景气的背景下开始加大力度争夺国内资源，导致国内各区域之间的竞争更加激烈，中部地区承接国内外产业转移和优化产业结构面临的形势更加复杂，中部地区招商引资、拓展投融资渠道也面临更多挑战。

3.4.2 创新驱动型发展需要积聚更多的人力资本

国家与国家之间以及地区与地区之间的竞争，归根结底是人才的竞争。中部地区要实施创新驱动战略，重点是要建设一支由企业经营管理者和专业技术人才组成的高素质人才队伍。深圳经济特区的发展历程就是创新驱动发展的典范，可以为中部地区提供借鉴。改革开放初期，深圳主要借鉴和模仿中国香港发展的模式，以发展国际贸易为主，在 20 世纪 80 年代中期，深圳出台了一系列优惠政策引进高层次科技人才，人才的集聚使深圳经济发展的方向从以贸易为主转为发展加工制造业为主，经济发展开始进入“快车道”。1992 年以后，深圳又出台了“创业基金”政策，即创业者可以向政府部门提交自己的创业计划，如果创业计划被审批通过，深圳市政府就会向创业者提供一定的资金，而创业失败也不追究创业者的任何责任。这一宽松的政策使深圳快速聚集了一大批创新创业人才，深圳也成为国家级创新创业基地。

实际上，深圳初期发展经济的基础很薄弱，缺乏资源、资金和人才。深圳之所以能够成为全国最大的高新技术产业基地，最重要的原因就是引进了大批科技人才。高层次人才的集聚带来了高新技术产业的发展，推动深圳经济的腾飞，也带动了整个广东省甚至全国经济的发展。目前，大量青年科技人才，尤其是海归人才仍然首选深圳作为创业地，这说明深圳创新环境比较优越，对各类高级人才仍然具有极强的吸引力。中部地应当借鉴深圳经济发展的经验，尤其是要借鉴深圳在人才引进和鼓励科技创新方面的优惠政策，通过人才的引进和培养促进科技创新，从而推动经济转型升级。

人才作为第一资源，是重要的创新要素。企业在销售渠道、管理模式、资金等方面的优势很容易被竞争对手和潜在竞争者模仿或者超越，而人力资本是蕴含在员工身上的知识和能力，这些能力需要经过长期的学习和训练才能形成，竞争对手很难在短期内对其进行模仿和超越，因而人力资本成为企业长期发展的核心竞争力。地区之间的竞争模式和企业之间的竞争模式相似，因而人力资本也成为地区经济竞争中争夺最为激烈的资源，我国各个地区竞相出台人才引进政策正证明了这一点。从长期来看，自然资源禀赋在地区竞争中的地位日趋下降，技术创新和人力资本才是促进一个地区经济增长的新动力。目前，在智能终端、物联网、移动互联网、大数据、云计算等新兴技术的冲击下，企业转型升级和多元化发展的步伐不断加快，企业对创新型人才的要求也发生了变化，掌握多个领域专门知识的复合型人才越来越受到重视，传统的仅具备单一技能的人才逐步被边缘化。相比之下，我国东部沿海发达地区对各类人才的拥有量都比较高，尤其是目前较为稀缺的复合型人才，而中西部经济落后地区的人才聚集度则较低，复合型人才的拥有量更少，这不利于中部地区各省份实施创新驱动发展战略。因此，中部地区需要采取更加有力的措施培养和吸引高层次人才，才能够更好地实施创新驱动发展战略，推动地方经济快速发展。

第4章　中部地区人力资本积聚与产业结构特征*

随着中部崛起战略的推进，中部地区产业结构不断优化升级，正在由劳动、资本密集型逐步向知识、技术密集型升级，这种产业结构的演进是建立在区域知识积累、技术水平的显著提升和相应人才结构开发及人力资本积累基础之上的。人力资本积聚对产业结构优化升级起基础性和决定性作用，是关系未来区域经济发展的重大问题，且人力资本水平和产业结构优化升级之间关系密切。本章对中部地区人力资本积聚和产业结构的特征进行剖析，探究两者互动发展的困境。

4.1　人力资本积聚特征

单从劳动力的数量上来说，中部地区拥有大量劳动力，很多地区还存在大量的富余劳动力，但是这些劳动力多是缺乏技术和技能的普通劳动力。为了更加准确把握中部地区人力资本的积聚状况，本节将从人力资本投资状况、人力资本水平、人力资本空间集聚等角度阐述中部地区人力资本积聚特征。

4.1.1　人力资本投资增加

人力资本投资的增加无疑是经济增长的重要源泉。Schultz（1961）指出，人力资本投资成本包括营养及医疗保健费用、学校教育费用、在职人员培训费用、择业过程中所发生的人事成本和迁徙费用。其中，教育投资

---

* 注：本章数据来源若没有特别说明，则来源于2002～2019年中部六省统计年鉴和中国统计年鉴。

是最主要的一种人力资本投资方式。表 4－1 显示，2002 年以来，中部六省教育支出快速增长，2018 年中部六省教育总经费高达 6681.34 亿元，是 2002 年的 22.59 倍，且教育经费占 GDP 的比重在 2002 年时为 1.30%，2010 年上升到 2.09%，2018 年上升到 3.50%。其中，2018 年江西教育支出占 GDP 的比重在中部六省中最高，达到 4.80%；湖北教育支出占 GDP 的比重在中部六省最低，为 2.71%，仅比 2002 年增长了 1.34 个百分点，绝对值增加了 1007.98 亿元。在科技支出方面，增长最快的是安徽，2018 年为 294.81 亿元，是 2002 年的 170.41 倍，年均增速为 40.85%；增长最慢的是山西，2018 年的科技支出是 2002 的 43.12 倍，年均增速为 28.52%。2018 年湖南科技支出占 GDP 的比重在中部六省最低，是 0.25%。在医疗卫生支出方面，从绝对值来看，2018 年河南医疗卫生支出最高，是 928.95 亿元，最低的是山西，其支出为 358.99 亿元；从占 GDP 的比重来看，2018 年湖北医疗卫生支出占比最低，仅为 1.46%；从增速上看，江西增长最快，年均增长 30.89%，增长最慢的是山西，年均增长 23.53%。在社会保障和就业支出方面，2018 年山西、安徽和江西的支出都占 GDP 的 3% 以上，其中，山西最高，为 3.99%，河南、湖北和湖南低于 3%，河南最低，为 2.70%。

表 4－1　中部六省人力资本投资状况

单位：亿元，%

省份	年份	教育支出		科技支出		医疗卫生支出		社会保障和就业支出	
		绝对值	占 GDP 比重	绝对值	占 GDP 比重	绝对值	占 GDP 比重	绝对值	占 GDP 比重
山西	2002	58.68	2.49	1.37	0.06	15.08	0.64	—	—
	2010	328.58	3.58	20.12	0.22	113.86	1.24	274.46	2.99
	2018	668.03	3.97	59.08	0.35	358.99	2.13	671.65	3.99
安徽	2002	7.69	0.22	1.73	0.05	14.30	0.41	—	—
	2010	38.63	0.31	57.98	0.47	277.26	2.22	392.98	3.15
	2018	1113.26	3.71	294.81	0.98	627.10	2.09	954.67	3.18
江西	2002	3.81	0.16	1.19	0.05	10.32	0.42	—	—
	2010	297.50	3.15	18.26	0.19	150.02	1.59	233.02	2.47
	2018	1054.41	4.80	147.09	0.67	585.47	2.66	761.06	3.46

续表

省份	年份	教育支出		科技支出		医疗卫生支出		社会保障和就业支出	
		绝对值	占 GDP 比重	绝对值	占 GDP 比重	绝对值	占 GDP 比重	绝对值	占 GDP 比重
河南	2002	123.32	2.04	2.91	0.05	21.92	0.36	—	—
	2010	609.37	2.63	44.67	0.19	270.21	1.17	461.22	1.99
	2018	1664.67	3.46	155.67	0.32	928.95	1.93	1298.45	2.70
湖北	2002	57.66	1.37	1.54	0.04	19.09	0.45	—	—
	2010	366.57	2.30	30.09	0.19	179.13	1.12	368.42	2.31
	2018	1065.64	2.71	268.49	0.68	575.74	1.46	1172.00	2.98
湖南	2002	44.54	1.07	1.65	0.04	11.69	0.28	—	—
	2010	166.67	1.03	35.12	0.22	180.44	1.12	396.40	2.45
	2018	1115.33	3.06	91.42	0.25	585.98	1.61	1017.90	2.79

注：因为“社会保障和就业支出”的统计口径在 2007 年之后发生变化，故 2002 年的数据与 2010 和 2018 年的数据没有可比性，因此没有列出。

进一步从全国分区域公共财政人力资本投资来看（见图 4－1），2018 年，中部地区教育支出低于西部地区，更低于东部地区，说明中部地区虽然加大了教育投入力度，但是和全国除东北地区之外的其他区域相比，还有很大的差距。同时中部地区又是我国人口最密集的区域之一，聚集着全国 26.75% 的人口和 25.92% 的劳动人口，教育投入明显不足。中部地区的科技支出虽然略高于西部地区，但是和东部地区的差距很大。在社会保障

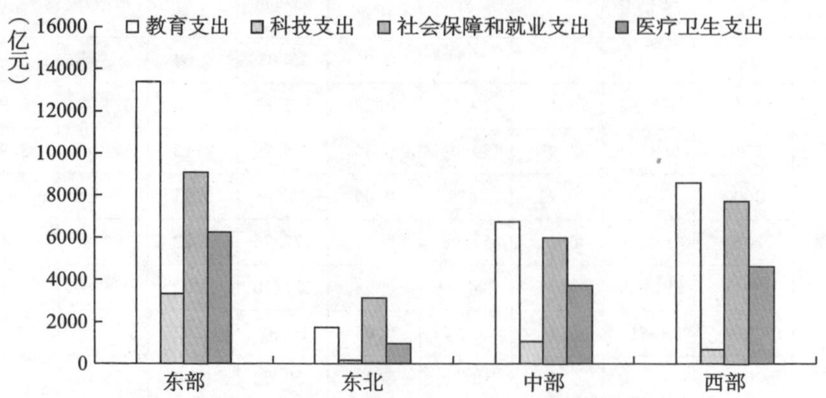

图 4－1　2018 年全国分区域公共财政人力资本投资情况

和就业支出以及医疗卫生支出方面，中部地区均落后于东部和西部地区，说明中部地区人力资本投资的提升空间很大。总之，中部地区已经加大在教育、科技、医疗卫生、社会保障和就业等方面的人力资本投入，但是和东部、西部地区相比，投入水平还偏低，还有进一步提升的空间。所以中部地区只有继续加大教育投入力度，全力提升人力资本质量，进而增加中部地区高质量人口的数量，才能为产业结构优化升级提供驱动力。

4.1.2 人力资本存量提高

人力资本的测算思路和物质资本的测算思路一样，都是计算资本存量，也就是把过去一定年限的资本流量转换为某一时点的资本存量。加利·贝克尔认为，所有可能提高人的能力并预计可能会对未来的收入和消费产生影响的投入就是人力资本投资。根据这一观点，人力资本投资包含的范围很广泛，而且有些项目难以量化，且不同项目之间的数据加总也比较困难。上述因素导致研究中精确测算人力资本存量时困难重重。研究者常常根据数据的可获得性、研究问题的需要等来估算人力资本存量，通常有两种度量方法，一是人力资本的产出度量法或收益法，即根据未来收益折现法、经济价值法、自由现金流量折现法和未来超额利润折现法等方法测算人力资本带来的产出增量，并以此来度量人力资本的存量。该方法考虑到了人力资本的质和量，但由于一些指标具有主观性和不确定性，许多参数的测算具有一定的困难，且计量模型复杂，不利于决策者使用。二是人力资本投入度量法。在具体测算人力资本投入时有教育指标法和总成本投入法。Schultz（1961）认为教育是形成人力资本的重要途径，人力资本水平的高低在一定程度上可以由劳动力的受教育程度反映，整个社会的人力资本存量可由整体的受教育程度反映。除了教育之外，“干中学”、培训、迁移、医疗保健等也是形成人力资本存量的重要途径。因此，贝克尔认为通过估算花费在劳动者身上的投入即人力资本投资就能计算出人力资本水平。这种方法考虑到人力资本的必要投入，但是具体使用哪些指标争议比较大。本课题根据数据的可得性和精确性，参考 Barro 和 Lee（2000）的做法，采用平均受教育年限测度各地区的人力资本水平。

$$H_t = \sum_{i=0}^{6} N_i \times E_i \Big/ \sum_{i=0}^{6} N_i \qquad (4-1)$$

其中，H_t表示某一年的人力资本存量；N_i表示 t 年第 i 学历从业人员人数；E_i表示第 i 学历从业人员的受教育年限。根据中国人口和就业统计年鉴的统计口径，取 $I=0$，1，2，3，4，5，6，分别表示小学以下、小学、初中、高中、大专、本科、研究生学历，相应学历对应的受教育年限分别取值1，6，9，12，15，16，22。

由于相关统计年鉴在2002年才开始统计"就业人口的受教育程度"，有一些学者采用"6岁以上受教育人口受教育程度"来代替这一指标。考虑到本课题主要研究人力资本与产业结构转型之间的关系，更关注就业人员的受教育程度，因此，本课题根据历年中国统计年鉴、中部六省统计年鉴以及中国劳动统计年鉴和中国人口和就业统计年鉴等资料，经过整理得到2002～2018年中部六省就业人口的受教育程度数据，并根据式（4－1）计算中部六省2002～2018年的人力资本存量。

由图4－2可知，中部六省的人力资本存量呈上升趋势，但区域间存在

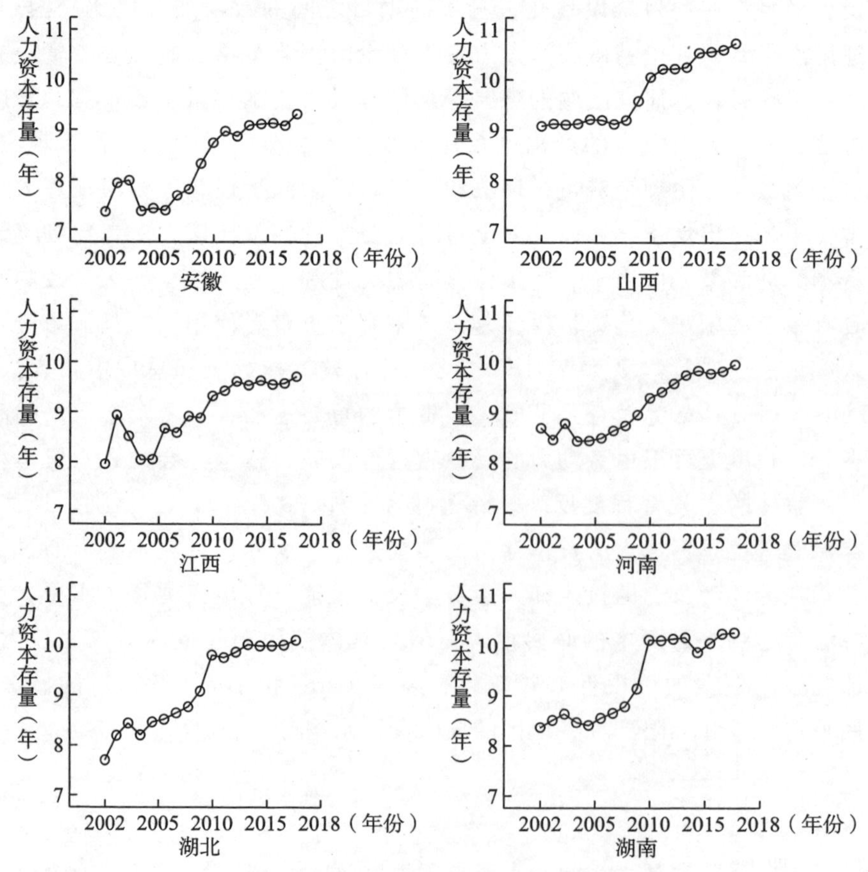

图4－2　2002～2018年中部六省人力资本存量

明显差异。2002 年中部地区总体平均受教育年限为 8.16 年，到 2018 年，平均受教育年限增长到 9.94 年，中部地区人力资本存量增长比较明显，说明我国大力发展教育的政策取得了很大成效。其中，山西人力资本存量起点高，2002 年，山西平均受教育年限为 9.077 年，2018 年，山西人力资本存量在中部六省最高，平均受教育年限达到 10.72 年；2018 年安徽人力资本存量在中部六省最低，平均受教育年限为 9.31 年，但相比 2002 年的 7.36 年，年均增长 1.58%，说明安徽人力资本水平提高很快。湖北和湖南的人力资本存量增长轨迹非常相似，湖北平均受教育年限从 2002 年的 7.68 年增加到 2018 年的 10.09 年，湖南从 2002 年的 8.35 年增加到 2018 年的 10.26 年。江西平均受教育年限从 2002 年的 7.97 年增加到 2003 年的 8.94 年，但是从 2004 年后平均受教育年限开始逐年下降，到 2006 年下降到 8.06 年，之后平均受教育年限开始稳步增加，到 2018 年，平均受教育年限上升到 9.709 年。2018 年河南平均受教育年限上升到 9.96 年。

从 2002 ~ 2018 年中部地区和全国就业人口的平均受教育年限来看，中部地区就业人口平均受教育年限自 2002 年以来呈波动上升状态，2002 年平均受教育年限为 8.16 年，到 2018 年平均受教育年限为 9.94 年，提高了 1.78 年（见图 4 – 3）。但是与全国水平相比，两者的差距不断增大，2002 年中部地区平均受教育年限与全国水平仅相差 0.01 年，但到 2018 年，两者相差 0.24 年。这说明中部地区尽管增加了教育投资，但是由于人口基数大、起点低，从业人员的素质与全国总体水平相比仍然偏低。这将阻碍中部地区产业结构优化升级。

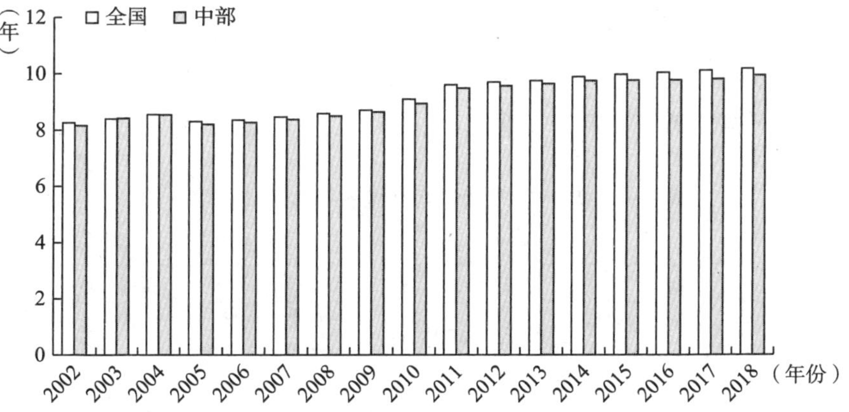

图 4 – 3　2002 ~ 2018 年中部地区和全国就业人口平均受教育年限

为了更清楚地看出中部六省人力资本存量在全国的水平，表4-2展示了2018年中国不同省份的平均受教育年限。北京、上海、天津的平均受教育年限最高，分别为11.87年、10.83年和10.52年，其次是东北地区的辽宁、吉林、黑龙江，分别是9.92年、9.38年和9.36年。西部地区的青海、云南和西藏的平均受教育年限最低，分别是8.05年、7.81年和4.23年。中部六省的平均受教育年限都不高，在全国处于中游水平，从高到低分别是山西、湖北、湖南、河南、江西、安徽，平均受教育年限分别是9.31年、9.12年、9.03年、9.02年、8.89年和8.75年。

表4-2　2018年中国不同省份的平均受教育年限

单位：年

排序	省份	年限	排序	省份	年限	排序	省份	年限
1	北京	11.87	12	湖北	9.12	23	广西	8.76
2	上海	10.83	13	海南	9.11	24	安徽	8.75
3	天津	10.52	14	浙江	9.08	25	宁夏	8.56
4	辽宁	9.92	15	湖南	9.03	26	四川	8.36
5	吉林	9.38	16	河南	9.02	27	甘肃	8.33
6	黑龙江	9.36	17	内蒙古	9.01	28	贵州	8.09
7	江苏	9.36	18	山东	8.99	29	青海	8.05
8	山西	9.31	19	重庆	8.97	30	云南	7.81
9	广东	9.31	20	江西	8.89	31	西藏	4.23
10	新疆	9.19	21	河北	8.88			
11	陕西	9.15	22	福建	8.81		全国	9.04

由表4-3可知，东部、东北、中部和西部四个地区的平均受教育年限分别为9.68年、9.57年、9.03年和8.22年，表明我国不同地区的人力资本水平存在着一定的差距，经济发展水平相对落后的中部和西部地区的人力资本水平显著低于东部和东北地区。

表4-3　2018年中国不同地区的平均受教育年限

单位：年

指标	东部地区	东北地区	中部地区	西部地区
	北京、天津、河北、上海、江苏、浙江、福建、山东、广东、海南	辽宁、吉林、黑龙江	山西、安徽、江西、河南、湖北、湖南	内蒙古、广西、重庆、四川、贵州、云南、西藏、陕西、甘肃、青海、宁夏、新疆
平均受教育年限	9.68	9.57	9.03	8.22

综上所述，中部六省人力资本存量在不断增加，就业人员整体素质在不断提升，支撑着中部地区产业结构优化升级和经济发展，但是人力资本水平与我国东部和东北地区相比还有一定的差距。

4.1.3 人力资本结构优化

人力资本结构可以帮助我们更好地从不同角度来了解中部地区各类人力资本的发展情况，下面将按照人力资本层次结构和分布状况来分析中部六省的人力资本结构。

4.1.3.1 人力资本的层次结构

人力资本的层次结构是指各类或各层次专业人才的构成比例。不同类型的人力资本，对于产业结构优化升级的作用也有差异，甚至影响着产业结构优化升级的方向。从中部地区就业人口的受教育程度来看，2002 年，安徽小学以下就业人员占比最高，达到 13.5%，山西的小学以下就业人员占比最低，仅为 2.1%；中部地区就业人员中接受初中教育的人口数量最多，除了江西和湖北，其余四省的初中程度就业人数比重均高于全国平均水平；中部地区就业人员中高中学历的也较多，大专及以上受教育人口占比偏低，接受研究生教育的人口比重最低，中部五省均为 0.1%，与全国平均水平持平（见表 4－4)。随着 1990 年以后出生的人口逐步实现就业，中部地区就业人口质量得到巨大提升。到 2018 年，中部地区小学以下学历就业人员占比大幅降低，除了安徽和湖北，其余四省小学以下学历就业人员占比均低于全国 2.3% 的平均水平；接受初中和高中教育的就业人口比重平均超过 65%，接受大专及以上高等教育的人数和 2002 年相比也大幅增长。

表 4－4 2002 年和 2018 年中部地区就业人员受教育程度的分布情况

单位：%

省份	小学以下		小学		初中		高中		大专		本科		研究生	
	2002 年	2018 年	2002 年	2018 年	2002 年	2018 年	2002 年	2018 年	2002 年	2018 年	2002 年	2018 年	2002 年	2018 年
山西	2.1	1.0	21.1	10.8	55.1	44.5	14.9	21.3	5.1	12.1	1.6	9.6	0.1	0.7
安徽	13.5	6.9	32.1	18.3	44.4	45.8	7	14.3	2.1	8.0	0.8	6.1	0.1	0.5
江西	5.9	1.9	39.3	18.8	38.7	46.9	12.1	19.6	3.2	6.9	0.7	5.4	0.1	0.4
河南	5.0	2.0	21.7	13.0	54.9	50.8	12.8	20.9	4.0	8.1	1.5	4.8	0.1	0.4

续表

省份	小学以下		小学		初中		高中		大专		本科		研究生	
	2002 年	2018 年	2002 年	2018 年	2002 年	2018 年	2002 年	2018 年	2002 年	2018 年	2002 年	2018 年	2002 年	2018 年
湖北	11.0	2.7	37.6	16.7	34.8	42.3	11.9	21.1	3.6	8.7	1.2	7.4	0.1	1.0
湖南	4.7	1.2	33.4	14.9	43.8	44.2	12.8	23.2	4.0	9.2	1.3	6.8	0.1	0.6
全国	7.8	2.3	30	43.1	43.2	43.3	13.1	19.1	4.3	9.7	1.6	8.9	0.1	0.9

进一步把中部地区人力资本按照受教育程度分为初级人力资本（受教育程度为小学及以下）、中级人力资本（受教育程度为初中和高中）和高级人力资本（受教育程度为大专及以上），可以更清晰地看出中部地区各层次人力资本的变化情况。如图 4－4 所示，2002～2018 年，全国和中部六省的初级人力资本水平都呈现下降趋势，中部地区初级人力资本水平高于全国平均水平。其中，安徽和河南初级人力资本水平高于全国平均水平和中部地区平均水平，说明安徽和河南初级人力资本在人力资本结构中占比相对较高，就业人员的素质还有待提高。

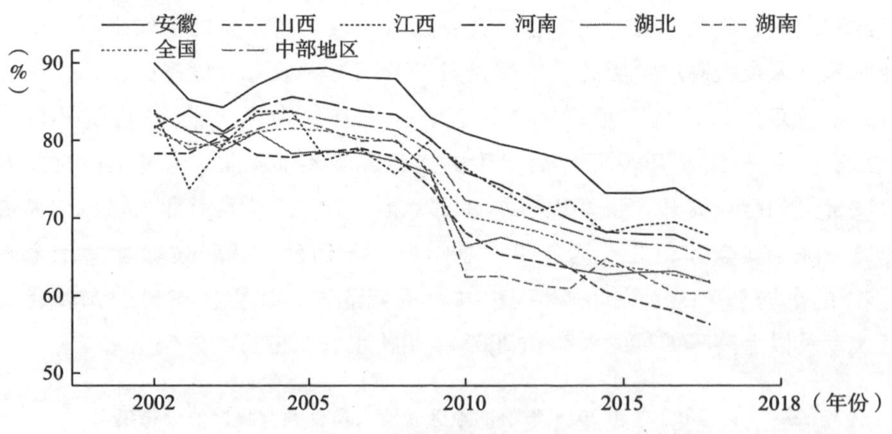

图 4－4　2002～2018 年全国和中部地区初级人力资本结构

2002～2018 年，全国和中部六省的中级人力资本水平都呈上升趋势（见图 4－5），中部地区中级人力资本水平略低于全国平均水平。其中，湖南、湖北和山西中级人力资本水平高于全国平均水平和中部地区平均水平，说明这三个省份中级人力资本在人力资本结构中占比相对较高，而安徽和河南中级人力资本水平偏低，说明这两省中级人力资本在人力资本结构中的占比相对较低。

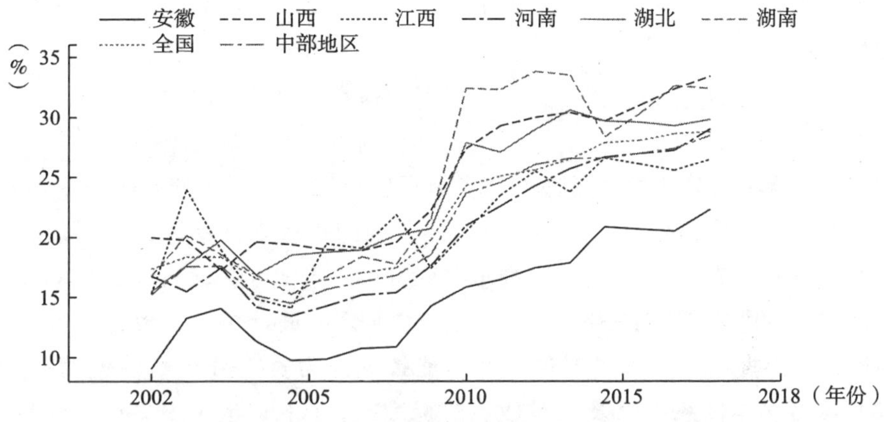

图 4－5　2002～2018 年全国和中部地区中级人力资本结构

2002～2018 年，全国和中部六省的高级人力资本水平都呈上升趋势（见图 4－6），尤其在 2009 年后上升较快，但中部地区高级人力资本水平依然远低于全国平均水平。其中，除了山西在 2015 年以后高级人力资本水平超过全国平均水平，中部地区其他省份高级人力资本水平都低于全国平均水平，而安徽、河南和江西的高级人力资本水平不仅一直低于全国平均水平，而且还低于中部地区平均水平，这说明三省高级人力资本比较缺乏。

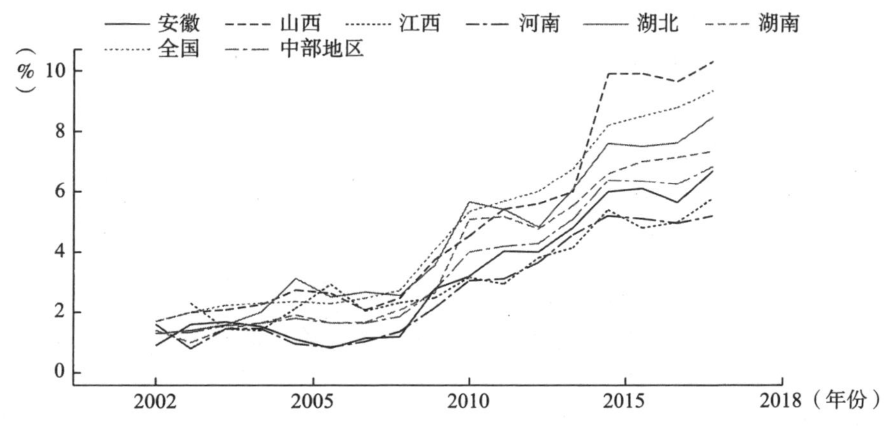

图 4－6　2002～2018 年全国和中部地区高级人力资本结构

综上，2002～2018 年，中部六省人力资本层次结构不断优化，中级和高级人力资本在总人力资本中的比重不断上升，但是与全国水平相比，中部地区人力资本水平还较低，初级和中级人力资本所占比重仍然很高，高级人力资本所占比重过低，这将为中部地区产业结构的转型升级带来严峻的考验。

4.1.3.2 人力资本的分布状况

人力资本的分布状况反映了一个国家或地区人力资本分布的公平程度，是人力资本的重要组成部分。学者们用不同的指标来衡量人力资本的分布状况。（1）受教育年限的标准方差。Ram（1990）、Birdsall 和 Londono（1997）使用该方法对一些国家的人力资本分布进行估计，但这一指标仅能衡量人力资本分布的绝对值，并不能控制人力资本分布平均值的差别。（2）教育多样性系数以及取对数后的标准差。López 等（1998）使用该指标对 1970～1995 年亚洲与拉丁美洲的人力资本分布结构和人均收入、经济增长间的关系进行分析。（3）人力资本基尼系数。人力资本基尼系数借鉴收入分配理论中的基尼系数来衡量教育水平的均衡程度。Rosthal（1978）用包含基尼系数在内的 4 个指标估计美国的教育分布情况；Sheret（1988）用入学率估计巴布亚新几内亚的人力资本基尼系数；Castello 和 Domenech（2002）利用 Barro 和 Lee（2000）的数据计算了人力资本基尼系数。我国学者李亚玲和汪戎（2006）、张国强等（2011）也对我国的人力资本基尼系数进行了测量。人力资本基尼系数很好地反映了区域教育资源分配的均衡性和人力资本受教育机会的公平性。

本节借鉴李亚玲和汪戎（2006）、杨秀云和尹诗晨（2020）的测算方法，使用分地区城镇单位从业人员受教育年限测算中部六省人力资本基尼系数，分析中部六省的人力资本分布状况。

$$HG = \frac{1}{2h}\sum_{i=0}^{n}\sum_{j=0}^{m} | Tx_i - Tx_j | p_i p_j \tag{4-2}$$

其中，HG 是人力资本基尼系数，h 是从业人员的平均受教育年限；P_i、P_j是不同受教育程度从业人员占总从业人员的比重；Tx_i、Tx_j 是不同受教育程度从业人员的累计受教育年限，x_i、x_j 是不同受教育程度从业人员的平均受教育年限。其中，受教育程度的分类同前文一样。人力资本基尼系数 HG 的值在 0 到 1 之间，值越大，表明教育集中程度越高，教育资源分配越不均衡。一般认为人力资本基尼系数在 0.4 附近最好，此时教育资源分配最为合理。

2002～2018 年，中部六省的人力资本分布呈现不均衡的状态（详见表

4 -5)。其中，湖北和江西的人力资本基尼系数均值高于中部地区均值，说明两省人力资本分布不均衡，这可能与两省高校较多，人力资本积聚程度较高有关。而其他四省人力资本分布相对比较均衡，人力资本基尼系数均值低于中部地区均值。2002 ~2018 年，中部地区六省的人力资本基尼系数均值为 0.298，表明中部地区的教育分布比较均衡，但地区差异性较大。

表 4 -5　2002 ~2018 年中部六省人力资本基尼系数

年份	山西	安徽	江西	河南	湖北	湖南
2002	0.3070	0.2823	0.3535	0.2384	0.5942	0.2828
2003	0.2852	0.3461	0.4494	0.2530	0.5558	0.3744
2004	0.2446	0.3819	0.3558	0.2088	0.6021	0.2487
2005	0.2884	0.4302	0.2737	0.2210	0.5013	0.2829
2006	0.2670	0.2949	0.2895	0.1767	0.5490	0.2145
2007	0.2523	0.3101	0.3260	0.1966	0.4820	0.2135
2008	0.2757	0.2750	0.3414	0.1935	0.3990	0.2595
2009	0.2705	0.2649	0.3214	0.1723	0.3963	0.2063
2010	0.2253	0.2803	0.1956	0.1847	0.3087	0.1808
2011	0.1924	0.2009	0.1693	0.1892	0.2454	0.1526
2012	0.1851	0.1782	0.1932	0.2131	0.2582	0.1695
2013	0.2118	0.2642	0.2132	0.1751	0.2502	0.1741
2014	0.2282	0.2219	0.1981	0.1865	0.3588	0.2031
2015	0.2461	0.4303	0.3532	0.2242	0.4536	0.2885
2016	0.2962	0.1572	0.5352	0.6275	0.6965	0.4062
2017	0.2734	0.2480	0.4676	0.5599	0.6697	0.3132
2018	0.1188	0.4050	0.1945	0.2011	0.3381	0.1695

2018 年安徽人力资本基尼系数在 0.4 附近，其教育资源分配合理，其余五个省份的基尼系数都小于 0.4，说明这五个省份教育资源分配过于均衡，反而不利于整体人力资本的提升和产业结构的转型升级。因为产业结构转型升级对不同层次人力资本的需求是不同的，不可能把有限的教育资源如撒胡椒面一样平均分配在不同的教育层次上。从图 4 -7 可以更清晰地看到，全国人力资本基尼系数呈不断下降的趋势，从 2002 年

的0.62下降到2018年的0.46，教育不公平有所缓解。中部地区人力资本基尼系数却一直在0.2附近波动，表明中部地区秉承的是均衡发展理念。但经济发展的不同阶段对人力资本层次的需求是不同的，中部地区正处于传统产业转型升级、新兴产业发展的关键时期，应该根据产业结构转型升级的要求，重点发展职业教育和高等教育，要调整“面面俱到”的教育发展政策。

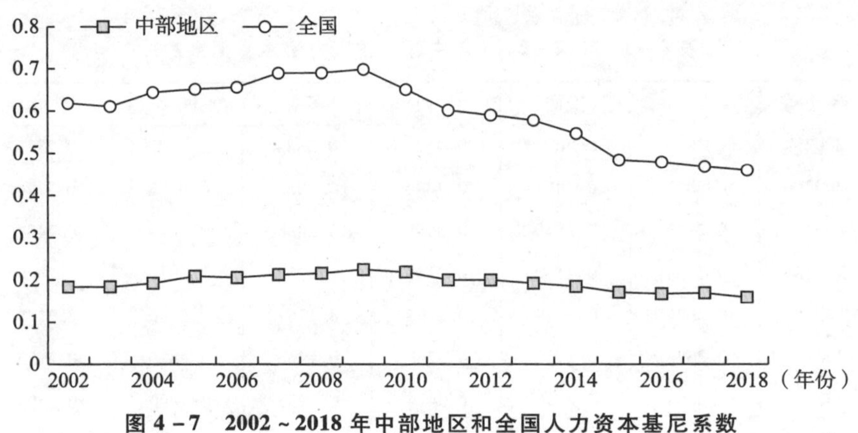

图4-7 2002~2018年中部地区和全国人力资本基尼系数

4.1.4 人力资本积聚水平提升

4.1.4.1 中部地区人力资本积聚水平的度量

为了考察中部地区人力资本积聚状况、演进特征及空间相关性，并与东部、东北以及西部地区进行对比分析，本节借鉴陈得文和苗建军（2012）以及郑玉（2017）的研究方法，选取大专及以上学历就业人口度量人力资本，运用区位熵系数来衡量地区人力资本积聚水平。人力资本积聚水平的计算方法如式（4-3）所示：

$$H_i = (EA_i/E_i) / (EA/E) \tag{4-3}$$

式（4-3）中，EA_i 指省域 i 内人力资本总量，用就业人口中大专及以上学历人口数衡量；E_i 指省域 i 内的就业人口总数；EA 指全国人力资本总量；E 指全国就业人口总数。数据来自2002~2019年中国劳动统计年鉴。区位熵的系数越大，代表该省人力资本积聚水平越高。

从表4-6可以看出，无论从东部、东北、中部和西部四大区域之间来看，还是从区域内部来看，人力资本积聚水平都存在较大差异。全国人力资本积聚水平的均值为 1.148，东部、东北、中部以及西部地区的人力资本积聚水平的均值分别为 1.689、1.091、0.936 和 0.785[①]。从上述统计结果可以看出，东部地区的人力资本积聚水平整体较高，东北、中部地区人力资本积聚水平较为接近。从测算结果来看，中国的人力资本积聚水平呈现从东向西梯度递减的分布态势。另外，从区域内部来看，区域内不同省份人力资本积聚水平也呈现较大的异质性。

表 4－6　中国人力资本积聚水平

区域	省份	2002 年	2006 年	2010 年	2014 年	2018 年	区域	省份	2002 年	2006 年	2010 年	2014 年	2018 年
东部	北京	3.850	4.395	3.878	4.482	5.005	东北	辽宁	1.102	1.257	1.350	1.144	1.067
	天津	2.283	2.608	2.414	2.478	2.507		吉林	1.333	0.977	1.058	0.925	0.927
	河北	1.033	0.653	0.764	0.837	0.916		黑龙江	1.067	1.106	1.021	0.825	0.895
	上海	2.710	4.129	3.816	3.688	3.528	西部	重庆	0.633	0.768	1.032	0.883	0.990
	江苏	0.767	1.232	1.189	1.140	1.335		四川	0.783	0.562	0.697	0.684	0.665
	浙江	1.317	1.322	1.150	1.341	1.435		贵州	0.751	0.509	0.704	0.635	0.591
	福建	1.017	0.961	0.992	1.122	1.063		云南	0.451	0.549	0.646	0.637	0.492
	山东	1.131	0.790	0.881	1.077	1.126		西藏	0.067	0.074	0.406	0.368	0.581
	广东	1.031	1.101	1.068	0.958	1.183		陕西	0.851	1.132	1.043	1.309	1.126
	海南	0.867	0.904	0.896	0.905	0.837		甘肃	0.633	0.542	0.808	0.895	0.832
中部	山西	1.103	1.222	1.075	1.046	1.173		青海	0.701	1.166	1.185	1.022	1.094
	安徽	0.501	0.557	0.749	0.723	0.764		宁夏	1.301	1.236	1.267	0.958	1.194
	江西	0.650	0.882	0.716	0.682	0.695		新疆	1.533	1.384	1.279	1.146	1.304
	河南	0.933	0.682	0.678	0.746	0.699		广西	0.633	0.794	0.732	0.652	0.644
	湖北	0.817	1.148	0.915	0.995	0.895		内蒙古	1.233	1.122	1.235	1.154	1.031
	湖南	0.902	0.833	0.785	0.974	0.869	全国	平均值	1.131	1.238	1.146	1.092	1.085

鉴于中部地区是本课题重点分析和研究的对象，接下来将分析中部地区人力资本积聚特征以及与东部、东北、西部地区人力资本积聚特征的差

① 表中数据为样本期间的平均值，其中全国的平均值指样本期间各省人力资本积聚水平的算术平均值。

异。首先，与其他地区相比，中部地区各省份人力资本积聚水平总体相差不大。2002~2018年，中部地区人力资本积聚水平差异较小，标准差仅为0.194，远低于东部地区1.062的标准差。其次，中部地区人力资本积聚总体呈现波动上升的趋势，然而河南的人力资本积聚水平并没有表现出明显的上升趋势，甚至呈现小幅下降的态势。原因可能在于，就业压力和教育压力“两座大山”导致河南在人才吸纳方面出现了问题。河南并不是青年才俊就业的首选地区，而且近年来河南高学历人才流失严重，制约了人力资本积聚水平的上升速度。虽然全国各区域以及区域内部各省份的人力资本积聚水平呈现较大的异质性，但从业人员的素质整体上得到了极大的提升，全国大专及以上受教育人口从2001年的5.6%上升到2018年19.1%①。可见，中国的从业者总体素质不断提升，为中国经济高质量发展提供了充足的人才储备。

从整体来看，2018年积聚水平较低的地区主要包括甘肃、河南、安徽、江西、西藏、四川、云南、贵州、广西和海南10个省份；积聚水平居中的地区主要包括内蒙古、黑龙江、辽宁、吉林、河北、山东、陕西、湖北、湖南、重庆、青海、福建12个省份；积聚水平最高的地区主要包括新疆、宁夏、山西、北京、天津、江苏、浙江、上海、广东9个省份。山西、新疆和宁夏均处于积聚水平较高的区域，原因在于这三个地区的就业人口基数较小。通过对比分析，我们发现，中部六省中，山西人力资本积聚水平最高；河南、安徽、江西三省人力资本积聚水平最低；而湖北、湖南两省的人力资本积聚水平居中。由此，我们也不难看出，与全国其他地区相比，中部地区并不具备支撑经济高质量发展的人力资本优势。另外，我国区域人力资本积聚存在较为明显的空间关联性，也就是积聚水平相似的地区在空间分布上也邻近。

4.1.4.2 中部地区人力资本积聚水平的演进特征分析

图4-8给出了中部地区人力资本积聚水平的演进趋势，与图4-9进行横向对比发现，中部地区和全国人力资本积聚水平表现出很大的异质性。首先，中部地区在不同时期的人力资本积聚水平较为均衡，而全国不同时期的核密度图都存在明显的向右拖尾现象，极化现象较为明显。

---

① 数据来自《中国劳动统计年鉴2002》和《中国劳动统计年鉴2019》。

其次，与 2001 年相比，近年来中部地区核密度函数中心向左移动的趋势明显，说明中部地区人力资本积聚水平呈现降低态势，这与近年来中部地区高学历人力资本不断向发达地区流动的事实相契合（杨振宇和张程，2017；袁冬梅等，2020）。中部地区人力资本积聚水平的演进趋势说明了中部地区受区位、资源禀赋等多重因素的影响，人力资本积聚水平整体不高。因此，中部地区应注重营造良好的产业发展环境和人才成长环境，做到引资和引智相结合、引才和育才相结合，完善激励机制和用人体系，促进本土企业融入全球价值链，实现产业转型和高质量发展。

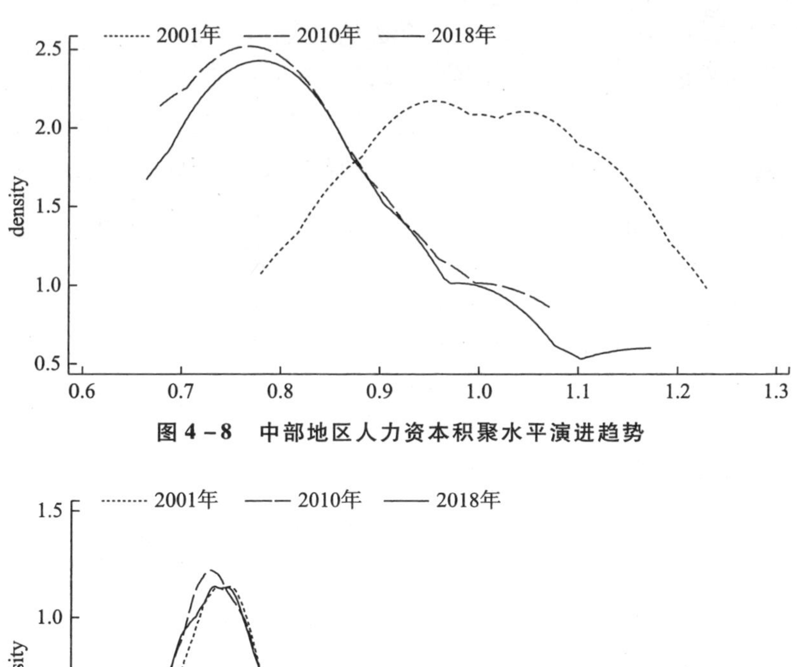

图 4-8　中部地区人力资本积聚水平演进趋势

图 4-9　全国人力资本积聚水平演进趋势

4.1.4.3 中部地区人力资本积聚的空间相关性

为了进一步探讨我国人力资本积聚的发展趋势，本课题运用全局

Moran's I 指数来计算 2001 ~2018 年我国人力资本积聚的空间相关性。全局 Moran's I 指数的计算公式如下：

$$I = \frac{\sum_{i=1}^{n}\sum_{j=1}^{n} w_{ij}(H_i - \overline{H})(H_j - \overline{H})}{S^2 \sum_{i=1}^{n}\sum_{j=1}^{n} w_{ij}} \tag{4-4}$$

其中，$S^2 = \frac{1}{n}\sum_{i=1}^{n}(H_i - \overline{H})^2$；$\overline{H} = \frac{1}{n}\sum_{i=1}^{n} H_i$；$H_i$ 表示第 i 个地区的人力资本积聚水平；n 为地区数；w_{ij}为空间权重矩阵 **w** 中的元素。全局 Moran's I 统计量的取值范围为［-1，1］，若值为正且显著，表示空间正相关（积聚），即高（低）值与高（低）值相邻；若值为负且显著，表示空间负相关（离散），即高（低）值与低（高）值相邻；若值为 0，则表示在空间上呈现随机分布特征。此外，计算出的全局 Moran's I 值必须运用标准化 Z 统计量进行显著性检验，其中标准化 $Z = \frac{I - \mathrm{E}(I)}{\sqrt{\mathrm{VAR}(I)}}$。一般认为，标准化 Z 值的 P 值小于给定的显著性水平（一般为 0.05），说明人力资本积聚变量的空间相关性是显著的（吴玉鸣，2007；郑玉，2017）。

在进行经济变量的空间效应检验时，空间权重矩阵 **w** 用于衡量数据的空间邻接关系，是探索性空间数据分析（Exploratory Spatial Data Analysis，ESDA）的前提与基础。本节选择 contiguity 规则来构建空间权重矩阵。对 w_{ij}定义如下：若区域 i 与 j 相邻，则取值为 1；否则取值为 0。

由图 4-10 可知，大部分全局 Moran's I 指数在 0.15 ~0.35，且通过了 5% 水平上的显著性检验，表明我国人力资本积聚存在较显著的空间正相关性，即人力资本在空间上趋于积聚。长期以来，我国人力资本积聚水平呈现高值与高值相靠拢、低值和低值相邻近的空间分布状态。另外，全局 Moran's I 指数在前期呈现波动状态，但随着时间的推移，全局 Moran's I 指数整体上不断走高，截至 2018 年，Moran's I 指数达到 0.352。

本课题进一步运用 Moran's I 散点图对 2018 年中国 31 个省份人力资本的空间集聚水平进行分析。① 多数地区处于第一、第三象限，表明我国人力资本积聚确实存在明显的空间正相关性。其中，位于第一象限的省份包

① 由于篇幅有限，2018 年和 2015 年人力资本积聚的全局 Moran's I 散点图未在正文中呈现，读者可以向笔者索取。

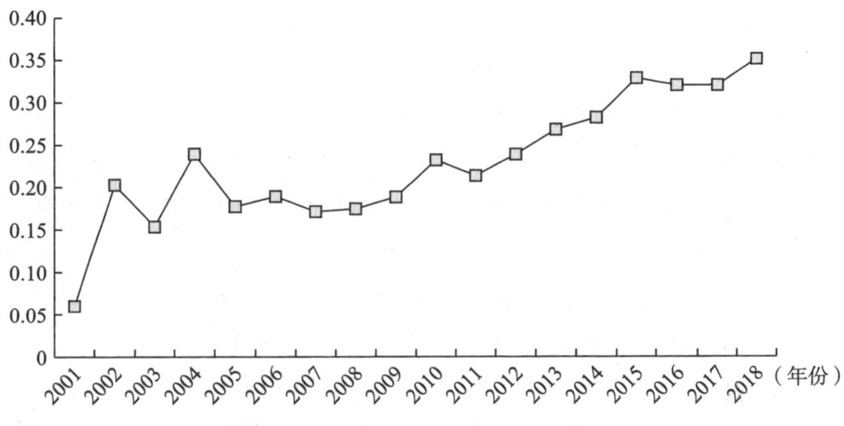

图 4－10　2001～2018 年全国人力资本积聚的全局 Moran's I 指数

括北京、天津、江苏、上海、浙江，这些地区是典型的高－高积聚模式；位于第二象限的只有河北一个省份，它是一个被高值所包围的低值省份；位于第三象限的地区最多，包括黑龙江、内蒙古、吉林、辽宁、甘肃、山东、西藏、河南、安徽、湖北、湖南、江西、云南、贵州、四川、重庆、福建、广西和海南，也就是说我国大部分省份处于低－低积聚状态；位于第四象限的省份包括新疆、山西、宁夏、广东、陕西和青海，这些省份属于被低值省份包围的高值省份。通过对比 2015 年的人力资本积聚模式，我们发现，经过三年的时间，辽宁逐渐从第四象限的孤岛区移动到第三象限的萧条区，说明辽宁受到周边省份的影响，人力资本积聚水平有所下降，最终在人力资本积聚方面的比较优势逐渐消失。同时，也有一些省份（广东、陕西、青海）经过三年的不懈努力，已经成功甩掉"低值省份"标签，演变为人才积聚的小高地，即逐渐从第三象限的萧条区成功跃迁到第四象限的孤岛区。进一步考察中部六省人力资本积聚的空间分布模式，我们发现，河南、安徽、湖北、湖南和江西五省处于萧条区，其特点是自身的人力资本积聚水平较低，周边地区人力资本积聚水平也较低；山西处于孤岛区，其特点是自身的人力资本积聚水平较高，但周边地区的人力资本积聚水平较低。

综上可知，（1）从全国各省份人力资本积聚水平的测量结果以及区域之间的差异来看，中部地区各省份人力资本积聚水平差异不大，总体积聚水平呈现不断提高态势，但仍落后于东部以及东北地区，仅高于经济发展水平相对落后的西部地区。（2）从 2018 年人力资本积聚的空间分布来看，中部六省中只有山西的积聚水平最高，河南、安徽、江西三省的积聚水平均较低，湖北和湖南两省的人力资本积聚水平居中。与全国其他个地区相比，中部地区并不具备支撑经济持续高质量发展的人才优势。（3）通过观察中部地区 2001 ~2018 年人力资本积聚水平的演进态势并与全国的平均水平进行对比分析，发现中部地区在不同时期的人力资本积聚水平较为均衡，不存在明显的极化现象。另外，与 2001 年相比，中部地区高学历人才流失严重，从而使得核密度函数中心存在向左移动的趋势。（4）我国人力资本积聚存在显著的空间相关性。也就是说，长期以来，我国人力资本积聚水平呈现高值省份与高值省份相靠拢、低值省份与低值省份相邻近的一种空间分布状态。通过进一步考察中部六省人力资本积聚的空间分布模式发现，河南、安徽、湖北、湖南和江西五省都处于萧条区，其特点是自身的人力资本积聚水平较低，周边地区人力资本积聚水平也较低；而山西处于孤岛区，其特点是自身的人力资本积聚水平较高，但周边地区的人力资本积聚水平较低。

4.2 产业结构发展特征

中部地区在工业化发展过程中长期受制于区位、交通、资金、政策等因素，产业结构演变较慢，但随着沿海地区产业转移速度加快及高铁的迅猛发展，中部地区已经迎来了千载难逢的发展机遇，成为全国发展中“承东启西”的关键版块。如今，中部地区的产业结构已经实现了由“一、二、三”到“二、三、一”，再到“三、二、一”的历史性转变；就业结构也持续优化，第一产业就业比重不断降低，第三产业就业比重增长迅速，已成为中部地区吸纳劳动就业的主要行业。

4.2.1 第一产业的产值结构与就业结构

4.2.1.1 第一产业的产值结构变化

中部地区作为全国重要的粮食主产区，农业发展基础雄厚，第一产业在国民经济中所占比重相对较大，2002 年至今，中部六省第一产业产值比重总体呈下降趋势。与全国相比，除山西外，其余五省第一产业产值比重均高于全国平均水平，但是随着中部地区产业结构优化升级，这种差距在不断缩小，尤其是进入 21 世纪以后，中部地区工业化进程加快，第一产业产值比重下降速度加快。其中，山西处于高原地区，地理区位和气候条件阻碍了其第一产业的发展，2002 年，第一产业产值占 GDP 比重仅为 8.52%，比全国水平还要低五个百分点。其他五省都是我国重要的粮食基地，随着产业结构转型升级和人们生活水平的提升，第一产业产值比重都在下降。其中，安徽第一产业产值比重下降最快，从 2002 年的 22.26% 下降到 2018 年的 8.79%，下降了 13.47 个百分点。其次是江西，从 2002 年的 21.90% 下降到 2018 年的 8.60%，下降了 13.30 个百分点。河南下降速度慢于江西，从 2002 年的 21.35% 下降到 2018 年的 8.93%（见图 4－11）。各省之间第一产业产值比重差距也在缩小，2002 年，第一产业产值比重最高的安徽和最低的山西相差 13.74 个百分点，但到 2018 年，这种差距明显缩小，第一产业产值比重最高的湖北和最低的山西相差 4.60 个百分点。这说明中部地区产业结构正向高级化迈进。

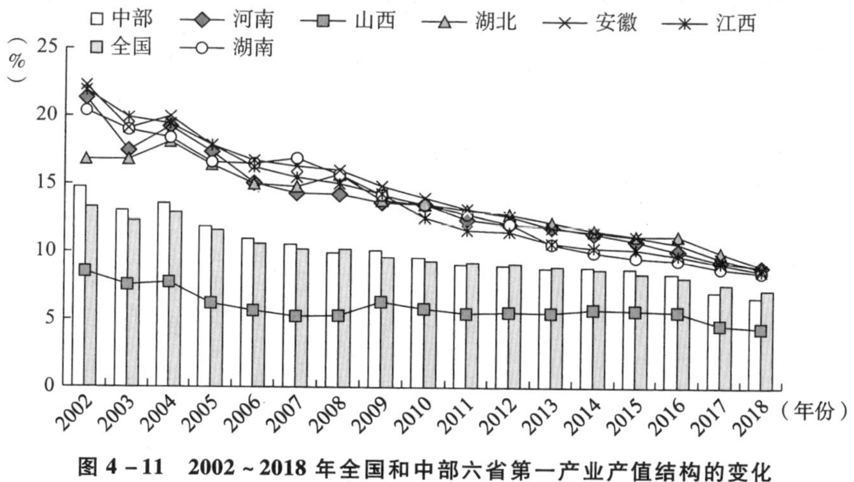

图 4－11　2002～2018 年全国和中部六省第一产业产值结构的变化

4.2.1.2　第一产业的就业结构变化

如图 4－12 所示，从就业结构来看，随着农业生产技术的提高，中部地区第一产业就业比重呈下降趋势，由 2002 年的 52.08% 下降到 2018 年的 38.88%，但是仍然高于全国水平，说明中部地区第一产业释放的劳动力有限，农业生产仍然束缚着大量劳动力。尤其是山西，2002 年以来其第一产业产值占 GDP 的比重低于 9%，到 2018 年更是降至 5% 左右，但是第一产业的就业比重2002年为47.24%，2018年也高达33.69%。从另一个角度看，中部地区第一产业剩余劳动力恰恰为第二、第三产业发展提供了充足的劳动力，也为东部沿海地区劳动密集型产业向中部地区转移创造了条件。

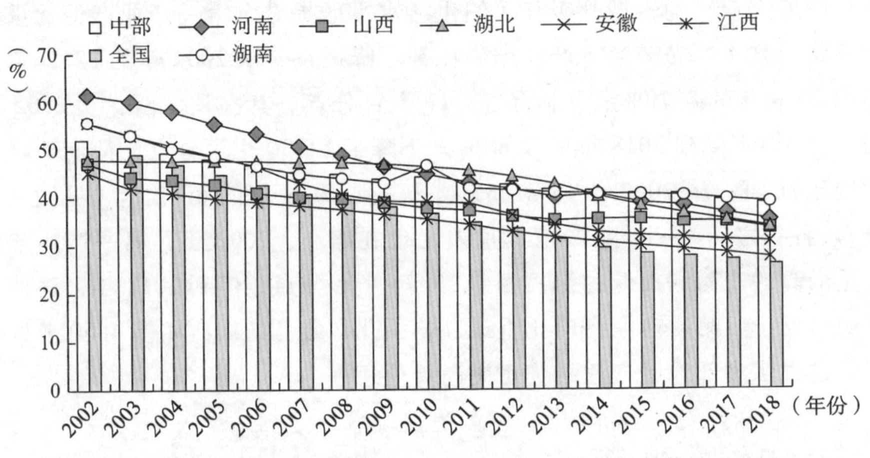

图4-12 2002~2018年全国和中部六省第一产业就业结构的变化

4.2.2 第二产业的产值结构与就业结构

4.2.2.1 第二产业的产值结构变化

处于工业化中期的中部六省，第二产业产值在国民经济中所占份额最大，尤其是进入21世纪以来，中部六省第二产业产值比重均在35%以上。如图4-13所示，2002年，山西第二产业产值所占比重最高，达到48.79%，其次是河南，占比为45.87%，最低的是湖南，为36.70%。当年全国的平均水平是44.50%，可见，除了山西和河南，中部其余四省的工业化进程均低于全国水平。自2003年开始，在以投资拉动的新一轮经济增长和2004年中部崛起战略上升为国家层面的区域发展战略的双重机遇下，中部六省第二产业产值快速增长，中间虽然经历了2008年的国际金融危机，但由于中部地区经济外向度较低，并没有受到很大的冲击。到2011年，中部六省工业化水平达到最高点，且均高于全国平均水平46.59%。其中，湖南第二产业产值比重最低，但也达到47.6%，其余五省第二产业比重均高于50%，山西为58.62%，河南为55.09%，江西为54.61%，安徽为54.31%，湖北为50%。随着新型城镇化进程的加快，中部六省进入工业化中后期，第二产业产值所占比重有所下降，这个变化趋势和全国经济结构变化趋势相吻合。其中，山西调整能源重工业比重过大的产业结构，转型升级步伐加快，使得第二产业产值占比下降最快，从 2011 年到 2018 年，比重下降了 17 个百分点左右，其余五省第二产业产值比重也平均下降了 3 个百分点。

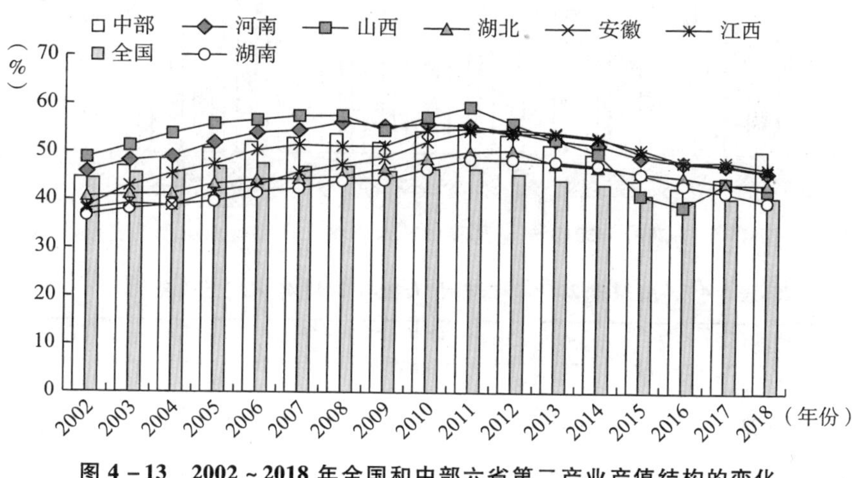

图 4－13　2002～2018 年全国和中部六省第二产业产值结构的变化

4.2.2.2　第二产业的就业结构变化

从就业结构上看，中部地区第二产业就业比重增长减缓（见图 4－14）。淘汰落后产能的供给侧改革，推动中部地区从业人员从高耗能行业、劳动密集型行业向先进装备制造业和服务业转移。例如，2018 年末，安徽省工业从业人数为 399.4 万人，比 2013 年末减少 26.4 万人，下降 6.2%，降幅比全国低 11.7 个百分点。其中，装备制造业从业人数增长 10.3%，比重提高 5.4 个百分点；高耗能行业就业人数下降 20.9%，占比下降 3.1 个百分点。

从行业看，电子信息、金属制品、橡胶、汽车、家具和医药制造业就业人数增长较快，分别增长 73.8%、15.7%、11.4%、7.8%、35.6% 和 14%；钢铁、建材、煤炭、农副食品加工、纺织业就业人数下降较快，分别下降 50.3%、19.4%、47.4%、19.1% 和 17.8%（见表 4－7）。

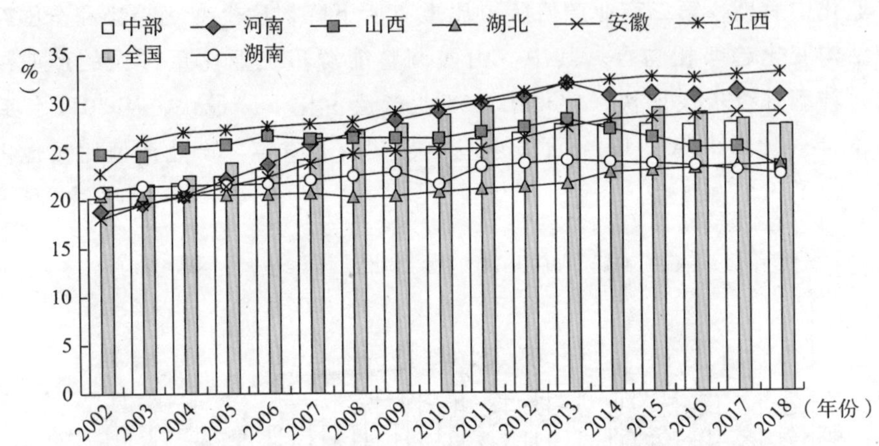

图 4-14　2002～2018 年全国和中部六省第二产业就业结构的变化

表 4-7　安徽省 2018 年末就业人数与 2013 年末就业人数比较

行业	比 2013 年增长	行业	比 2013 年减少
电子信息	73.8%	钢铁	50.3%
金属制品	15.7%	建材	19.4%
橡胶	11.4%	煤炭	47.4%
汽车	7.8%	农副食品加工	19.1%
家具	35.6%	纺织业	17.8%
医药制造业	14%		

资料来源：《安徽省工业经济总量规模扩大 产业结构持续优化》，中安在线，http://ah.ifeng.com/a/20200323/14097576_0.shtml，2020 年 3 月 23 日。

4.2.3　第三产业的产值结构与就业结构

4.2.3.1　第三产业的产值结构变化

从整体上看，中部地区第三产业发展水平虽然低于全国水平，但呈增长趋势。如图 4-15 所示，以 2011 年为界，2002～2011 年，中部地区第三产业在国内生产总值中的比重由 40.6% 下降到 35.21%。从 2012 年开始，随着中部地区工业化进程加快，企业物质生产环节的消耗越来越少，对于包装、销售、设计等生产性服务的需求增加；同时，中部地区城镇化率的提高，也推动了文化娱乐、教育、社会保险、金融和医疗等现代服务业的发展，中部地区第三产业迎来了高速发展时期。到 2018

年，中部地区第三产业产值占国内生产总值的比重达到 50.18%。贡献最大的是山西，其第三产业产值比重从 2010 年的 35.66%，上升到 2018 年的 53.40%，其次是湖南，湖北、安徽、河南和江西属于第三层次。中部地区第三产业产值占比提高的同时，第三产业内部产值结构也发生了较大变化。在传统的商业、饮食、居民服务、交通运输和邮电等服务业发展的同时，金融、咨询、商务服务、软件和文化体育娱乐等新兴服务业也蓬勃发展。

与全国第三产业的发展相比，中部六省第三产业产值比重虽然有所提升，但是仍普遍低于全国平均水平，2018 年除山西外，其余五省第三产业产值占比均低于全国平均水平（见图 4－15）。由此可见，尽管在实施中部崛起战略后，中部地区经济结构调整加快、人民生活水平提高、第三产业产值占比逐渐提高，但仍然暴露了产业结构演进中第三产业的发展未能与第一、第二产业同步调整的问题，这也将影响中部六省整体经济效益的提升。

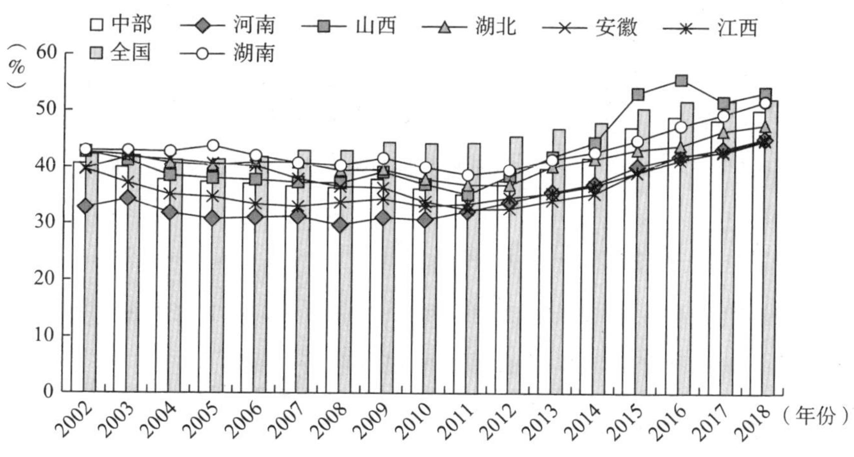

图 4－15　2002～2018 年全国和中部六省第三产业产值结构的变化

4.2.3.2　第三产业的就业结构变化

中部地区第三产业就业比重自 2002 年来一直处于增长趋势（见图 4－16），第三产业吸纳就业能力增强，第三产业就业人数已经反超第二产业，第三产业成为吸纳就业的新“蓄水池”。2018 年，山西第三产业就业比重最高，达到 43.16%，排在其后的依次是湖北（42.57%）、安徽（40.33%）、江西（39.6%）、湖南（38.51%）和河南（34%）。这和各省第三产业产值占GDP比重的排序并不完全一致，如湖南第三产业产值和增速都超过第一、二产业，实现了结构性变化，在中部六省中排名第二，但是其就业比重排在第五名，说明其还有进一步吸纳就业的空间。在中部六省中，河南第三产业就业比重虽然在增长，从2002年的19.67%增长到2018年的34%，但第三产业就业比重一直在中部六省中最低。因此，河南省应该加大第三产业的就业吸纳能力。

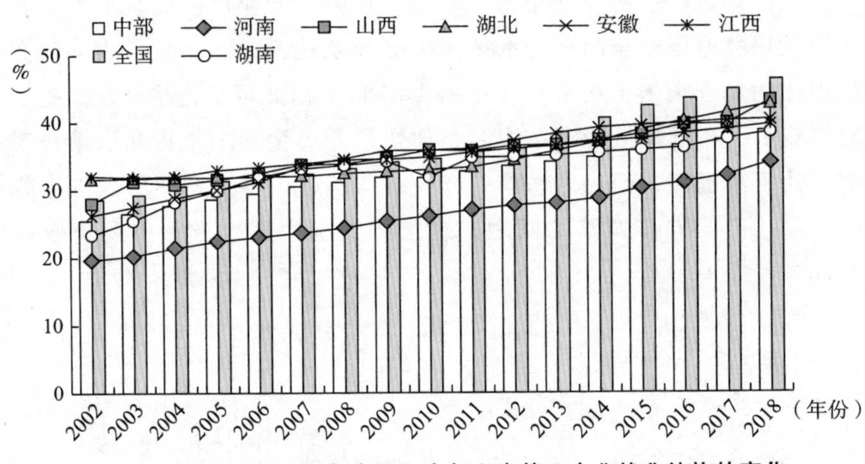

图4-16　2002~2018年全国和中部六省第三产业就业结构的变化

4.2.4　产业结构优化度提升

一个经济体的产业结构优化情况有合理化和高级化两个衡量指标，下面分别对中部地区产业结构的合理化和高级化进行分析。

4.2.4.1　产业结构趋向合理化

产业结构合理化是在一定时间内产业间要素配置情况与产业比例协调程度的优化，一般主要从产业间的比例关系，尤其是人力资本投入在各产业间的比例来考察。本课题借鉴干春晖等（2011）的做法，构建新的泰尔系数，以便能够更好地测度产业结构的合理化程度。

$$TL = \sum_{i=1}^{n}\left(\frac{Y_i}{Y}\right)\ln\left(\frac{Y_i}{Y}\bigg/\frac{Y}{L}\right) \tag{4-5}$$

如果处于市场出清状态，$TL=0$，说明产业结构合理，产业结构处于最理想的状态；如果指数偏离 0 越多，说明越偏离均衡状态，产业结构越不合理。相比于经常用于衡量产业结构合理化的产业结构偏离度指标，泰尔系数对不同产业进行了差别化对待，能够考虑到产业的相对重要性。

如图 4 - 17 所示，2002 ~ 2018 年，全国和中部六省的产业结构平均偏离程度都呈现下降趋势，说明三次产业结构趋向合理，但中部地区平均产业结构偏离程度高于全国平均水平，说明中部地区产业结构合理化程度还较低。只有江西平均产业结构偏离程度低于或接近全国平均水平，说明江西产业结构合理化程度相对较高。安徽产业结构偏离程度在 2010 年经历了明显上升；山西产业结构偏离程度长期较高，说明山西产业结构合理化程度较低。

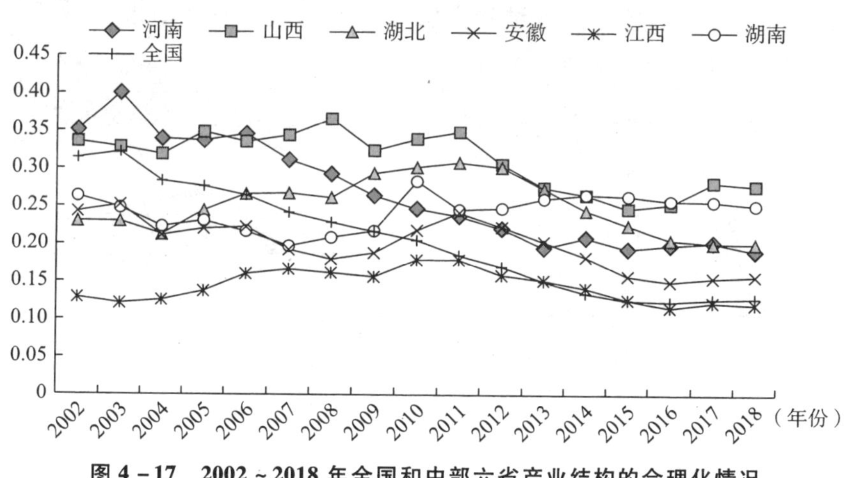

图 4 - 17　2002 ~ 2018 年全国和中部六省产业结构的合理化情况

4.2.4.2　产业结构不断高级化

产业结构高级化既包含产业间升级，即第三产业比重不断上升，第一、第二产业不断下降；也包含产业内升级，即产业结构由低附加值的劳动密集型产业向高附加值的资本、技术密集型产业发展。无论从哪一个层次界定产业结构高级化，其核心都是产品附加值的提高。人力资本的积累和集聚是提升该区域产品附加值、促进产业结构优化的根本条件。本课题对产业结构升级的度量采用靖学青（2005）提出的产业结构层次系数。该指标的数值越大，表明产业结构越高级。

$$Upgrade = \sum_{i=1}^{3} q_i \times i \tag{4-6}$$

由图4-18可知，2002~2018年，全国和中部六省的产业结构高级化程度都呈现上升趋势。尤其是2011年以来，中部地区加速淘汰落后产能，大力发展先进制造业和现代服务业，加快推动产业结构转型升级，产业结构高级化速度明显加快，增速高于全国总体水平，与全国总体水平的差距正在缩小。中部六省中，湖南产业高级化程度提升较快。在《湖南省推进供给侧结构性改革促进产业转型升级规划（2016-2020年）》中，湖南积极培育新兴产业，主要推动高端装备制造、新一代信息技术、生物、新材料、节能环保等新兴产业的发展，还加快发展现代金融、现代物流、研发设计、旅游、文化、健康养老等现代服务业。湖北也提出要加快建立现代经济体系，推动制造业与服务业融合发展，实现制造业与服务业“联动升级”。但中部地区总体的产业结构高级化程度仍然低于全国水平，说明中部地区产业结构高级化任务还很艰巨。

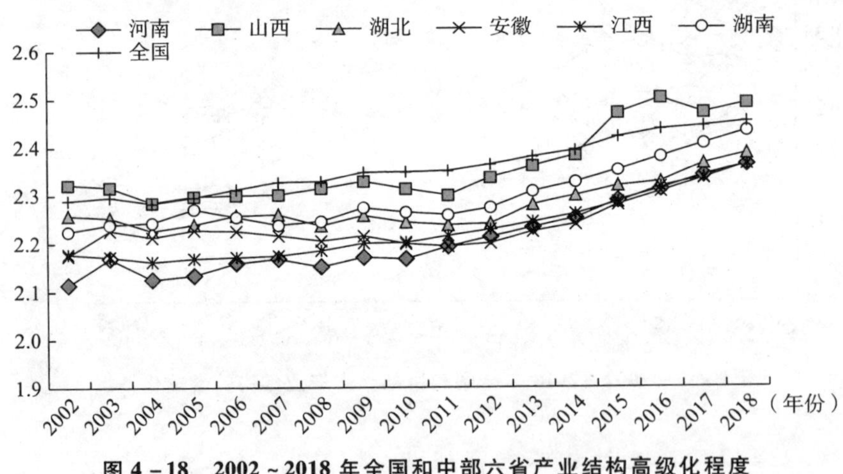

图4-18　2002~2018年全国和中部六省产业结构高级化程度

4.3　人力资本积聚与产业结构转型升级的发展困境

虽然自中部崛起战略实施以来，中部地区的人力资本积聚水平和产业结构转型升级速度都得到了较快提升，但和东部经济发达地区相比，中部地区经济基础仍然较差，产业结构同质化严重，人力资本积聚的数量、质量、类型和结构仍落后，人力资本积聚不能很好地支撑产业结构优化。目前，中部地区的人力资本积聚和产业结构转型升级主要存在以下困境。

4.3.1 人力资本的素质结构差

产业结构相似系数反映两个地区间的产业结构相似程度，越接近 1，说明两地区间的产业结构越接近。根据中部六省 2018 年现价计算的三次产业结构比，可得到中部六省产业结构的相似系数（见表 4-8）。

表 4-8　2018 年中部六省产业结构的相似系数

省份	河南	山西	湖北	江西	安徽	湖南
河南	1					
山西	0.971	1				
湖北	0.998	0.984	1			
江西	0.999	0.965	0.996	1		
安徽	0.999	0.966	0.996	0.999	1	
湖南	0.995	0.987	0.999	0.992	0.993	1

从表 4-8 可以看出，中部地区的产业有非常高的相似性。除了山西由于煤炭资源优势，其产业结构与其他省份之间的差异还稍微大一点之外，其他省份的产业结构高度相似，如河南和江西、安徽之间，湖北和湖南之间，江西和安徽之间的产业结构相似度都达到 0.999。另外，中部六省的产业内部构成也非常相似。例如，第一产业以种植业为主，第二产业以资源型、重化工业为主，第三产业以传统服务业为主。中部地区城市的产业集中于电力、化工、机械装备、医药、食品等高能耗、高污染、劳动密集型和资源密集型产业；中部六省省会的规划中都提出要建设制造业中心，产业结构趋同化十分明显。在战略性新兴产业方面，中部六省的产业布局也严重同质化①。

中部地区产业结构趋同的现状，既与各地政府规划有关，也与中部地区人力资本的素质结构较差有关。中部六省人力资本中高学历、高技能的人才稀缺，2018 年，中部六省除了山西、湖北两省之外，其余四省每 10 万人中拥有大专及以上学历的人口数量都低于全国水平。尤其是河南，本科生和研究生比重在中部六省中均最低，且分别比全国水平低 3.7 个百分

① 《中部六省争夺先进制造业，郑州赢面有多大?》，环球网，https://china.huanqiu.com/article/9CaKrnJZK93，2017 年 1 月 15 日。

点和0.5个百分点（见表4－9），这和河南人口大省和经济大省的地位十分不匹配。

表4－9　2018年中部六省及全国从业人员受教育程度

单位：%

省份	小学以下	小学	初中	高中	大专	本科	研究生
山西	1.0	10.8	44.5	21.3	12.1	9.6	0.7
安徽	6.9	18.3	45.8	14.3	8.0	6.1	0.5
江西	1.9	18.8	46.9	19.6	6.9	5.4	0.4
河南	2.0	13.0	50.8	20.9	8.1	4.8	0.4
湖北	2.7	16.7	42.3	21.1	8.7	7.4	1.0
湖南	1.2	14.9	44.2	23.2	9.2	6.8	0.6
全国	2.3	16.4	43.1	19.1	9.7	8.5	0.9

进一步考察不同行业就业人员的比重。如表4－10所示，传统行业就业人员的比重较高，如农林牧渔业（第一产业），制造业、建筑业（第二产业），批发和零售业及居民服务、修理和其他服务业（第三产业）。而现代服务业，如金融业、科学研究和技术服务业等行业的就业人员比重较低。中部六省同质化的产业结构与就业结构，和中部地区人力资本的受教育程度偏低有密切关联。人力资本积聚需要时间，这就造成人力资本要素有一定的刚性和黏性，而较低的教育层次将限制劳动力在产业间转移的速度，使传统产业滞留大量劳动力，形成产业结构固化，而重复引资、重复投资又加剧了区域间产业结构的趋同化，同时也加剧中部各省对相同产业人才的竞争，最终形成恶性循环，阻碍中部六省产业结构的转型升级。

表4－10　2018年中部六省各行业就业人数占总就业人数比重

单位：%

行业	河南	湖南	江西	山西	湖北	安徽
农林牧渔业	35.36	39.12	27.51	1.45	1.48	0.85
采矿业	0.54	0.74	1.49	15.50	1.37	1.91
制造业	18.38	12.12	20.28	17.72	30.45	27.52
电力、热力、燃气及水的生产和供应业	0.42	1.13	0.64	2.40	1.63	1.10

续表

行业	河南	湖南	江西	山西	湖北	安徽
建筑业	11.26	8.39	10.48	9.48	19.50	23.12
批发和零售业	10.73	9.98	15.38	9.79	9.04	9.32
交通运输、仓储和邮政业	3.91	4.72	4.01	4.97	4.15	3.79
住宿和餐饮业	3.99	4.59	3.62	1.68	2.70	1.97
信息传输、计算机服务和软件业	1.32	2.15	1.48	1.32	1.61	1.93
金融业	0.50	1.37	0.61	3.62	1.87	2.42
房地产业	0.58	1.16	1.49	2.56	2.59	2.95
租赁和商务服务业	1.03	2.26	1.56	2.99	2.20	4.02
科学研究和技术服务业	0.44	0.61	0.60	1.87	1.73	1.88
水利、环境和公共设施管理业	0.25	0.49	0.44	1.77	1.18	0.79
居民服务、修理和其他服务业	6.13	2.99	3.74	0.80	0.71	0.89
教育	1.91	2.93	2.32	8.02	6.70	6.36
卫生和社会工作	0.98	1.94	1.46	3.71	4.09	3.26
文化、体育和娱乐业	0.45	1.03	0.70	1.14	0.96	0.76
公共管理、社会保障和社会组织	1.81	2.31	2.20	9.21	6.06	5.18

注：山西、湖北和安徽的数据是城镇各行业就业人数占城镇就业人数的比重。

资料来源：根据 2019 年中部各省统计年鉴计算而得。

4.3.2　人力资本的产业分布不均衡

本课题借鉴产业经济学中的结构偏离度指标衡量人力资本在产业间的分布状况。结构偏离度衡量的是人力资本在产业间的偏离程度，可以借此判断各产业发展对人力资本的“推－拉”作用。

$$结构偏离度 = \frac{产业产值占\ GDP\ 比重}{产业就业人数占总就业人数的比重} - 1 \qquad (4-7)$$

当结构偏离度趋于零时，产业结构与就业结构趋于均衡状态，该产业人力资本和产业发展相匹配。当结构偏离度为正值时，说明该产业的人力资本劳动生产率较高，形成对产业外部人力资本的一种拉力和吸引力，将吸纳更多人力资本进入该产业，使产业发展水平与人力资本水平保持一致；偏离值越大，说明该产业对人力资本的引力就越大。当结构偏离度为负值时，说明该产业的人力资本劳动生产率较低，对产业内部的人力资本有一种向外的推力，会向产业外释放更多的人力资本；偏离值越大，说明产业内部已存在大量的隐性失业者，更多的人力资本将从该产业流出。从经济学角度分析，如果一个区域有开放的、自由流动的劳动力市场，各产业不存在行政上的进入和退出壁垒，那么产业发展和人力资本的长期相互作用将使结构偏离度逐渐趋于零，达到均衡状态。

下面根据统计年鉴数据，分别计算出2002年和2018年中部六省人力资本产业分布的结构偏离度（见表4-11）。为了便于对中部六省整体的人力资本在产业间分布的结构偏离进行比较，根据冯雨飞（2018）、田桂瑛等（2020）的方法，将各产业的结构偏离度取绝对值后加总。由表4-11可知，（1）中部六省第一产业人力资本分布的结构偏离度在2002年和2018年均为负值，2002年的绝对值都大于0.5，2008年绝对值基本增加到0.7以上（江西为0.69）。这说明第一产业存在大量剩余人力资本，也反映出农业在中部六省产业布局中的重要地位。但随着农业化进程的加快，农业生产的集约化、机械化水平提升，更多的人力资本将从农业生产中释放出来。2018年，各省第一产业的结构偏离度的绝对值甚至比2002年更大，说明第一产业对人力资本的挤出作用增强，然而受到诸多制度因素制约，农业剩余人力资本转移的速度明显慢于农业转型升级的速度。（2）中部六省第二产业结构偏离度在2002年和2018年均为正值，且2018年的偏离度明显低于2002年，说明随着工业化进程加快，中部六省第二产业劳动生产率提升，对人力资本的吸引力增强，越来越多的人力资本投入到第二产业生产中。由于整体结构偏离度仍大于0.5，说明第二产业还有进一步吸纳人力资本的空间。（3）中部六省第三产业结构偏离度和第一、第二产业相比，变化幅度不是很大。2002年中部六省第三产业结构偏离度普遍小于第一、第二产业结构偏离度的绝对值，且除江西（0.24）和湖北（0.35）外，其余三省结构偏离度都在0.5以上。这是因为第三产业发展需要大量的人力资本，而以服务业为主体的传统第三产业就业渠道多元、行业壁垒低、对技术要求不高。到2018年，除了河南（0.33）和湖南（0.35）外，其余四省的结构偏离度都小于0.25，第三产业的结构偏离度均降低。（4）总偏离度不断下降，但是仍然偏高。中部六省2018年的整体结构偏离度要明显低于2002年，说明在产业升级过程中，人力资本在产业间的分配趋向合理。由于2018年中部六省整体产业结构偏离度最低值仍达到1.24（江西），说明人力资本投入要素和产业产值之间的匹配性还不够高，其原因在于原有人力资本产业分布的不均衡，再加上制度、技术等多方面因素的影响，人力资本在城乡、区域、产业间流动性较差，这在很大程度上制约着中部地区的人力资本开发与利用效率、物质资本效率，进而造成产业结构优化升级缓慢。因此，中部六省需要进一步推动产业结构转型升级，使人力资本投入与产业产值间的匹配趋于合理化。

表 4 - 11　2002 年和 2018 年中部六省人力资本产业分布的结构偏离度

省份	2002 年结构偏离度				2018 年结构偏离度			
	第一产业	第二产业	第三产业	总偏离度	第一产业	第二产业	第三产业	总偏离度
山西	-0.82	0.97	0.52	2.32	-0.87	0.82	0.24	1.93
安徽	-0.60	1.10	0.51	2.22	-0.72	0.60	0.12	1.43
江西	-0.52	0.70	0.24	1.45	-0.69	0.42	0.13	1.24
河南	-0.65	1.44	0.67	2.76	-0.75	0.50	0.33	1.58
湖北	-0.65	0.99	0.35	1.99	-0.74	0.85	0.12	1.70
湖南	-0.63	0.77	0.83	2.23	-0.78	0.77	0.35	1.90

4.3.3　高层次人才匮乏

中部地区高层次人才匮乏，导致高新技术产业发展水平和创新创业能力都偏弱。截至 2016 年，北京市拥有高新技术企业 12388 家，而河南、湖南、江西、安徽、湖北五个中部地区省份分别只有 1642 家、2182 家、890 家、3928 家、3976 家；北京市拥有国家级众创空间 125 家，河南、湖南、江西、安徽、湖北五个中部地区省份分别只有 14 家、30 家、11 家、24 家、40 家①。这和中部地区缺乏高层次创新人才有密切关系。

4.3.3.1　产业发展所需专业技术人才缺乏

从公有经济企事业单位专业技术人员构成（见表 4 - 12）来看，专业技术人才集中在第三产业，如教学人员和卫生技术人员在河南和湖北的专业技术人才中分别占 80.60% 和 80.41%，在江西、湖南和安徽分别占

---

① 《中部地区加速发展的内在需求——布局国家高新区》，搜狐网，https://www.sohu.com/a/198455026_378413，2017 年 10 月 17 日。

77.33%、76.57%和75.25%，山西的情况稍好一些，但也占59.79%。而工程技术人员和科学研究人员的比重普遍低于全国水平，其中，工程技术人员和全国水平相差约10个百分点。除了山西工程技术人员的比重稍高于全国水平，其他五省均低于全国水平，河南的工程技术人员占比最低，仅为8.79%。中部六省科学研究人员所占比重也比全国水平低1个百分点左右，其中河南和安徽占比最低，山西占比最高。中部六省作为全国重要的粮食生产基地，所拥有的农业技术人员也仅高于全国水平0.10个百分点左右。中部地区专业技术人员总量不足，高技能、高层次人才，尤其是创新型、引领型人才匮乏，人才队伍不能引领产业的创新活动，难以适应创新驱动发展、经济转型升级的需要。这说明中部地区在产业发展过程中，产业自我发展的活力较弱，中部地区人力资本结构的不合理也是中部地区第二产业“大”而“不强”的重要原因。

2018年10月，课题组成员就河南省驻马店市西平县农业局的专业技术人才队伍现状进行了专题调研。西平县地处平原，农业资源条件好，是一个农业大县，以种植小麦、玉米为主。调查中了解到，西平县农业局共有农业专业技术人才116人，其中，农技推广专业人才112人，农业经济管理专业人才4人。大专及本科学历的工作人员67人，占全局农业专业技术人才总数的57.8%。在全局农业专业技术人才中，职称为副高级以上的有10人，占8.6%；职称为中级的有23人，占19.8%，其余人员为初级职称，占71.6%。调研中主要发现以下问题。第一，人才总量不足，高层次人才缺乏。农业系统专业技术人才中，具有专科及以上学历的有67人，仅占农业系统人数的20%；具有高级称职的10人，仅占农业系统人数的3.0%。农业专业技术人才总量较少，严重制约了农业新技术、新品种、新成果的推广与应用。第二，人才结构不合理，分布不均。传统农学、植物学等专业的人才较多，而掌握农林经济学、园艺、园林规划、环境保护、现代农业生物技术及信息技术的人才明显不足，基层专业技术人才严重缺乏，专业技术人才队伍结构有待改善。第三，现有人员知识老化，后备力量缺乏。西平县农业局现有的高学历人才中，很大一部分已在50岁上下，他们在基层工作多年，有丰富的实践经验，但所学知识已经过时，又缺乏学习新知识和新技术的机会，一些老同志甚至连上网查找资料都不熟练，可以说目前已经很难适应新技术、新产品不断涌现的大环境。而刚毕业的大学生或因为待遇低不愿来，或因为编制原因进不来，人才队伍日趋老化。第四，人才队伍不稳定，人才流失现象严重。基层工作人员的工资低，有些时期农技人员的工资甚至都不能足额领取，基本生活难以保障，致使农业专业技术人才流失严重。第五，科研基础设施条件差，技术人才缺乏施展才华的平台。科研投入不足、办公和科研条件简陋，使科研工作难以正常开展，导致一些科研人才学无所用，无法专注于农业技术研发工作。

表4-12　2017年中部地区各省份公有经济企事业单位专业技术人员构成

单位：%

地区	工程技术人员	农业技术人员	科学研究人员	卫生技术人员	教学人员
山西	21.31	2.53	0.50	13.96	45.83
安徽	12.22	2.36	0.38	15.92	59.33
江西	10.74	2.33	0.44	17.56	59.77
河南	8.79	2.33	0.38	15.41	65.19
湖北	9.20	1.98	0.42	22.10	58.31
湖南	10.03	3.00	0.44	20.22	56.35
中部	11.84	2.43	0.42	17.31	58.01
全国	20.99	2.33	1.49	14.13	41.62

资料来源：《中国科技统计年鉴2018》。

4.3.3.2　企业技术人才缺乏

2019年暑假期间，本课题组成员到河南省许昌市对当地的30家企业就人才队伍建设问题进行了实地调研。许昌市为地级市，位于河南省中部，下辖2个区、2个县、2个县级市，共6个县级行政区，总面积4996平方公里，总人口近500万人。许昌市的经济发展水平在中部地区处于中游水平，在中部地区有一定的代表性。过去十几年中，在地方政府和企业的努力下，许昌市各类工业企业的人才队伍建设取得了很大的进展，各类、各级人才的总量不断增加，人才专业结构和年龄结构也在不断优化，人才队伍建设呈现较好的发展势头。但由于多种因素制约，许昌市各类企业的人才储备与企业对人才的需求还存在显著差距，从被调查的30家企业来看，目前还存在以下几方面的问题。

（1）人才总体数量不足，人才结构也不够合理。在被调查的30家企业中，一方面，企业目前所拥有的人才总量与企业开展技术研发和管理革新所需要的人才数量有较大差距。另一方面，人才结构也不能适应企业进一步发展的需要，企业现有员工以专科以下学历为主，本科及以上学历的员工较少，高学历、高职称的人才比较缺乏，具备一般技能的员工较多，拥有高技能的员工较少，难以满足企业需求。那些在县城或者乡镇的企业，高级人才更为稀缺。调查中发现，超过 1/3 的企业没有高级工程师，超过 3/4 的企业没有高级技工。目前，这种人才总量不足和高级人才缺乏的现状，对中部地区产业化结构优化升级有明显的抑制作用。

（2）有少部分企业对人才重要性的认识还不够充分。一些企业的高层领导认为企业目前发展形势还不错，没有必要花高薪聘请高层次人才，没有认识到人才储备对企业发展的长期影响，因而在企业管理中对人才建设的工作热情不高，只重视企业生产而轻视人才建设。部分企业的高层领导没有从战略高度和长远角度把人才战略与企业发展联系起来，认为企业没有很高的技术要求，普通的劳动力就足够胜任企业的生产和管理工作，花高薪聘请高级人才只会增加企业成本而难以有明显的收益。这样的企业缺乏进取精神和创新精神，满足于现状，看不到未来的机遇和风险，很难做大做强。

（3）高层次人才引进难度大，已经引进的人才也很难长期留下来。和我国东部沿海发达地区相比，中部地区的企业引进人才的难度比较大，这是中部地区企业普遍存在的问题。这一问题的产生有着深刻而复杂的背景，既与当地的经济发展水平、地理区位、企业规模、人才待遇等硬条件有关，也与当地的社会环境、人文环境、政府管理能力等软条件有关，很难在短期内得到彻底解决，需要中部地区的地方政府与企业进行长期努力。我们在调研中发现，虽然总体上中部地区工业企业引进人才难度大，但是不同企业的人才引进成效也存在较大的差别。许昌市的市属重点企业在人才引进方面的成效相对较好，这些企业规模大、效益好，为高级人才提供的工作条件和待遇也相对较好，高级人才虽然不能完全满足企业的需要，但是企业还是能够引进并长期留住一些高级人才。县区属的企业在人才引进方面的成效很低，这些企业规模小、效益差，很难为高级人才提供满意的工作条件和待遇，高级人才基本引进不来，个别企业下了很大功夫引进了一些高级人才，然而又很难长期留住他们。

（4）企业缺乏人力资源战略和中长期人力资源开发规划。在我们调查的 30 家企业中，绝大部分企业有人事管理部门或者人力资源管理部门，但是其具体职能主要是进行劳动工资管理、工作纪律检查、人事档案保管等事务性工作，几乎没有企业开展中长期人力资源需求预测和规划工作，没有编制真正意义上的人力资源开发目标和计划。此外，企业员工中、长期培训规划及人才培养和人才引进工作也不系统。调研中发现，企业普遍存在重视生产经营、轻视人力资源管理的现象。调研中每个企业都制定了详细的生产经营目标和计划，而在企业的人力资源开发、人才培养和人才储备等方面，基本上没有系统和详细的目标和计划，人力资源管理工作就是走一步看一步。个别企业即使制定了人力资源开发的目标和规划，但也仅仅是停留在文件上，并没有认真执行。企业轻视人力资源开发工作，舍不得投入资金培养和引进人才，导致企业人才储备不足、研发能力不足、技术更新缓慢。

对许昌市 30 家企业人力资源管理工作的调查表明，中部地区企业在人力资源管理上还很不完善和规范，人才储备情况难以满足未来发展的需要，并且高层次人才稀缺，很难支撑起中部地区的产业转型升级工作。加强人才储备和人才引进工作，对于中部地区工业企业的长远发展至关重要。上述对于河南省许昌市工业企业和驻马店市西平县农业局的调研表明，无论是工业领域还是农业领域，中部地区高层次人才缺乏是普遍现象。这种状况与当下各个领域技术进步日新月异的现状难以适应，中部地区必须加快人力资源的开发和引进，为产业转型升级提供有力支撑。

4.3.4　高层次人才流失严重

中部地区除了人力资本总体水平较低和高层次人才较少之外，还存在着严重的人才外流问题。宁吉喆主编的《中国发展报告 2016》分析了我国人口流动情况。2015 年，我国跨省流动人口为 9696 万人，跨省流入人口最多的前五个省份为广东、浙江、上海、江苏和北京，分别占跨省流动人口的 24.79%、12.07%、9.81%、8.95%和 7.90%。跨省流出人口最多的前五个省份为安徽、河南、四川、湖南、江西，分别占跨省流动人口的 10.44%、9.71%、8.73%、8.48%和 6.36%（见表 4－13）。与 2010 年相比，前五位人口流入省份的人口占比有所下降，合计比重下降了 2.52 个百分点；流出人口合计比重也下降了 3.06 个百分点。上述前五个人口流入省份全部在我国东部发达地区，前五个人口流出大省中的四个在我国中部地区。尽管这些数据释放了一些对中部地区有利的信号，即当前人口流入大省的人口聚集程度在下降，人口流出大省的人口流出动力在减弱，但是，我国流动人口整体上依然是从中西部地区流入东部沿海地区，并且流动人口主要是年富力强的技能型劳动力和高层次研发和管理人才，中部地区的人才流失问题依然很严重。

表 4－13　2010 年和 2015 年全国前五位流入、流出人口省份及人口所占比重

单位：%

流入省份	2010 年	2015 年	流出省份	2010 年	2015 年
广东	25.03	24.79	安徽	11.21	10.44
浙江	13.77	12.07	河南	10.04	9.71
上海	10.45	9.81	四川	10.37	8.73
江苏	8.59	8.95	湖南	8.42	8.48
北京	8.20	7.90	江西	6.74	6.36

资料来源：《中国发展报告 2016》。

关于中部地区高层次人才的流动情况，尚没有专门的统计数据来展示，但是可以从一些事件中看出中部地区高层次人才流失的严重程度。2017 年全国两会期间，教育部部长陈宝生针对东部地区高校频频从中西部地区高校挖走领军人才的实际情况，公开呼吁东部地区高校不要到中西部地区高校抢人才。2017 年 1 月，教育部办公厅印发了《关于坚持正确导向促进高校高层次人才合理有序流动的通知》，明确不鼓励东部地区高校从中西部地区、东北地区高校引进人才，不得片面依赖高薪酬、高待遇抢挖高端人才，不得简单地根据学者的学术头衔来确定薪酬待遇和配置学术资源。2017 年 8 月发布的《中共教育部党组关于加快直属高校高层次人才发展的指导意见》再次强调，不鼓励东部地区高校从中西部、东北地区高校引进人才，支持东部地区高校向中西部、东北地区高校输出人才。中央和地方采取的一些措施遏制了中西部地区高校人才流失情况的进一步恶化，但是中西部地区高校高层次人才流失的趋势并没有从根本上得到改变。尤其是自 2017 年 9 月我国开始进行世界一流大学和一流学科建设以来，为在“双一流”建设中抢占先机，各高校纷纷出台高层次人才引进计划，不惜花重金到处抢人才，尤其是争抢院士、长江学者等高端人才，从而引发各地域、各高校间的“抢人大战”，东部地区高校凭借多方面的优势对中西部高校高层次人才的争夺力度进一步加大。

中部地区企业引进人才难度大的原因主要有以下几个方面。一是中部地区经济发展水平相对较低，发展空间不如东部沿海发达地区广。二是企业提供的工资福利待遇赶不上沿海发达地区，这是中部地区企业难以引进高级人才的最主要原因。三是中部地区的企业普遍规模较小，工作条件和生活条件比较艰苦，企业管理水平和企业文化落后。四是一些企业在感情留人、事业留人方面做得不细致，对高级人才的生活方面关心不够。五是外部引进人才与现有人才之间的矛盾导致人才队伍不稳定。企业为了引进外部人才，提供给外部引进人才的福利待遇往往明显高于企业自己培养的人才，这种矛盾很难解决：不提供足够高的福利待遇，外部人才引进不来；给引进人才的待遇明显比较高的话，原有的企业骨干又不服气，打击现有骨干职工的积极性，导致现有人才负气出走。这是目前中部地区企业在人才管理方面普遍存在的一道难题。六是一些中小企业用人观念陈旧，缺乏规范的人力资源管理制度，人才引进工作比较随意，缺乏人才引进规划，没有一套合理的用人制度和优惠政策。另外，对引进的高级人才半信半疑，不敢放心大胆地使用，导致引进的人才在工作上不能完全施展手脚，工作积极性屡屡受挫，这在很大程度上造成了人才浪费和人才流失。

大量研究表明，人力资本水平对一个地区的经济发展具有重大影响。没有足够的人力资本作支撑，区域产业转型升级难以顺利实现。我国中部地区由于地处内陆，区位劣势致使经济社会发展速度落后于沿海地区，教育和科学研究水平也比东部沿海发达地区落后，从而导致中部地区的人力资本水平低于我国东部沿海发达地区。此外，在过去几十年的改革开放过程中，中部地区由于经济发展水平落后，不仅难以吸引到其他地区的高端人才，甚至中部地区培养出来的一些高层次人才还会外流到发达地区。人力资本总体水平偏低，导致中部地区产业转型升级缺乏技术和人才支撑。

第5章　人力资本积聚与产业结构转型升级的耦合机理

人力资本积聚能够产生“生产效应”、“配置效应”、“溢出效应”和“收入效应”，从而推动区域产业结构转型升级。反过来，区域产业结构转型升级能够对人力资本产生“倒逼效应”和“吸引效应”，从而促进人力资本积聚。科学合理的政策措施能够促进人力资本积聚和产业结构转型升级形成良性循环和互动，从而形成螺旋式耦合发展过程，共同推动区域经济高质量发展。

5.1　人力资本积聚支撑区域产业结构转型升级

5.1.1　生产效应

人力资本积聚的“生产效应”，指不同产业间人力资本积聚水平的差异导致产业间劳动生产率差距扩大，这一效应为产业结构转型升级提供了动力。首先，人力资本积聚改变生产要素投入结构。人力资本作为生产性投入要素，在所有生产活动中都不可缺少。传统经济理论就强调人力资本要素在生产中的作用，现代经济理论不仅考虑劳动力的数量，而且对劳动力的质量也给予了同等的重视。现代化大生产中，大规模的工业化生产具有一定的技术要求，有些精密性生产活动对劳动者的要求很高，劳动者的技能水平必须与现代生产技术相匹配，现代化工业生产才可以顺利进行，技术进步被经济学家认为是经济增长的主要源泉之一，而技术进步是以人为载体的，因此，人力资本成为生产函数中最重要的因素。对于一个地区的经济发展来说，劳动力数量的增加和劳动力质量的提高带来了人力资本的积聚，使该地区的人力资本存量增加，对区域经济结构转型升级带来深刻影响。人力资本积聚，尤其是人力资本质量的提高，意味着劳动者的知识和技能增加，劳动者的生产力提高，可以使用数量更多、性能更好的机器设备，进而提高加工水平和生产复杂性，生产出技术要求更高和质量更好的产品，从而推动高新技术产业的扩张，促进区域经济转型升级。另外，现代经济学认为人力资本具有边际生产率递增的特性，人力资本的积聚不但可以提高人力资本的边际生产率，同时还可以提高其他生产要素的边际生产率，可以使资本以及技术的作用得到更加充分的发挥。人力资本积聚改变了各生产要素的相对边际生产率，也就改变了各要素的相对收益，在利润最大化目标的驱使下，企业家会随着边际收益率的变化调整各要素的投入数量，从而引导生产过程中的要素投入结构随之改变。

其次，生产要素投入结构的改变能够带来区域产业结构的转型升级。生产要素的投入结构指的是生产过程中所投入的各种生产要素之间的相对比例，如资本、劳动、技术等要素在工业化生产中投入的相对比例。资本密集型产业、劳动密集型产业、技术密集型产业，反映的就是在不同产业中各种投入要素重要程度的不同，这种投入结构是决定产出结构的主要因素。各种生产要素稀缺性的变化带来生产中不同生产要素相对投入量的变化，这种变化直接影响产业结构转型升级。对于一个区域性的经济系统来说，各种投入要素的供给量可能会随着经济社会的发展发生变化，如果区域内某一种生产要素的供给数量增加，而同时其他生产要素的供给数量保持不变，那么供给数量增加的要素的相对价格就会降低，结果必然会引起密集使用该生产要素的产业扩大生产规模，以实现要素配置的最优化。同时，人力资本积聚也能够提高资本和技术的使用效率，吸引其他地区的资本和技术转移到本地来，使区域经济系统中的资本和技术等生产要素的供给量得到增加，从而增加这些高质量要素在生产中的投入量，使技术密集型或资本密集型产业的规模得到扩张，而密集使用普通劳动力的劳动密集型产业的规模收缩，带来区域产业结构的转型升级。除了上面谈到的各种生产要素供给数量的变化会带来产业结构转型升级之外，各种生产要素质量的变化同样会带来区域产业结构的转型升级。某种生产要素的质量得到提高，那么这种要素在生产中的边际生产效率就会提高，在利益的驱使下人们在生产中就会更多地使用这种生产要素，同时减少对其他生产要素的使用。这种变化实际上就是生产要素之间的替代作用，这种替代导致不同产业部门的生产效率发生变化，不同的产业获得不同的经济效益，一个必然后果就是区域产业结构发生变化——生产效率高的产业不断扩张，同时生产效率低的产业逐渐萎缩，劳动密集型产业最终必将被资本、技术密集型产业替代。另外，人力资本水平的提高会使资本、技术、自然资源等要素的利用效率得到提高，从而使劳动力素质高的产业部门的生产效率提高，吸引各种资源流向该部门，这一产业部门不断扩大规模，区域产业结构实现转型和优化升级。

5.1.2 配置效应

人力资本积聚的“配置效应”，指人力资本要素与其他要素在边际生产力上的差异所导致的生产要素在产业间的流动和重新配置。人力资本积聚促进技术进步，技术进步使新兴产业的生产效率高于传统行业，从而推动生产要素从传统行业流动到新兴行业，人力资本积聚的这种生产要素配置效应决定了产业结构转型升级的速度。科技进步最重要的组成部分是蕴含于劳动者中的人力资本，人力资本存量对技术创新数量、技术传播速度和技术利用程度有着决定性影响，高人力资本存量会增加技术创新数量、提高新兴技术的扩散速度和利用程度。可以说，人力资本是技术的核心内容。

首先，人是生产活动中最活跃的因素，一切技术创新都是由人来完成的，其他任何创新性因素都必须与人这一要素相结合才能完成创新过程。而人力资本存量越高，就越容易实现技术创新。从实践上来看，人力资本存量越高，也就是科研人员水平越高、生产人员操作能力越强，技术创新的数量也就越多，即技术创新的数量和水平随着人力资本存量的提高而增加和提升。其次，新技术的传播必须以一定的人力资本水平为前提。新技术研发出来之后，需要通过技术推广人员把新兴的技术普及到一线操作人员之中，技术推广人员的素质高、能力强，对新技术理解得透彻，新的技术就越容易普及推广，否则，就会影响新技术在生产实践中的应用效果。也就是说，技术推广人员的素质越高，传播新技术的能力也就越强，普及推广新技术的效果越好。尤其对于一线的生产人员来说，那些受教育水平高、基本素质高的劳动者，他们接受新东西的能力更强，领会和掌握新技术的能力就更强。所以，拥有大量高素质的劳动力对于发展新兴产业是必要的。最后，必要的人力资本水平也是技术应用的基础。技术创新由理论转变成实际的生产能力，也需要人力资本作为保障。缺乏必要的人力资本，技术就不可能充分发挥其应有的作用。

人力资本积聚带来的技术进步是区域主导产业更替的核心。产业结构转型升级从表面上看是不同产业部门在区域经济总量中的比重变化，深层次则表现为技术的进步或集约化，是技术更先进的主导产业部门在区域经济总量中所占比重的提高。在区域经济理论中，各产业部门可以根据它们在区域经济增长中的地位和作用分为主导产业部门、辅助产业部门和基础产业部门。其中主导产业部门在区域经济发展中的贡献最大，与其他产业部门相比，区域主导产业有三方面的特点：一是产业扩张速度快，产出增长率高于区域经济总体增长率；二是技术先进，新兴产业部门的技术处于领先地位；三是有较强的带动能力，主导产业部门能够带动辅助产业部门和基础产业部门增长，并对整个区域经济产生长远且广泛的影响。如果某个产业同时具备了上述三个特点，该产业就可以被认定为区域主导产业。所以，应用最新科研成果研发出来的技术是一个产业成为地区主导产业的必要条件，可以说，没有技术进步就没有主导产业部门的更替，就没有区域经济的转型和升级。在这一过程中，没有人力资本的积聚，没有进行技术创新和推广新技术的人才队伍，区域经济发展就只能够实现量的扩张，而不能够实现质的提升。

5.1.3 溢出效应

人力资本的积聚会引起技术和物质资本等生产性要素不断向该地区流入，各类生产要素的集聚可为产业结构转型升级提供更高级的要素组合，这就是人力资本积聚的“溢出效应”。由于资源的不完全流动性，在一定时期内，区域产业结构只能在其拥有的资源总量范围内进行调整，因而产业结构的转型和升级总是会受到资源禀赋的约束。从较长的时期来看，人力资本积聚可以不断突破区域资源存量的约束，推动产业结构不断转型升级。

人力资本积聚推动区域资源的外生性增长。不同地区拥有不同的资源禀赋，这是区域经济发展的基础。现代经济发展的一个显著特点是地区间资源流动频繁，这种流动可以弥补地区在经济发展当中存在的某些资源的不足，有助于提高资源利用效率，带来整体经济的快速增长。区域资源的增长可以分为外生性增长和内生性增长，资源从区域之外流动到本区域之内而实现的资源增长就是资源的外生性增长；本地资源的自我增长就是内生性增长。资源的内生性增长往往是一个漫长的过程，更多的情况下为了实现一个地区经济的快速增长，有必要推进资源的外生性增长。劳动力在不同地区之间的流动就是实现劳动力资源外生性增长的主要方式。有剩余劳动力的地区一般来说总是工资水平比较低的地区，劳动力稀缺的地区总是工资水平高的地区，工资水平的地区间差异引导劳动力从工资水平低的地区流动到工资水平高的地区，这种流动弥补了劳动力稀缺地区劳动力不足的问题，同时促进其实现经济增长。对于人力资本稀缺的地区来说，劳动力迁移到本区域来就是人力资本的外生性增长。高素质的人力资本也会促进资本或者技术向本区域流入，劳动力素质和技能对资本和技术的传播速度、扩散效果有着重要影响。但是通过这种外生性增长途径来突破资源约束的路径容易受到区域之外因素的影响，如外部环境的显著变化会引起劳动力队伍的不稳定，对那些流动障碍较小的高层次人才而言尤其如此。因此，人力资本外生性增长会使产业增长进程不够稳定，在大多数情况下只能暂时缓解资源的紧张程度，不能够解决根本性问题。从长远来看，资源约束的根本性突破需要通过内生性增长方式来实现。

人力资本积聚推动区域资源的内生性增长。人力资本的内生性增长指的是通过教育、培训等途径提升本地劳动力的人力资本存量，包括劳动者数量的增加和劳动者能力的提高。在经济发展初期，区域内人力资本的增加主要依赖劳动力数量的增长，也就是人口增长；在区域经济发展到一定水平之后，区域人力资本的增加主要来自人口素质的提高，即通过教育、培训、医疗等条件的改善，劳动者的体力、智力不断增强，这种人口素质的提高就是人力资本的积聚。劳动者素质的提高对于其他资源的内生性增长具有重要的促进作用。从理论上来说，自然资源并不都是可再生的，如石油、煤炭等矿产资源，在自然界的存量是一定的，越用越少；有些自然资源是可以再生的，但是再生的速度很慢，如那些被污染的土地，恢复生产能力需要很长的时间。因此，通过再生产的方式来提高自然资源的绝对量不具有普适性。有两种方式可以实现自然资源的内生性增长。其一，通过勘探技术的提高探明自然界已经存在但是以前没有发现的自然资源储量。随着科学技术的进步，人们在矿产资源勘探方面的能力也在不断提高，新的勘探技术提高了勘探的范围和精准度，在自然资源开发利用过程中发挥着关键性作用。科学的进步和技术的发明与使用主要依赖高层次的科技人才和高技能型人才，所以，人力资本存量增加才是发现更多自然资源的关键。其二，人力资本存量的增加能够提高自然资源的利用效率。自然资源需与人类的劳动相结合才能创造价值。人类的劳动早已不是简单劳动，而是包含着劳动者技能的复杂劳动，劳动者的基本素质和技能水平对劳动的生产效率和产出效果有直接的影响。高素质的劳动者能够掌握新兴技术，从而提高产品质量、劳动生产率和资源利用效率，对经济发展和产业结构调整有重要作用。

人力资本的积聚带来区域资源的变化，进而推动区域产业结构不断演变。从理论上来讲，不同的产业使用的各种要素的密集程度是不一样的，所以，区域资源禀赋状况决定着一个地区产业结构的形成，同时也对区域产业结构的演变方向有着强有力的约束。更多资源流入的行业会兴盛起来，资源不断流出的行业会逐渐衰落下去，资源的流动和重新配置导致了区域产业结构的转型升级。区域资源相对数量发生变化就会导致不同资源的相对价格发生变化，价格下降的资源会被更多地应用于生产，而价格升高的资源在生产中会被越来越少应用，这种相对价格的变化使不同资源的使用密集度发生变化，从而带动区域产业结构转型升级。在区域经济发展的初期，工业化刚刚起步，资本与技术的积累相对较少，相对丰裕的资源就是劳动力，而且主要是素质较低的劳动力，所以这个时期大量使用普通劳动力而使用资本和技术比较少的产业得到快速成长，劳动密集型产业就成了主导产业；随着区域经济发展水平的提高，在工业化的快速发展时期，资本的积累量越来越大，这个时期的主导产业就会从早期的劳动密集型产业转变为资本密集型产业；随着经济的进一步发展，在工业化发展的成熟时期，劳动力资源越来越稀缺，技术创新成为经济发展的主要推动力，区域主导产业就变为技术密集型产业或者知识密集型产业。从区域资源结构的演变推动区域产业结构演变的过程可以看出，人力资本在产业结构演变中的作用越来越重要，高素质劳动力成为现代经济发展的主要推动力。

5.1.4　收入效应

按照凯恩斯经济学的基本原理，人们的收入水平决定着人们的消费水平。消费水平的变化不仅仅是消费数量的变化，更重要的是消费结构的变化。人们消费结构的演变会引导生产者调整生产策略，从而推动产业结构的变化。人力资本的积聚提高了劳动生产率，进而提高了劳动者的收入水平，并引起消费结构发生变化，从而推动产业结构转型升级，这就是人力资本积聚推动区域产业结构转型升级的“收入效应”。

人力资本积聚通过提高劳动生产率进而提高劳动者收入。现代化大生产需要大量高素质的劳动力进行分工协作，共同完成高难度的生产任务，人力资本积聚提高了劳动者的整体素质与技术水平，也提高了劳动者的协作水平，进而提高劳动生产效率。人力资本积聚提高了劳动者的知识和技术水平，使劳动者的学习技能、工作技能、创新技能和协作技能都有所提高。劳动者学习技能提高，就能以更快的速度接受新技术、新工艺和使用新设备，就能更好地将掌握的新技能运用到生产中去；劳动者工作技能的提高，能够提高劳动者的工作效率，以较少的付出产生更多的成果；劳动者创新技能的提高，能够使劳动者产生更多的新思路与新方法去应对生产经营中的问题，节约资源和劳动；劳动者协作技能的提高，能够增强团队合作水平，实现规模经济和范围经济。人力资本积聚从总体上提高了劳动者的上述能力，从而提高劳动者的生产效率和收入水平。

劳动者收入水平的提高能够引起商品需求结构的演变。恩格尔定律反映了人们生活中的一个普遍现象，即随着收入水平的提高，人们的消费结构不断发生变化。我国自改革开放以来，国民的收入水平快速提高，消费结构的变化也很明显，从以食物支出为主转变为以教育、医疗、养老服务、高档住房、外出旅游等产品和服务方面的支出为主。

消费需求结构的变化促进地区产业结构转型升级。消费升级过程中，一些传统消费品在消费者的需求总量中所占的比重不断下降，这些产品的市场需求逐渐萎缩，呈现生产过剩的趋势，投入这个产业的土地、资本、劳动力等生产要素所获得的收益便不断减少，生产规模日益萎缩，最终导致原来投入该产业的生产要素逐渐转移到其他收益更高的产业。相反，那些新兴的、符合未来一定时期内消费者偏好的产业，相关产品会受到消费者的青睐，市场需求不断增加，这些产品在人们需求总量中的比重也不断提高。由于这类产品在一定时期内供不应求，因此投入该产业的土地、资本、劳动力等生产要素所获得的收益高于一般产业，从而会吸引更多的生产要素投入到该产业中，导致该产业的规模不断扩大，在地区产业结构中所占的比重越来越大。总体而言，在居民消费升级过程中，高品质商品的市场需求不断增加，低端传统消费品的市场需求不断减少，消费者的需求呈现多样化趋势。上述消费结构的变化通过不同渠道促进了区域产业结构的转型升级。

5.2 产业结构转型升级推动人力资本积聚

5.2.1 倒逼效应

不同的产业对劳动力素质的要求不同，农业和传统制造业对劳动力素质的要求较低，而新型制造业和现代服务业对劳动力素质的要求较高，区域产业结构的转型升级就需要劳动力的技能和素质跟得上产业结构的变迁。在相对落后地区，主导产业主要是农业和传统制造业等劳动密集型产业，在产业转型升级的过程中，劳动力的技能和素质需要不断提升，于是产业结构转型升级对人力资本积聚产生“倒逼效应”。区域产业结构转型升级需要就业结构转变，也将倒逼区域教育投资结构变化，为人力资本的转型指明方向。

产业结构转型升级需要更高的人力资本水平作支撑，从而要求全社会加大在人力资本方面的投资。不同类型的产业在技术手段、工艺难度等方面不同，对劳动力素质的要求也不同，因而，不同的产业结构对人力资本的要求也不同。在一个地区的工业化初期，生产力发展水平低，传统农业、轻纺工业、食品加工业占主导地位，这些产业是典型的劳动密集型产业，劳动生产率低、技术含量低、对高素质劳动力的需求不大，因此，在这个时期，全社会对人力资本投资不够重视，在人力资本培育方面的投资总量较少，劳动力以受初中教育的劳动者为主。在工业化的中前期，以钢铁、煤炭、石油化工等为主的资源型工业逐渐在区域产业结构中成为主导产业。在这个时期，重化工业快速发展，资本需求量大、技术含量高、工艺要求高、操作难度大，需要大量的高技能劳动力。在这个阶段，全社会开始重视人力资本投资，用于劳动力教育和培训的投资总量快速增加，高等教育、职业技术教育、社会培训等方面的开支大幅上升，全社会人力资本存量快速提高。在工业化的中后期，高度加工产业、高新技术产业和生产性服务业快速成长，这些新兴产业逐渐替代传统的劳动密集型产业，成为一个地区的主导产业，这些产业对劳动者的素质和能力都有较高的要求。在这一时期，全社会在人力资本方面的投资大幅度增长，高等教育全面普及，在职培训成为常态，劳动者通过不断学习来适应经济社会发展的要求，教育与医疗保健事业在第三产业中的比重快速提高。

区域产业结构转型升级对人力资本质量有一定的要求，这主要表现在两个方面。第一，人力资本的投资、开发和使用有其自身的特点和规律，人力资本的积聚要适应区域产业结构转型升级的要求，劳动者的知识能力结构与区域产业结构的变化调整趋势要相适应。复合型人才将成为人力资本开发的主要方向，这种趋势有利于增强人力资本的普适性，使产业结构的易变性与人力资本质量的相对稳定性之间的矛盾在很大程度上得到缓和。第二，人力资本的素质水平和技术能力要与区域产业结构的发展变迁相匹配，人力资本积聚要满足区域产业结构转型升级的需要。为实现区域产业转型升级，人力资本开发方面也需要进行相应的调整：要加大新兴技术的传播和应用力度，切实提高人力资本的效率；要培养劳动者应用新知识进行综合创新的能力，让创造力在生产领域充分发挥作用，研发出技术含量高、附加值高、符合市场需求的新型产品。人力资本开发过程中需要注意综合开发专门型人才、特殊型人才和全能型人才，使人才结构符合产业转型升级的需要。

区域产业结构转型升级对人力资本数量也有一定的要求。第一，在劳动密集型产业向资本密集型产业转型升级的过程中，资本的使用量越来越多，而对简单劳动的需求却呈现减少的趋势，对掌握一定技术的一线工人的需求呈现增加的趋势，因此，对劳动力的培训需要以专业教育、在职培训的培训方式为主，把那些仅能从事简单劳动的一线工人尽快培养成具有一定操作技能的技术工人。第二，在资本密集型产业向知识密集型产业转型升级的过程中，物质资本在生产中的重要性逐渐下降，而知识和技术在生产中的重要性逐渐提高。生产的这种变化加大了对掌握专门技术的高级人才的需要，特别是对于技术人才在操作、指挥和管理等方面的能力有了更高的要求。在区域产业结构转型升级的时期，要求以高级技术人才为主的人力资本积聚到本区域来，同时社会也更侧重于培养能应用、消化高技术含量的高级人才以及组织、指挥和管理领域的高层次人才。上述两个方面都反映了这样一个规律：区域产业转型升级要求人力资本结构转型升级，人力资本结构的转型升级保障区域产业结构的转型升级。

5.2.2 吸引效应

区域产业结构的转型升级会形成新的增长极，推动区域经济增长和居民收入水平的提高，从而加速人力资本积聚，这就是产业结构转型升级对人力资本积聚产生的“吸引效应”。这种人力资本积聚来自两条路径：一是其他区域的高素质劳动力被高收入吸引转移到本区域来，二是本地劳动者有更高的积极性进行人力资本投资，提高自身素质和技术能力。下面对这两种路径分别进行分析。

首先，产业结构转型升级对高素质人才有吸引作用。二元经济结构理论认为，处于工业化初期的经济体由两类部门构成：一类是传统农业部门，主要分布在农村；另一类是现代工业部门，主要分布在城市。传统农业部门以手工生产劳动为主，现代工业部门主要采用资本主义工业化大生产方式，这两个部门构成了“二元经济”结构。传统农业部门的劳动生产率低，人们的收入水平相应地也较低；现代工业部门的劳动生产率高，人们的收入水平相应地也较高。于是，受高收入的吸引，大量农业劳动力离开农村来到城市工作和生活，劳动力的这一转移过程会持续一段时间，一直到农村和城市居民的收入和生活水平大体相近为止，此时工农业得到均衡发展，达到经济结构的一元化。从发展中国家的发展现实来看，当经济结构从二元向一元转型升级的过程中，劳动力的转移是其中最突出的表现，而那些最先从农村进入城市的劳动力往往是素质较高、文化水平也高的年轻劳动力，他们受城市高工资的吸引，率先进入城市工作。美国经济学家托达罗在 20 世纪 70 年代初提出的模型同样用收入水平的差异解释了农村劳动力向城市转移的现象。他认为农村劳动力向城市转移的决策是根据“预期”收入水平做出的，如果农村居民预期在城市的收入超过在乡村的收入，农村居民就会向城市流动；当人口流动迫使城市工资下降到预期收入等于乡村收入的水平时，这种劳动力流动就会停止。根据托达罗模型可以得到的一个合理推论是：由于那些受教育水平高、有一定技能的劳动力在城市获得就业机会的概率会高于那些受教育水平低、缺乏技能的劳动力，因而高素质劳动力对进入城市工作的预期收入会高于低素质劳动力，他们更倾向于从农村转移到城市工作。二元经济理论和托达罗模型都表明，当一个地区产业结构转型升级时，高素质劳动力会先从其他地区被吸引过来，促使本地人力资本结构升级，增加本地的人力资本存量。

其次，产业结构转型升级有利于提高人力资本的投资收益，促使劳动者本人以及社会机构在人力资本方面进行投资，从而提高区域人力资本的积聚水平。从经济学的成本－收益分析框架来看，人们在人力资本方面的投资决策取决于投资成本与预期收入现值的比较。假定贴现率不变，那么人力资本的投资成本越少，同时人力资本投资的预期收益越高，则人力资本投资的净收益越大，此时人们会愿意在人力资本方面进行较多的投资。人力资本投资的成本包括直接成本和机会成本，一般而言，机会成本在总成本中占有较大比重，其中最主要的部分就是人们由于学习和培训而放弃的工资性报酬。当区域产业结构处于较低水平时，就业岗位对人力资本的要求较低，社会对高层次人才的需求较少，这时进行人力资本投资的预期净收益比较低，因而人们不愿意在人力资本方面进行过多的投资。从整个社会来讲，人力资本存量的增长速度会比较慢。当区域产业结构的层次较高时，就业岗位对人力资本的要求较高，社会对高层次人才的需求量增大，而对低层次人才的需求量相对减少，由此导致高层次人力资本投资主体的预期净收益相应提高，因而人们更愿意在人力资本方面进行较多的投资，从而带来区域人力资本存量的快速增长。此外，人力资本投资的回收周期比较长，与物质资本投资相比，人力资本的投资风险也更大，这种风险主要来自劳动力市场对各层次人才需求的不确定性。当区域产业结构层次较低时，进行高层次人力资本投资的风险较高，导致人们不会对人力资本进行较多的投资；当区域产业层次较高时，进行高层次人力资本投资的风险相对较小，导致人们在人力资本方面进行更多的投资。因此，产业结构转型升级有助于提高人力资本的投资收益并降低投资风险，激励人们投资人力资本，进而带来区域人力资本存量的增加。

综上所述，人力资本积聚与区域产业结构转型升级之间存在着相互促进的互动效应，两者之间的关系如图 5－1 所示。一方面，人力资本积聚是因，区域产业结构转型升级是果，人力资本积聚推进区域产业结构转型升

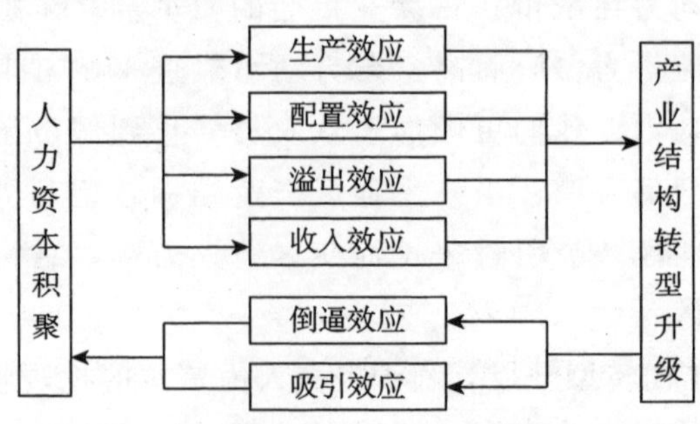

图 5－1　人力资本积聚与产业结构转型升级的互动效应

级；另一方面，区域产业结构转型升级是因，人力资本积聚是果，区域产业结构转型升级通过“倒逼效应”和“吸引效应”促进区域人力资本积聚。总之，人力资本积聚与产业结构转型升级互为因果，相互促进，共同推进区域经济发展。

5.3　人力资本积聚与产业结构转型升级的螺旋式耦合

“耦合”这一概念最初来源于物理学的电学领域。一般来说，如果两个事物之间存在着互为因果的关系，那么这两个事物之间的关系就可以被称作“耦合关系”。区域产业结构转型升级的根本动力来自技术进步，而技术进步依赖人力资本积聚，从而人力资本的积聚推动产业结构转型升级，而产业结构转型升级也带来人力资本的积聚，所以人力资本积聚和区域产业结构转型升级之间存在着很强的耦合关系。具体来说，一方面，人力资本积聚能够提升劳动者的素质，使就业结构和产值结构相协调，推动产业结构转型升级；另一方面，产业结构转型升级需要大量创新性人力资本，从而引起人力资本的积聚。

在社会经济发展的过程中，人力资本随着社会进步和经济增长而动态变化，并且有其内在特定的运动规律。人力资本从投资到获取收益可以大致划分为三个阶段：人力资本投资、人力资本配置和人力资本使用。伴随着区域经济从落后向发达演进，知识和技术在经济增长中的作用日益增大，以人力资本为载体的技术发展成为经济增长的主要推动力。从发达国家的历史经验来看，经济增长的过程一直伴随着产业结构的转型升级，从三次产业增加值在 GDP 中所占的比重来看，经济发展水平低的时期以第一产业增加值为主，第二、第三产业增加值比重较小；随着经济的发展，第二产业的比重越来越大，第一产业比重下降；最后第三产业的比重最大，第一产业的比重最小。每个产业的内部实际上也存在着产业结构合理化和高级化的过程。人力资本水平与区域产业结构存在着是否匹配的问题，如果匹配，人力资本水平的提高就能够顺利推进产业结构转型升级；如果不匹配，产业结构的转型升级则会遇到阻碍。同时，区域产业结构的变动也会对人力资本积聚产生反作用。如果人力资本积聚能够与区域产业结构相互促进、互动发展，那么就能形成一种以区域产业结构转型升级为核心的良性循环模式，即人力资本投资增加→劳动者素质和技能提高→劳动者流动能力增强→劳动力市场配置效率提高→劳动力的作用得到充分发挥→技术进步→区域产业结构转型升级→劳动者个人收益和企业收益同时增加→人力资本投资增加。

上述分析告诉我们，产业结构转型升级与人力资本积聚耦合发展的系统模式为：人力资本积聚通过技术进步的推动作用促进传统产业改造和新兴产业兴起；产业越高级、技术水平越高，对劳动力素质的要求也越高，从而推动人力资本投资的增加以及高层次人才的转移，进而实现人力资本积聚水平的提高。产业结构转型升级与人力资本积聚通过技术进步实现相互作用和影响。如果没有充足的人力资本积聚，在技术的发明、创新、扩散和运用等环节就很难有突破，也就很难实现广泛的技术进步，从而阻挡区域产业结构转型升级的步伐。一些落后的国家或地区长期受困于低层次的产业结构，没有通过产业转型升级实现经济的快速发展，这其中一个重要的原因就是缺乏高层次的人力资本，总体的人力资本积聚水平根本无法支撑区域产业结构的高级化转型。而区域产业结构的转型升级，反过来也会对技术进步产生影响。技术进步往往产生于现实需要，产业结构未来的演进方向会为技术进步设定路径，推动着技术进步与产业结构演进的方向相一致，进而对劳动力的技能、素质提出新的更高的要求，推动人力资本积聚与产业结构转型升级相适应。由此可知，产业结构转型升级和人力资本积聚存在着相互促进、相互制约的耦合关系，是区域经济增长过程中不可分割的两个方面，区域经济增长过程实质上就是产业结构不断转型升级的过程，且人力资本在工业经济时代以及知识经济时代对经济增长的贡献非常显著。

第6章　中部地区人力资本积聚、异质性与产业结构转型升级

中部六省正经历着经济增长方式由粗放型向集约型转变，产业结构向先进制造业、现代服务业升级的进程中，人力资本存量和人力资本结构也在发生变化。本章在前面分析人力资本与产业结构转型升级的耦合机理的基础上，运用中部六省的面板数据，建立计量模型，实证分析中部地区人力资本积聚、异质性对产业结构转型升级的影响。

6.1　人力资本存量与产业结构转型升级

6.1.1　理论机制

产业结构转型升级的过程就是产业内部资源配置由不合理到合理、产业技术不断升级的过程，这个过程主要依赖人力资本等要素投入的不断增长。随着一个国家或地区人力资本的积聚，劳动者的知识与技能不断提升，导致产业的平均劳动生产率上升，推动产业集约式增长，结构不断合理化和高级化。

H1：*人力资本存量促进产业结构合理化*

产业结构合理化是指三次产业间的相互协调及资源合理利用程度的提高，而人力资本则是最主要的衡量指标，人力资本投入的数量及质量，对产业结构的形成与优化起着决定性作用。三次产业的产出结构和就业结构相匹配，表明劳动力资源得到充分利用，产业结构就更加合理。人力资本总量增加，意味着人力资本投入的数量和质量不断提升，可为劳动生产率的提升提供智力保障，在要素可以自由流动的情况下，三次产业间的比例会趋向合理。正如库兹涅茨所提出的，随着社会经济的发展，劳动生产率的提高会导致劳动力在第一、第二产业间转移，随着劳动生产率的进一步

提高，劳动力就可以逐步从第一、第二产业向第三产业转移。随着劳动力在第一、第二、第三产业间转移，三次产业在国内生产总值中的比重也会发生相应的变化，从而使产业结构不断趋向合理。人力资本素质的提升，使劳动者学习新技能的能力提升，减少其在三次产业间转移的成本，加快劳动力在三次产业间的转移速度，推动三次产业的产出比例和就业比例相匹配。根据第4章的描述性分析，2002～2018年，随着人力资本存量的增加，全国和中部六省的产业结构平均偏离程度都呈现下降趋势。

H2：人力资本存量推动产业结构高级化

产业结构高级化是指三次产业由简单到复杂、由低级到高级的转型，表现在产品上就是由初级产品转为最终产品，表现在要素上就是由低端劳动密集型要素向高端技术密集、资本密集型要素转变（刘秉镰和李兰冰，2015）。现有研究已经注意到人力资本水平与产业结构高级化密切相关。例如，董福荣和李萍（2009）提出，创新能力是决定产业结构高级化的主要因素，人力资本存量对产业升级具有决定作用；杨爽（2010）将东部沿海发达地区的产业结构和中西部地区的产业结构进行对比，说明服务型产业与知识型产业的发展主要取决于地区人力资本水平；战炤磊（2018）从产品服务和消费需求角度论述人力资本存量提升对产业结构高级化的影响，指出人力资本规模的扩张和素质的提升会派生出更高层次的消费需求，从而推动产业结构向更高水平发展；白婧和冯晓阳（2020）认为随着产业高级化程度的不断提升，人力资本对产业结构转型与优化的作用会更显著。综上所述，人力资本存量增加是从推力和拉力两方面来推动产业高级化的。一方面，高水平人力资本作为投入要素，是产业创新的源泉，能推动产业结构升级；另一方面，作为消费者，其消费需求会随着自身素质提升而升级，从而拉动产业结构升级。

6.1.2 模型设定及数据说明

6.1.2.1 模型设定

基于以上分析，为了检验假设1和假设2，借鉴张国强等（2011）和周海银（2014）的研究，构建如下模型：

$$y_{it} = \alpha + \beta_h H_{it} + \beta_\theta \theta_{it} + \varepsilon_{it} \tag{6-1}$$

在模型中，下标 i 和 t 分别代表第 i 个省份和 t 年；y 为地区产业结构高级化（$Upgrade_{it}$）和产业结构合理化（TL_{it}）指标；H_{it}代表人力资本存量；θ为一组控制变量，包括对外开放度、专利授权量和城市化程度等；α是常数或常数矩阵，ε_{it}是随机扰动项。具体模型如下：

$$TL_{it} = \alpha + \beta_1 Hcstock_{it} + \beta_2 Hciitl_{it} + \beta_3 Hciitm_{it} + \beta_4 Hciith_{it} + \beta_5 HG_{it} + \beta_6 urban_{it} + \beta_7 \ln patent_{it} + \beta_8 open_{it} + \varepsilon_{it} \quad (6-2)$$

$$Upgrade_{it} = \alpha + \beta_1 Hcstock_{it} + \beta_2 Hciitl_{it} + \beta_3 Hciitm_{it} + \beta_4 Hciith_{it} + \beta_5 HG_{it} + \beta_6 urban_{it} + \beta_7 \ln patent_{it} + \beta_8 open_{it} + \varepsilon_{it} \quad (6-3)$$

其中，i表示中部六省，包括安徽、山西、江西、河南、湖北和湖南，t表示年份，即2002年至2018年。在模型（6-2）中，*TL*是因变量，表示产业结构合理化，如果系数β_1显著为负，则说明人力资本存量显著促进了产业结构合理化，否则相反。在模型（6-3）中，*Upgrade*是因变量，表示产业结构高级化，如果系数β_1显著为正，则说明人力资本存量显著促进了产业结构高级化，否则相反。*Hcstock*是自变量，用人力资本存量表示。*Hciitl*、*Hciitm*、*Hciith*、*HG*、*urban*、ln*patent*和*open*都是控制变量。

6.1.1.2　数据说明

鉴于指标“就业人员的分产业受教育程度”仅在2002年后才开始统计，为了保持统计口径的一致性，本课题以2002～2018年为样本时间，除特别说明外，所使用的原始数据均来源于中国人口和就业统计年鉴、中国劳动统计年鉴、中国统计年鉴和中部六省的统计年鉴。各变量具体含义如表6-1所示。

6.1.3　描述性统计分析

由表6-2可知，样本期间中部地区产业结构合理化指标均值为0.2959，大于全国产业结构合理化指标均值0.2055，说明中部地区产业结构偏离程度高于全国平均水平，产业结构合理化程度低。中部地区产业结构高级化指标均值为2.2863，小于全国产业结构高级化均值2.3569，说明中部地区产业结构高级化水平低于全国平均水平，产业结构转型升级任务很重。样本期间中部地区的人力资本存量均值为9.0488，小于全国人力资本存量均值9.1741，说明中部地区人力资本平均受教育年限低于全国人力资本平均受教育年限，整体人力资本素质有待提高。

表 6-1　变量及其含义

变　量	变量含义
TL	产业结构合理化，改造后的泰尔系数，具体见式（4-5）
Upgrade	产业结构高级化，具体见式（4-6）
Hcstock	人力资本存量，具体见 4.1.2 计算过程
Hciitl	人力资本层次结构中的初级人才
Hciitm	人力资本层次结构中的中级人才
Hciith	人力资本层次结构中的高级人才
HG	人力资本分布结构，用人力资本基尼系数来表示
urban	城市化程度，用城镇人口占总人口的比重表示
ln*patent*	专利授权量，主要测算各省科技进步的产业结构升级效应，以各省份当年专利授权量的对数表示
open	对外开放度，反映外需对产业结构升级的影响；对外开放度用各省贸易进出口总额占地区生产总值的比重表示，汇率采用统计年鉴公布的年平均汇价
id	省份，用 1~8 表示，1 表示安徽，2 表示山西，3 表示江西，4 表示河南，5 表示湖北，6 表示湖南，7 表示全国，8 表示中部地区
year	年份，从 2002 年到 2018 年

同时，控制变量中，样本期间中部地区的人力资本层次结构中的初级人才占比均值 75.48%，大于全国人力资本层次结构中的初级人才占比均值 73.31%，说明中部地区九年义务教育普及率较高。中部地区中级人才占比均值 21.07%，小于全国人力资本层次结构中的中级人才占比均值 21.93%，说明中部地区高中和大专学历受教育人口占比低于全国平均水平，技能人才较少。中部地区高级人才占比均值 3.47%，小于全国人力资本层次结构中的高级人才占比均值 4.75%，说明中部地区本科及以上学历受教育人口数量低于全国平均水平，高级人才匮乏。

模型中被解释变量、核心解释变量和人力资本层次结构、人力资本分布结构在第 4 章已经进行了详细分析，下面着重对各控制变量进行描述性分析。

（1）城市化程度。从图 6-1 可以看出，除湖南外，2002~2018 年中部地区其他五省的城市化程度都呈现明显的上升趋势。湖南的城市化程度在 2015 年出现大幅度下降后又有所上升。另外，安徽、河南和湖南的城市化程度均值低于中部地区均值。湖北的城市化程度位于中部地区之首。

表 6-2 全国和中部六省变量的描述性统计分析

省份	指标	*TL*	*Upgrade*	*Hcstock*	*Hciitl*	*Hciitm*	*Hciith*	*HG*	*urban*	*patent*	*open*
安徽	均值	0. 188	2. 2382	8. 3309	0. 8183	0. 155	0. 0313	0. 2924	43. 0782	22787. 53	12. 8418
	标准差	0. 047	0. 0517	0. 7384	0. 0645	0. 044	0. 0209	0. 0832	7. 6665	27242. 77	3. 4286
	最小值	0. 07	2. 17	7. 362	0. 7094	0. 091	0. 0082	0. 1572	30. 7	1419	1. 44
	最大值	0. 25	2. 36	9. 3144	0. 9	0. 2234	0. 0669	0. 4303	54. 69	79747	16. 46
山西	均值	0. 3111	2. 3577	9. 7568	0. 7044	0. 2468	0. 0488	0. 2452	48. 1829	5514. 59	9. 3965
	标准差	0. 0384	0. 0755	0. 6467	0. 0883	0. 0581	0. 0318	0. 0481	6. 7086	4932. 41	2. 2636
	最小值	0. 25	2. 28	9. 077	0. 5626	0. 173	0. 017	0. 1188	38. 09	934	7. 16
	最大值	0. 37	2. 5	10. 7236	0. 806	0. 334	0. 103	0. 307	58. 41	15060	14. 6
江西	均值	0. 1452	2. 2271	8. 9968	0. 7552	0. 2138	0. 0311	0. 3077	44. 3306	11576. 06	12. 8724
	标准差	0. 0212	0. 0641	0. 6048	0. 0554	0. 0425	0. 0148	0. 10770	7. 4348	15015. 27	3. 6315
	最小值	0. 12	2. 16	7. 966	0. 6771	0. 14154266	0. 008	0. 1693	32. 2	1044	5. 72
	最大值	0. 18	2. 36	9. 7092	0. 839	0. 266	0. 0578	0. 5352	56. 02	52819	17. 42
河南	均值	0. 2671	2. 2082	9. 12	0. 7707	0. 2022	0. 0274	0. 2483	38. 8918	23854. 71	8. 2582
	标准差	0. 069	0. 0764	0. 5763	0. 0717	0. 0548	0. 0172	0. 1325	8. 19	23112. 59	2. 9587
	最小值	0. 19	2. 11	8. 4313	0. 658	0. 1348	0. 008	0. 1723	25. 8	2590	4. 39
	最大值	0. 4	2. 36	9. 958	0. 8557	0. 29	0. 052	0. 6275	51. 71	82318	12. 34
湖北	均值	0. 2509	2. 2771	9. 1415	0. 7215	0. 2354	0. 0435	0. 4506	49. 8977	20723. 59	9. 9565
	标准差	0. 0367	0. 0485	0. 827	0. 0797	0. 056	0. 0246	0. 1463	6. 7177	18381. 54	1. 5087
	最小值	0. 2005	2. 23	7. 68	0. 6166	0. 155	0. 013	0. 2454	41. 4	2209	7. 77
	最大值	0. 3080	2. 39	10. 0946	0. 834	0. 306	0. 0847	0. 6965	60. 3	64106	12. 69
湖南	均值	0. 3929	2. 2159	9. 3231	0. 7161	0. 2459	0. 0377	0. 2435	38. 8677	17492. 65	7. 0288
	标准差	0. 0624	0. 08	0. 7992	0. 096	0. 0739	0. 0237	0. 0736	6. 5065	14699. 15	0. 9028
	最小值	0. 2515	2. 16	8. 359	0. 6029	0. 1525	0. 01	0. 1526	28. 13	2347	5. 31
	最大值	0. 4822	2. 43	10. 2562	0. 8284	0. 338	0. 0734	0. 4062	49. 28	48957	8. 45
中部地区	均值	0. 2959	2. 2863	9. 0488	0. 7548	0. 2107	0. 0347	0. 1934	43. 875	17824. 85	10. 059
	标准差	0. 0488	0. 0331	0. 6807	0. 0729	0. 0528	0. 0207	0. 0196	—	—	—
	最小值	0. 2019	2. 2428	8016	0. 6467	0. 1454	0. 130	0. 1589	—	—	—
	最大值	0. 3611	2. 3487	9. 94	0. 8366	0. 2850	0. 0683	0. 2242	—	—	—

续表

省份	指标	TL	Upgrade	Hcstock	Hciitl	Hciitm	Hciith	HG	urban	patent	open
全国	均值	0.2055	2.3569	9.1741	0.7331	0.2193	0.0475	0.5949	—	—	—
	标准差	0.0692	0.0562	0.7465	0.0772	0.0501	0.0274	0.0807	—	—	—
	最小值	0.1236	2.283	8.26	0.6185	0.1610	0.017	0.4597	—	—	—
	最大值	0.3217	2.452	10.18	0.8153	0.2881	0.0933	0.6977	—	—	—

注：表中“—”为文中分析没有使用到的数据。

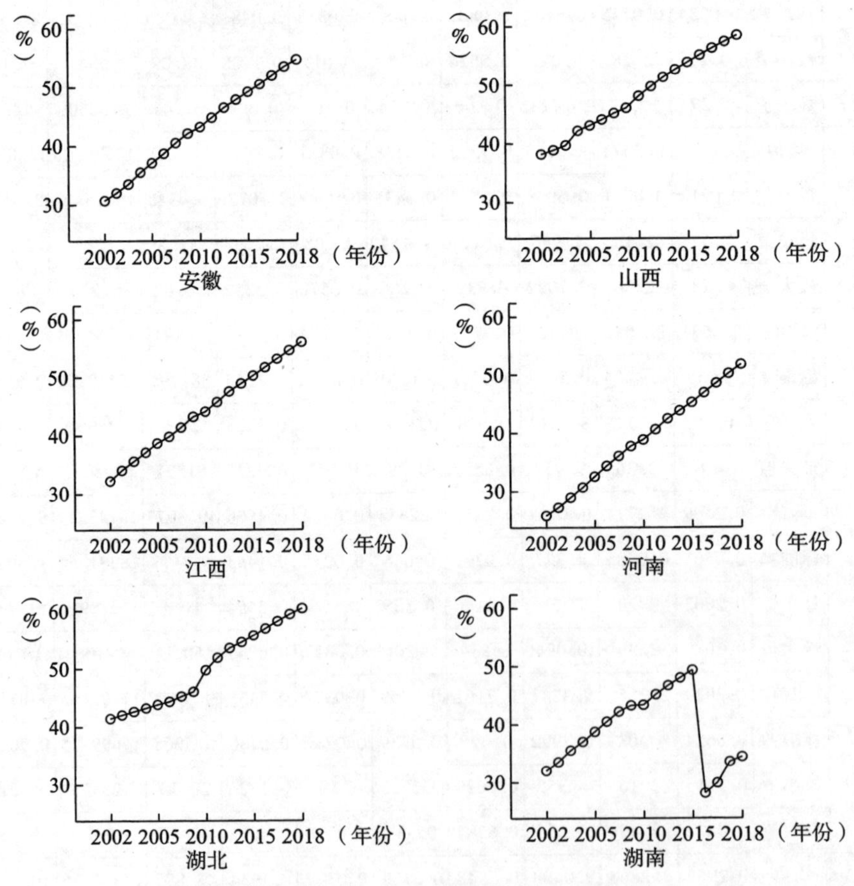

图 6-1　2002~2018 年中部六省城市化程度

（2）专利授权量。从图 6-2 可以看出，除山西专利授权量缓慢上升外，2002~2018 年中部地区其他五省的专利授权量都呈现明显的上升趋势。另外安徽、河南和湖北的专利授权量均值均高于中部地区均值，而湖南、江西和山西的专利授权量均值低于于中部地区均值，其中山西专利授权量均值在中部地区最低，中部地区各省之间差异较大。

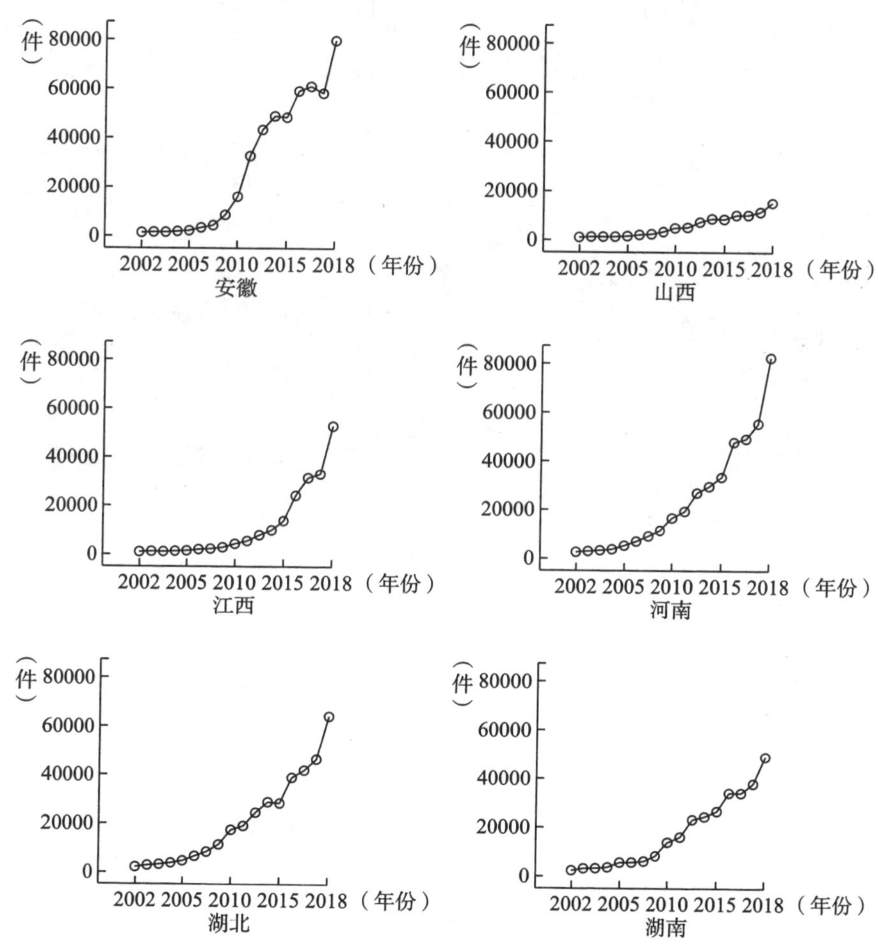

图 6－2　2002～2018 年中部六省专利授权量

（3）对外开放度。从图 6－3 可以看出，2002～2018 年中部六省对外开放程度差异较大。江西对外开放程度最高，其次是安徽，湖南和河南的对外开放程度最低。2010 年 10 月 24 日，经国务院批准正式设立郑州新郑综合保税区后，河南的对外开放程度明显上升。样本期间中部地区的对外开放度的标准差较大。

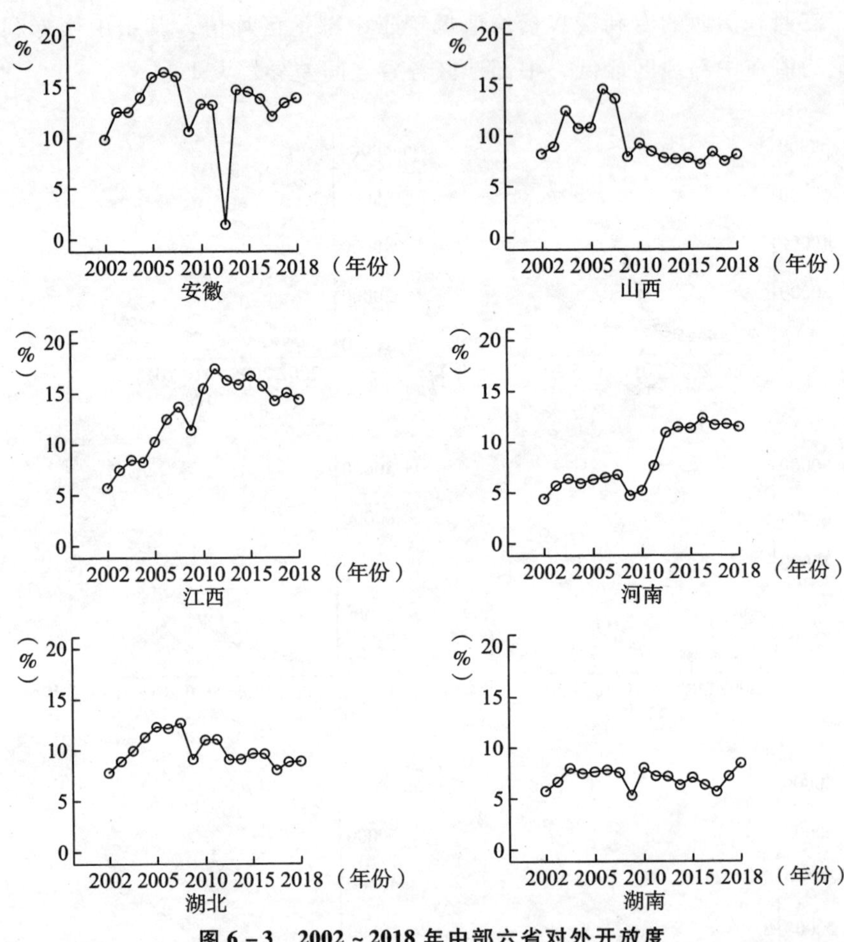

图 6-3　2002~2018 年中部六省对外开放度

6.1.4　实证分析

6.1.4.1　基准回归

在进行回归前，首先进行 Hausman 检验以确定是否采用固定效应。结果显示，在 1% 的水平上强烈拒绝随机效应的原假设，因此使用固定效应模型以减少遗漏变量偏误。表 6-3 第（1）列检验了人力资本存量对产业结构合理化的影响，第（2）列检验了人力资本存量对产业结构高级化的影响。与理论预期相同，在控制了城市化程度、专利授权量、对外开放度、人力资本层次结构和人力资本分布结构后，以平均受教育年限表示的人力资本存量和产业结构合理化变量呈负相关关系，并且在 1% 的水平上显著，说明劳动力素质的提升，有助于减少产业结构偏离度，促进产业结构合理化，假设 1 得到验证。人力资本存量与产业结构高级化呈正相关关系，并且在 10% 的水平上显著，说明中部地区人力资本存量的增加有利于促进产业高级化，假设 2 得到验证。

表 6－3　人力资本存量对产业结构合理化和高级化的影响

变量	(1)	(2)
	TL	*Upgrade*
Hcstock	－0.0369*** (－3.2602)	0.0541* (1.9398)
Hciitl	－22.8722 (－1.6120)	15.5227** (2.2003)
Hciitm	－22.2286 (－1.5688)	14.9209** (2.0956)
Hciith	－25.2378 (－1.7612)	18.0689** (2.4978)
HG	－0.0489** (－0.8250)	0.1130** (2.2101)
urban	－0.0059*** (－4.4091)	0.0013 (1.0414)
open	－0.0009 (－0.8571)	0.0017*** (2.8401)
ln*patent*	0.0375*** (3.1944)	－0.0073 (－1.2049)
_cons	23.4090 (1.6517)	－13.7669* (－1.9635)
N	119	119
R^2	0.3936	0.7475

注：括号内为 t 值，***、**、* 分别表示在 1%、5%、10% 的水平上显著，下同。

6.1.4.2　异质性分析

考虑到中部六省存在明显的异质性，也为了解决研究中可能出现的遗漏变量问题或反向因果关系等问题，接下来依据不同的城市化程度、专利授权量和对外开放程度进行异质性分析。

（1）城市化程度差异。根据中部六省城市化程度均值 43.875，将中部六省分为低城市化程度地区（安徽、河南、湖南）和高城市化程度地区

(山西、江西、湖北) 进行分组检验。表 6-4 列出了不同城市化程度地区人力资本存量对产业结构合理化和高级化的影响。从第 (1) 列和第 (2) 列可以看出，在低城市化程度地区，人力资本存量对产业结构偏离度的负向作用依然显著，说明安徽、河南和湖南三个省份虽然城市化程度较低，但是人力资本促进了产业结构合理化。具体分析，安徽在样本期间人力资本存量的均值最低，平均受教育年限是 8.3309 年，因此其产业结构合理化来自较低水平的产出和要素间的合理匹配；河南和湖南虽然城市化程度低，人力资本积聚度不高，但是拥有较高的人力资本素质 (河南、湖南平均受教育年限分别为 9.12 年、9.3231 年)。由于三个省份城市化程度、人力资本积聚度较低，第三产业发展滞后，人力资本存量增加对产业结构高级化的作用不显著。

表 6-4　城市化程度异质性检验

变量	低城市化程度地区		高城市化程度地区	
	(1)	(2)	(3)	(4)
	TL	*Upgrade*	*TL*	*Upgrade*
Hcstock	-0.0649*** (-3.0540)	0.0511 (1.4478)	-0.0189 (-1.0742)	0.1638*** (3.4885)
Hciitl	-5.6323 (-0.3219)	33.1948*** (3.3836)	-25.2114* (-1.8825)	-13.8904 (-1.0359)
Hciitm	-6.0548 (-0.3459)	32.9407*** (3.3473)	-23.8966* (-1.7776)	-15.8984 (-1.1714)
Hciith	-5.2575 (-0.2955)	35.6099*** (3.5705)	-26.9218* (-2.0098)	-12.1973 (-0.9034)
HG	-0.0780 (-0.6215)	0.0456 (0.4740)	-0.0326 (-0.6203)	0.1145* (1.9696)
open	-0.0202*** (-4.4273)	0.0072*** (2.9823)	-0.0150*** (-6.1517)	0.0028 (1.1883)
ln*patent*	0.0282 (1.5457)	-0.0156 (-1.6168)	-0.0629*** (-3.8001)	0.0406** (2.5724)
_cons	6.6218 (0.3786)	-31.3825*** (-3.2042)	26.2091* (1.9591)	14.5659 (1.0959)
N	52	52	50	50
R^2	0.4666	0.6015	0.7555	0.7280

在第 (3) 和第 (4) 列，高城市化程度地区的人力资本存量对产业结

构偏离度的负向作用不显著，说明山西、江西和湖北三个省份在城市化发展过程中可能存在“为城市化而城市化”的行为，即只注重城市人口数量扩张，其他环节发展相对滞后。由此，低技能农村剩余劳动力进入城镇后大部分只能进入低附加值的传统服务业，在尚未充分挖掘第二产业的就业潜能下，第三产业成为容纳劳动者就业的主要行业，出现第二产业产值比重大于第三产业，就业比重却小于第三产业的状态①。人力资本存量在 1% 的水平上显著促进了产业结构高级化，说明城市化程度提高有助于加速人力资本积聚度的提升，引发“干中学”效应和知识外溢，从而促进产业结构高级化。表 6 – 4 说明人力资本存量对产业结构合理化和高级化的影响在不同城市化程度的地区存在差异，但主要结论与上述结论基本一致，说明研究结果稳健。该内生性检验表明，城市化程度越高，越容易引发规模经济和人力资本的积聚效应，推动产业结构的高级化。这一结论与陶长琪和周璇（2016）、吴振华（2020）等学者的研究结果一致。但是，高城市化程度地区的人力资本积聚对产业结构合理化的推动并不明显。

（2）专利授权量差异。本研究根据利用中部六省专利授权量均值 17824.85，将中部六省分为专利授权量少的地区（江西、湖南、山西）和专利授权量多的地区（安徽、河南、湖北）进行分组检验。表 6 – 5 列出了专利授权量不同地区人力资本存量对产业结构合理化和高级化的影响。从第（1）和第（2）列可以看出，在专利授权量少的地区，人力资本存量对产业结构偏离度的作用依然显著为负。另外，虽然以上三个省份的专利授权量比安徽、河南和湖北三省要少，但是人力资本存量仍然对产业结构高级化起正向推动作用，说明只要有人力资本的创新活动，就能够促进区域产业结构高级化。

在第（3）和第（4）列，在专利授权量多的安徽、河南和湖北三省，人力资本存量对产业结构合理化和高级化的作用不再显著。可能的原因是，在专利授权量较多的地区，制度环境、资源禀赋等条件相对较好，它们共同作用于当地产业结构升级，弱化了人力资本存量对产业结构升级的作用，从而人力资本存量对产业结构合理化和产业结构高级化的作用不显著。

---

① 周启良、范红忠：《人力资本—产业结构匹配度对城市化的影响——来自中国 287 个地级及以上城市的经验证据》，《重庆大学学报》（社会科学版）2020 年第 6 期。

表 6 - 5　专利授权量异质性检验

变量	专利授权量少的地区		专利授权量多的地区	
	(1)	(2)	(3)	(4)
	TL	*Upgrade*	*TL*	*Upgrade*
Hcstock	-0.0420** (-2.2034)	0.1046*** (3.7369)	-0.0036 (-0.2183)	0.0082 (0.1796)
Hciitl	2.5050 (0.1678)	9.8282 (1.1951)	-43.0615*** (-2.9043)	26.1663** (2.4888)
Hciitm	2.7431 (0.1839)	8.3621 (1.0086)	-42.0728*** (-2.8294)	26.1579** (2.4808)
Hciith	0.9012 (0.0601)	12.6042 (1.5246)	-45.5110*** (-3.0613)	28.9793*** (2.7482)
HG	-0.2273** (-2.4634)	0.3189*** (4.2847)	0.0358 (0.5271)	0.0432 (0.8760)
urban	0.0017 (0.6430)	0.0033** (2.2428)	-0.0050*** (-3.8368)	0.0003 (0.3663)
open	-0.0162*** (-4.7384)	-0.0001 (-0.0340)	-0.0003 (-0.1666)	0.0024*** (4.3593)
_cons	-1.6520 (-0.1106)	-8.5343 (-1.0434)	43.4504*** (2.9295)	-24.1716** (-2.2967)
N	67	67	52	52
R^2	0.4157	0.8109	0.6263	0.7311

（3）对外开放程度差异。本书采用中部地区对外开放度均值 10.059，将中部六省分为低开放度地区（山西、河南、湖南、湖北）和高开放度地区（江西、安徽）进行分组检验。表 6 - 6 列出了对外开放程度不同地区的人力资本存量对产业结构合理化和高级化的影响。从第（1）和第（2）列可以看出，在低开放度地区，人力资本存量对产业结构合理化作用不显著。一方面，这四个省份都是人力资本存量较高的地区，而较高的人力资本存量会降低劳动力产业间转移的成本，使劳动者能够较快适应新的工作岗位，因此会推动产业结构合理化；但另一方面，从外贸结构上看，以上四省的出口产品以资源和劳动密集型产品为主，加速生产要素向这些行业集中，正如章潇萌和杨宇菲（2016）的研究，会使要素在产业间的分配不合理，在一定程度上抑制产业结构合理化。在这两方面的共同作用下，山西、河南、湖南和湖北的人力资本存量对产业结构合理化的作用不显著。

不过，以上四个省份拥有较高的人力资本存量，还是促进了产业结构的高级化。

表 6－6　对外开放程度异质性检验

变量	低开放度地区		高开放度地区	
	(1)	(2)	(3)	(4)
	TL	*Upgrade*	*TL*	*Upgrade*
Hcstock	-0.0296 (-1.5815)	0.0755* (1.7067)	-0.0518* (-1.9797)	0.0451 (1.4153)
Hciitl	-13.4550 (-0.8356)	31.2171** (2.6228)	-13.6145 (-0.6041)	11.8523 (0.9280)
Hciitm	-12.8160 (-0.7931)	30.4565** (2.5435)	-13.2412 (-0.5859)	11.3776 (0.8868)
Hciith	-16.1788 (-1.0014)	34.4245*** (2.8774)	-13.5397 (-0.6098)	12.2858 (0.9676)
HG	-0.1612* (-1.6774)	0.0209 (0.2490)	0.0052 (0.0597)	0.1487** (2.5363)
urban	-0.0033** (-2.1046)	0.0019* (1.6844)	-0.0058 (-0.9783)	0.0038 (1.6721)
ln*patent*	0.0411** (2.2903)	-0.0252* (-1.7944)	0.0068 (0.1817)	-0.0000 (-0.0027)
_cons	13.8339 (0.8585)	-29.4694** (-2.4816)	14.4821 (0.6393)	-10.1414 (-0.7954)
N	56	56	46	46
R^2	0.4126	0.7597	0.1745	0.5363

从第（3）和第（4）列来看，在高开放度地区，人力资本存量在10%的水平上促进了产业结构合理化，但对产业结构高级化作用不显著。这是由于对外贸易发展可以加速区域内物质资本积累，带来更多的消费需求、技术创新和制度效应等，从而加速各生产要素在产业间的流动和配置，推动产业结构合理化。但是，高开放度地区的人力资本存量对区域产业高级化作用并不显著。这主要是因为江西和安徽的人力资本存量较低（均低于中部地区平均水平）、人才储备不足、技术溢出效应较差，而出口结构又是以初级加工的资源型产品和劳动密集型的工业制成品为主，具有自身优势的高附加值产业和高技术产品很少。人力资本与物质资本之间存

在密切的互补关系，若单纯地引进物质资本，而缺乏与其相匹配的人力资本，会阻碍生产效率的提高。

6.1.5 研究结论与启示

本书采用中部六省 2002 ~2018 年的数据，实证分析人力资本存量对产业结构合理化和高级化的影响，结论如下。

（1）人力资本积聚显著降低了产业结构偏离度，有助于提高产业结构合理化水平，促进产业结构高级化。中部地区劳动力资源丰富，为经济发展与持续增长提供了坚实的劳动力基础。人力资本积聚与产业结构升级间的互动关系也不断优化，人力资本积聚正加速中部地区产业结构的转型升级。同时，研究发现，中部地区过早出现“去工业化”现象，与其当前进行工业化建设的阶段不相符合，也将影响生产性服务业的发展。

（2）城市化水平高并不是产业结构合理化的充分条件。城市化程度高的地区，人力资本存量增加并不一定可以促进产业结构合理化，但是人力资本推动产业结构高级化需要高城市化水平作支撑，为第三产业发展和人力资本积聚的知识外溢创造条件。中部地区在城市化过程中出现“为城市化而城市化”的行为，其后果是第二产业升级缺乏技能型人力资本，且传统服务业生产效率低，这些都制约了产业结构的高级化。

（3）创新活动并不一定能够推动产业结构合理化。科技发展水平高的区域，产业结构合理化程度不一定高，这主要取决于创新要素在产业间的配置。创新要素投入到旁侧效应、前侧效应和后侧效应等关联效应大的产业中去，可以推动产业结构合理化。此外，还需要制度设计来推动创新要素在产业间的合理配置。

（4）对外开放程度提高有利于促进资源在三次产业间有效配置，推动区域产业结构合理化，但是，是否能够促进区域产业结构高级化，取决于区域人力资本存量的高低。较高的人力资本存量，即便在低开放度地区也可以与引进的先进机器设备和管理经验相结合，提高生产效率和管理能力，促进产业结构高级化。反之，低水平人力资本不能充分运用先进技术、机器设备等，使对外开放度促进产业结构转型升级的作用不是很显著。

综上所述，人力资本的积聚是可以降低人力资本在产业间转移的摩擦成本，缓解就业刚性，使劳动力可以更快地适应新产业对技能的要求，从而推动区域产业结构合理化；同时，城市化的推进可以加速人力资本积聚，产生知识溢出效应，加快区域技术发展，推动区域产业结构高级化。

6.2　异质性人力资本与产业结构转型升级

上一节论证了人力资本存量是中部地区产业结构转型升级的重要基础，是推动经济增长的关键因素。由于人力资本具有异质性，即人力资本不仅在数量上存在差异，在质量、结构上也不同，且随着经济发展水平的提升，其重要性愈加凸显。因此，本节将研究中部六省异质性人力资本对产业结构转型升级的影响。

6.2.1　理论分析与研究假设

与人力资本存量相比，人力资本的异质性或许更重要。国外有学者率先注意到异质性人力资本与产业结构之间的关系，Audretsch 和 Feldman（1996）指出高技能人力资本具有外部溢出效应，可以促进产业集聚；Tabuchi和 Thisse（2002）从新经济地理模型出发，提出经济活动的空间分布与异质性劳动力之间存在密切关联；Forslid 和 Ottaviano（2003）提出技术型人力资本的流动引起区域间产业比重的不同。近些年来，国内学者也对此做了大量研究。陈建军和杨飞（2014）提出异质性人力资本通过技术效应影响产业结构优化能力；钟水映和余远（2017）认为不同程度的人力资本对我国各区域产业结构的优化作用不同；罗勇和高爽（2019）研究认为异质性人力资本对东部地区产业结构升级和西部地区产业结构合理化具有促进作用。邓飞和柯文进（2020）在区域层面上研究发现，不同层次的人力资本对区域经济发展有明显的空间异质性。

以上研究表明，尽管异质性人力资本在不同区域的作用不尽相同，但是，产业结构的不断演进要求人力资本数量和结构与之相匹配，这样才能更好地运用物质资本和先进技术，推动经济发展。就某个区域而言，高级人力资本越多，知识外溢效应就越大，创新能力就越强，该区域的产业结构转型升级能力也就越强；反之，则越低。中部六省的劳动力也具有明显的异质性，既有仅受过初、中等教育，从事一般性活动的初、中级人力资本，也有受过高等教育拥有先进知识和技术的高级人力资本（江三良等，2020）。因此，要推动中部地区产业结构转型升级，就必须保证人力资本结构优化与产业结构调整方向相一致。对此，本课题提出以下假设。

H1：初级人力资本对产业结构合理化和高级化作用不显著

H2：中级人力资本促进产业结构合理化和高级化

H3：高级人力资本促进产业结构合理化和高级化

6.2.2 模型设定和数据说明

为了检验假设1、假设2和假设3，构建如下模型：

$$TL_{it} = \alpha + \beta_1 Hciitl_{it} + \beta_2 Hcstock_{it} + \beta_3 Hciitl\_lag + \beta_4 HG_{it} + \beta_5 urban_{it} + \beta_6 \ln patent_{it} + \beta_7 open_{it} + \varepsilon_{it} \quad (6-4)$$

$$Upgrade_{it} = \alpha + \beta_1 Hciitl_{it} + \beta_2 Hcstock_{it} + \beta_3 Hciitl\_lag + \beta_4 HG_{it} + \beta_5 urban_{it} + \beta_6 \ln patent_{it} + \beta_7 open_{it} + \varepsilon_{it} \quad (6-5)$$

$$TL_{it} = \alpha + \beta_1 Hciitm_{it} + \beta_2 Hcstock_{it} + \beta_3 Hciitm\_lag + \beta_4 HG_{it} + \beta_5 urban_{it} + \beta_6 \ln patent_{it} + \beta_7 open_{it} + \varepsilon_{it} \quad (6-6)$$

$$Upgrade_{it} = \alpha + \beta_1 Hciitm_{it} + \beta_2 Hcstock_{it} + \beta_3 Hciitm\_lag + \beta_4 HG_{it} + \beta_5 urban_{it} + \beta_6 \ln patent_{it} + \beta_7 open_{it} + \varepsilon_{it} \quad (6-7)$$

$$TL_{it} = \alpha + \beta_1 Hciith_{it} + \beta_2 Hcstock_{it} + \beta_3 Hciith\_lag + \beta_4 HG_{it} + \beta_5 urban_{it} + \beta_6 \ln patent_{it} + \beta_7 open_{it} + \varepsilon_{it} \quad (6-8)$$

$$Upgrade_{it} = \alpha + \beta_1 Hciith_{it} + \beta_2 Hcstock_{it} + \beta_3 Hciith\_lag + \beta_4 HG_{it} + \beta_5 urban_{it} + \beta_6 \ln patent_{it} + \beta_7 open_{it} + \varepsilon_{it} \quad (6-9)$$

其中，i表示中部六省，包括安徽、山西、江西、河南、湖北和湖南，t表示年份，从2002年至2018年。由于人力资本对产业结构的影响具有持久性，因此我们在模型中分别加入了初级、中级和高级人力资本的滞后项，以控制上一期不同层次的人力资本对本期产业结构的影响。在模型（6－4）中，TL是因变量，表示产业结构合理化即产业机构偏离度，系数β_1如果与0无显著区别，则说明初级人力资本对产业结构合理化作用不显著，否则相反。模型（6－6）至模型（6－8）系数的含义也可参照前两个模型来理解。控制变量含义见表6－1，有关描述性统计分析见表6－2，此处不再赘述。

6.2.3 实证分析

6.2.3.1 初级人力资本对产业结构合理化和高级化影响的检验

表6－7列出了初级人力资本对产业结构合理化和高级化影响的实证检

验结果。第（1）列是模型（6－4）的检验结果，可以看出，*Hciitl* 对 *TL* 的回归系数不显著，说明初级人力资本对产业结构合理化无显著影响。第（2）列是模型（6－5）的检验结果，可以看出，*Hciitl* 对 *Upgrade* 的回归系数在 1% 的水平上显著为负，表明初级人力资本对中部地区产业结构转型升级具有负效应。这和邓飞和柯文进（2020）的研究结论不一致，他们的研究结果表明，初级人力资本在中部地区对经济增长的直接效应和间接效应全部通过显著性检验且为正，并认为主要由于中部六省是传统农业省份，从事农业生产的初级人力资本占比较高。对此，本课题持不同观点，虽然初级人力资本满足了传统农业、低端制造业和传统服务业对劳动力的需求，推动了产业结构合理化，但随着中部地区工业化进程的推进，在样本期间，第一产业在中部地区生产总值中的比重由 26. 94% 已经下降到 6. 64%，就业比重却仍为 38. 88%。除了制度因素外，人力资本素质低也是阻碍农业剩余劳动力顺利向第二、第三产业转移的重要因素。综合作用下，初级人力资本对中部六省产业结构合理化的影响不显著。同时，中部地区正处于经济加速崛起、传统产业转型升级、新兴产业快速成长的时期，更需要大量的有一定技能的高素质劳动者，初级人力资本不能完全满足中部地区产业结构转型升级的要求，故人力资本对产业高级化产生负效应。

表 6－7　初级人力资本对产业结构合理化和高级化的影响

变量	(1)	(2)
	TL	*Upgrade*
Hciitl	0. 4283 (1. 1949)	－4. 0860*** (－6. 1930)
Hciitl_lag	－0. 0000 (－1. 3009)	－0. 0000*** (－3. 4995)
Hcstock	0. 0616 (1. 5590)	－0. 4613*** (－6. 3395)
HG	－0. 0834 (－1. 1806)	0. 1245 (0. 9582)
urban	－0. 0033** (－2. 1198)	－0. 0063** (－2. 1798)
open	－0. 0141*** (－5. 4878)	－0. 0087* (－1. 8432)

续表

变量	(1)	(2)
	TL	*Upgrade*
lnpatent	0.0024 (0.1374)	0.0917*** (2.8555)
_cons	-0.2946 (-0.4845)	7.7595*** (6.9340)
N	96	96
R^2	0.4650	0.5709

6.2.3.2 中级人力资本对产业结构合理化和高级化影响的检验

表6-8列示了中级人力资本对产业结构合理化和高级化影响的实证检验结果。第（1）列是模型（6-6）的检验结果，可以看出，*Hciitm* 对 *TL* 的回归系数不显著，说明中级人力资本对产业结构合理化无显著影响。第（2）列是模型（6-7）的检验结果，可以看出，*Hciitm* 对 *Upgrade* 的回归系数在1%的水平上显著为正，说明中级人力资本促进了产业结构高级化，其原因需要进一步结合人力资本的产业分布来解释。根据张国强等（2011）的实证研究，在中西部地区接受中等教育的人力资本对服务业的影响在5%的水平上通过显著性检验，说明中部地区工业发展主要依靠物质资本带动，人力资本的作用并未充分发挥出来。这与中部地区要素禀赋并不匹配，也同样验证了第4章的观点，即中部地区过早出现“去工业化”现象。

表6-8 中级人力资本对产业结构合理化和高级化的影响

变量	(1)	(2)
	TL	*Upgrade*
Hciitm	0.1600 (0.3693)	3.9734*** (4.2176)
Hciitm_lag	-0.0000 (-0.5353)	-0.0000** (-2.3995)
Hcstock	0.0250 (0.6144)	-0.2971*** (-3.3588)

续表

变量	(1)	(2)
	TL	*Upgrade*
HG	-0.1191* (-1.6765)	0.3592** (2.3252)
urban	-0.0028* (-1.7530)	-0.0038 (-1.0799)
open	-0.0139*** (-5.3196)	-0.0062 (-1.0861)
ln*patent*	-0.0091 (-0.5558)	0.0875** (2.4510)
_cons	0.3937 (1.5656)	2.1303*** (3.8950)
N	96	96
R^2	0.4523	0.3866

6.2.3.3 高级人力资本对产业结构合理化和高级化影响的检验

表6-9列示了高级人力资本对产业结构合理化和高级化影响的实证检验结果。第（1）列是模型（6-8）的检验结果，可以看出，*Hciith* 对 *TL* 的回归系数显著为负，说明高级人力资本显著降低了产业结构偏离度，即促进了产业结构合理化。第（2）列是模型（6-9）的检验结果，可以看出，*Hciith* 对 *Upgrade* 的回归系数在1%的水平上显著为正，说明高级人力资本促进了产业结构高级化。假设3得到验证。这一结论和张国强等（2011）的结论相吻合，即高级人力资本与产业结构转型升级正相关，高级人力资本数量的增加，可以满足工业和服务业对创新性人才的需求，进而推动产业结构升级和经济增长。

表6-9 高级人力资本对产业结构合理化和高级化影响

变量	(1)	(2)
	TL	*Upgrade*
Hciith	-1.3998* (-1.9004)	10.0370*** (6.8009)

续表

变量	(1)	(2)
	TL	*Upgrade*
Hciith_lag	-0.0000 (-0.7565)	-0.0000 (-1.3555)
Hcstock	0.0649*** (2.8472)	-0.1351*** (-2.9590)
HG	-0.0645 (-1.0024)	0.4423*** (3.4321)
urban	-0.0020 (-1.3267)	-0.0081*** (-2.6344)
open	-0.0133*** (-5.1796)	-0.0078 (-1.5241)
ln*patent*	-0.0026 (-0.1791)	0.0190 (0.6461)
_cons	-0.0005 (-0.0032)	1.8724*** (5.4659)
N	96	96
R^2	0.4859	0.5114

6.2.4 稳健性检验

6.2.4.1 人力资本异质性的其他度量方法

将“初中及以下学历就业人员的受教育年限”作为基础人力资本，而将“高中及以上学历就业人员的受教育年限”作为专业人力资本。用专业人力资本与基础人力资本之比来度量人力资本异质性（*pb*）。部分变量含义及描述性统计见表6-10。

表6-10 部分变量含义及描述性统计

变量	变量含义	均值	标准差	最小值	最大值
Hciitprof	专业人力资本	0.2496	0.083	0.099	0.4295
Hciitbase	基础人力资本	0.7477	0.085	0.5626	0.9

从表6-11可以看出，人力资本异质性对产业结构合理化的影响不

显著，这可能是由于中部地区整体人力资本素质较低，基础人力资本占总人力资本的比重均值为 74.77%，其技能水平和学习新知识的能力较差，就业范围窄，阻碍其在产业间流动。同时，专业人力资本又不丰富，综合作用下，人力资本异质性对推动产业结构合理化的作用不显著。人力资本异质性显著促进了产业结构高级化，说明人力资本结构优化效应加快了生产要素在中部六省不同产业间的有效配置，提高了产业结构变迁的速度。该检验的基本结论与前文保持一致，说明本研究结果是稳健的。

表 6-11　人力资本异质性对产业结构合理化和高级化的影响

变量	(1)	(2)
	TL	*Upgrade*
pb	0.5112 (1.5288)	0.5974** (2.2718)
Hciitprof	2.7170 (0.5249)	-1.3859 (-0.3404)
Hciitbase	4.3226 (0.8268)	-0.5047 (-0.1228)
Hcstock	0.1091*** (3.2175)	0.0244 (0.9136)
urban	-0.0020 (-1.3180)	0.0039*** (3.2137)
open	-0.0126*** (-4.9217)	0.0034* (1.6949)
ln*patent*	-0.0109 (-0.8860)	-0.0056 (-0.5742)
_cons	-4.5120 (-0.8660)	2.3908 (0.5834)
N	102	102
R^2	0.4467	0.5686

6.2.4.2　不同城市化程度地区人力资本异质性效应差异

本研究根据中部六省城市化程度均值 43.875，将中部六省分为低城市化程度地区（安徽、河南、湖南）和高城市化程度地区（山西、江西、湖北）并进行分组检验。表 6 – 12 列出了不同城市化程度下初级、中级和高级人力资本对产业结构合理化和高级化的影响。第（1）列至第（6）列展示的是低城市化程度地区的检验结果，可以看出在低城市化程度地区，初级人力资本与产业结构合理化变量正相关而与产业结构高级化关系不显著。这是因为安徽、河南和湖南三个省份以发展传统农业为主，而从事农业生产的劳动力主要为初级人力资本，农村剩余的初级劳动力进入城市后，也大多从事低技能的服务业。中级人力资本与产业结构合理化变量负相关而与产业结构高级化显著正相关。这是由于中级人力资本掌握一定的技能，劳动生产率较高，能够推动产业高级化。高级人力资本与产业结构合理化关系不显著而与产业结构高级化显著正相关，这是由于低城市化程度地区新兴产业发展滞后，而高级人力资本主要就职于高端服务业和相关企事业单位，因此对产业结构合理化影响不大。但是，高级人力资本仍是推动产业高级化的重要力量。

第（7）列至第（12）列展示的是高城市化程度地区的检验结果，可以看出在高城市化程度地区，初级人力资本与产业结构合理化变量和产业结构高级化都在 1% 的水平上显著负相关；中级人力资本与产业结构合理化变量正相关而与产业结构高级化关系不显著；高级人力资本与产业结构合理化变量关系不显著而与产业结构高级化显著正相关。具体而言，山西、江西和湖北三省第一产业在地区生产总值中的比重较低，尤其是山西，以资源密集型产业为主导产业，目前对人力资本要求较高，初级人力资本对产业结构高级化是负效应。中级人力资在传统产业转型升级时，仍滞留在传统产业，不利于产业结构的合理化。以山西为例，在山西省就业比重中，第二产业所占比重最高，根据山西省统计局数据，山西省从业人员人数同比增加最多的三个行业均属第三产业，分别为金融业，租赁和商务服务业，交通运输、仓储和邮政业①，这三个行业对劳动力素质的要求都较高，同时由于中级人力资本自身创新能力较弱，因此与产业结构高级化关系不显著。高级人力资本虽然对这三个省份的产业结构合理化没有显著影响，但是其作为创新的主力军，和产业结构高级化显著正相关。

① 《山西省第四次全国经济普查公报解读之二：就业人员总量增加　就业结构优化》，阳泉市统计局官网，2020 年 2 月 18 日，http://tjj.yq.gov.cn/pcdt/202002/t20200218_979654.html。

表6-12 不同城市化程度地区人力资本异质性对产业结构合理化和高级化的影响

变量	低城市化程度地区						高城市化程度地区					
	(1)	(2)	(3)	(4)	(5)	(6)	(7)	(8)	(9)	(10)	(11)	(12)
	TL	*TL*	*TL*	*Upgrade*	*Upgrade*	*Upgrade*	*TL*	*TL*	*TL*	*Upgrade*	*Upgrade*	*Upgrade*
Hciitl	2.98***			-2.563			-1.25***			-2.95***		
	(3.538)			(-1.61)			(-2.98)			(-2.75)		
Hciitl_lag	-0.00***			-0.00***			-0.00**			-0.0000		
	(-3.41)			(-3.11)			(-2.2)			(-1.33)		
Hciitm		-1.6103*			6.95***			1.55***			0.1703	
		(-1.78)			(4.09)			(3.67)			(0.14)	
Hciitm_lag		-0.0000			-0.0000*			-0.0000			-0.0000	
		(-1.35)			(-1.95)			(-1.55)			(-0.25)	
Hciith			0.6387			8.4269*			-1.2356			9.65***
			(0.28)			(1.83)			(-1.37)			(5.58)
Hciith_lag			-0.0000			0.0001			-0.0000			-0.0000
			(-1.13)			(0.78)			(-0.23)			(-1.29)
Hcstock	0.1787**	0.1283*	0.0251	-0.41***	-0.52***	-0.159*	-0.0330	-0.0198	0.132***	-0.304**	0.0091	-0.118*
	(2.68)	(1.7510)	(0.58)	(-3.26)	(-3.8)	(-1.81)	(-0.62)	(-0.44)	(4.03)	(-2.23)	(0.07)	(-1.87)
HG	0.2488	0.1656	-0.0494	0.1223	-0.0444	0.5701*	0.0073	0.0040	0.0421	0.0693	0.1623	0.2297*
	(1.48)	(0.91)	(-0.34)	(0.39)	(-0.13)	(1.92)	(0.12)	(0.07)	(0.64)	(0.45)	(0.96)	(1.82)
open	-0.012**	-0.01***	-0.0110	-0.0123	-0.0004	-0.0190	-0.01***	-0.01***	-0.02***	-0.0023	-0.0054	-0.0006
	(-2.47)	(-2.78)	(-1.50)	(-1.31)	(-0.04)	(-1.27)	(-5.92)	(-6.50)	(-6.29)	(-0.38)	(-0.83)	(-0.11)
ln*patent*	0.109***	0.0461	0.0368	0.1533**	0.1248**	-0.0556	-0.0368*	-0.049**	-0.054**	0.0801	0.0643	0.090**
	(3.36)	(1.42)	(1.05)	(2.49)	(2.05)	(-0.79)	(-1.81)	(-2.51)	(-2.63)	(1.55)	(1.16)	(2.27)
_cons	-4.00***	-0.5981	0.0505	6.0057**	3.789***	2.356**	2.748***	1.225***	0.0702	4.7273**	-0.7174	1.108**
	(-3.03)	(-1.15)	(0.12)	(2.41)	(3.87)	(2.66)	(3.45)	(4.19)	(0.28)	(2.33)	(-0.86)	(2.29)
N	46	46	46	46	46	46	50	50	50	50	50	50
R^2	0.5534	0.4558	0.4015	0.6173	0.5383	0.4110	0.7541	0.7667	0.7091	0.6447	0.5792	0.7602

6.2.4.3 不同专利授权量地区人力资本异质性效应差异

本研究利用中部六省专利授权量均值 17824.85，将中部六省分为专利授权量少的地区（江西、湖南、山西）和专利授权量多的地区（安徽、河南、湖北）并进行分组检验。表 6-13 列出了不同专利授权量地区初级、中级和高级人力资本对产业结构合理化和高级化的影响。第（1）列至第（6）列列出的是专利授权量少的地区的检验结果，可以看出在专利授权量少的地区，初级人力资本与产业结构合理化不相关而与产业结构高级化在 1% 的水平上显著负相关；中级人力资本与产业结构合理化不相关，而与产业结构高级化显著正相关；高级人力资本与产业结构合理化和产业结构高级化之间的关系都不显著。第（7）列至第（12）列列出的是专利授权量多的地区的检验结果，可以看出在专利授权量多的地区，初级人力资本与产业结构合理化关系不显著，但与产业结构高级化显著负相关；中级人力资本与产业结构合理化变量显著正相关，而与产业结构高级化关系不显著；高级人力资本与产业结构合理化变量显著负相关，而与产业结构高级化显著正相关。

上述结论表明，当把中部六省根据专利授权量分组后，各类人力资本对产业结构合理化和产业结构高级化的影响差异明显，说明中部地区整体科技水平较弱，需要进一步加大科技投入，提高研发能力，使其通过人力资本积聚促进中部地区产业结构转型升级。

6.2.4.4 不同开放程度地区人力资本异质性效应差异

本研究根据中部六省对外开放程度均值 10.059，将中部六省分为低开放度地区（山西、河南、湖南、湖北）和高开放度地区（江西、安徽）并进行分组检验。表 6-14 列示了不同开放程度地区初级、中级和高级人力资本对产业结构合理化和高级化的影响。第（1）列至第（6）列展示的是低开放度地区的检验结果，可以看出在低开放度地区，初级人力资本与产业结构合理化变量不相关而与产业结构高级化在 1% 的水平上显著负相关；中级人力资本与产业结构合理化变量不相关而与产业结构高级化显著正相关；高级人力资本与产业结构合理化变量显著负相关而和产业结构高级化显著正相关。可见，山西、河南、湖南和湖北四省，虽然开放度较低，但是中级和高级人力资本对产业结构高级化的推动作用还是很显著的。

表 6 – 13　不同专利授权量地区人力资本异质性对产业结构转型升级的影响

变量	专利授权量少的地区						专利授权量多的地区					
	(1)	(2)	(3)	(4)	(5)	(6)	(7)	(8)	(9)	(10)	(11)	(12)
	TL	*TL*	*TL*	*Upgrade*	*Upgrade*	*Upgrade*	*TL*	*TL*	*TL*	*Upgrade*	*Upgrade*	*Upgrade*
Hciitl	0.8541 (1.48)			-3.55*** (-3.88)			-0.9628 (-1.59)			-3.053** (-2.31)		
Hciitl_lag	-0.0000 (-0.31)			-0.0000 (-1.51)			-0.0000 (-0.56)			0.0000 (0.66)		
Hciitm		-0.4765 (-0.70)			3.91*** (3.57)			1.83*** (3.25)			-0.6584 (-0.44)	
Hciitm_lag		-0.0000 (-0.43)			0.0000 (0.27)			-0.0000 (-0.45)			0.0000 (0.50)	
Hciith			-3.5744 (-1.64)			1.8247 (0.46)			-2.04** (-2.1)			9.0771*** (6.04)
Hciith_lag			0.0000 (0.41)			0.0000 (0.34)			-0.0000 (-0.47)			0.0000** (2.14)
Hcstock	0.124** (2.26)	0.0919 (1.61)	0.086** (2.67)	-0.38*** (-4.39)	-0.36*** (-3.92)	-0.0790 (-1.35)	-0.159* (-1.81)	-0.17*** (-2.85)	0.0913 (1.41)	0.3170 (1.65)	0.744*** (4.83)	0.1802* (1.80)
HG	0.0530 (0.38)	0.0065 (0.05)	-0.0300 (-0.28)	0.1600 (0.73)	0.2216 (0.97)	0.74*** (3.85)	-0.16** (-2.27)	-0.138** (-2.37)	-0.0218 (-0.28)	0.3019* (1.97)	0.455*** (2.96)	0.0383 (0.32)
urban	-0.0031 (-1.23)	-0.0040 (-1.55)	0.0002 (0.06)	0.0002 (0.06)	0.0049 (1.18)	-0.0010 (-0.18)	-0.0014 (-1.02)	-0.0012 (-0.92)	-0.0018 (-1.25)	-0.007** (-2.19)	-0.008** (-2.28)	-0.007*** (-3.05)

续表

变量	专利授权量少的地区						专利授权量多的地区					
	(1)	(2)	(3)	(4)	(5)	(6)	(7)	(8)	(9)	(10)	(11)	(12)
	TL	*TL*	*TL*	*Upgrade*	*Upgrade*	*Upgrade*	*TL*	*TL*	*TL*	*Upgrade*	*Upgrade*	*Upgrade*
open	-0.01***	-0.01***	-0.01***	-0.01*	-0.0069	-0.0064	-0.03***	-0.03***	-0.02***	0.03**	0.029**	0.02**
	(-3.14)	(-3.18)	(-3.06)	(-1.98)	(-1.17)	(-1.03)	(-5.25)	(-5.50)	(-4.81)	(2.68)	(2.44)	(2.56)
_cons	-1.2539	-0.1532	-0.3000	7.0639***	2.9870***	1.3023**	2.8555**	1.7375***	-0.1917	-0.3243	-6.38***	-1.388
	(-1.31)	(-0.39)	(-1.06)	(4.67)	(4.74)	(2.52)	(2.31)	(3.62)	(-0.32)	(-0.12)	(-5.02)	(-1.45)
N	61	61	61	61	61	61	35	35	35	35	35	35
R^2	0.4202	0.4033	0.4430	0.4907	0.4651	0.3513	0.7216	0.7757	0.7339	0.7484	0.7037	0.8801

表 6-14　不同开放程度地区人力资本异质性对产业结构合理化和高级化的影响

变量	低开放度地区						高开放度地区					
	(1)	(2)	(3)	(4)	(5)	(6)	(7)	(8)	(9)	(10)	(11)	(12)
	TL	*TL*	*TL*	*Upgrade*	*Upgrade*	*Upgrade*	*TL*	*TL*	*TL*	*Upgrade*	*Upgrade*	*Upgrade*
Hciitl	-0.45			-4.9***			1.51**			-3.01***		
	(-0.72)			(-4.16)			(2.59)			(-3.01)		
Hciitl_lag	0.000			-0.00***			0.0000			-0.0000		
	(0.3)			(-3.19)			(0.25)			(-0.48)		
Hciitm		0.9755			4.12**			-1.64**			2.49**	
		(1.37)			(2.41)			(-2.37)			(2.03)	

续表

变量	低开放度地区						高开放度地区					
	(1)	(2)	(3)	(4)	(5)	(6)	(7)	(8)	(9)	(10)	(11)	(12)
	TL	*TL*	*TL*	*Upgrade*	*Upgrade*	*Upgrade*	*TL*	*TL*	*TL*	*Upgrade*	*Upgrade*	*Upgrade*
Hciitm_lag		0.0000 (0.53)			-0.00** (-2.02)			-0.0000 (-0.48)			0.0000 (1.16)	
Hciith			-3.01** (-2.44)			12.79*** (4.95)			-1.87 (-1.09)			5.81** (2.05)
Hciith_lag			0.0000 (0.82)			-0.0000 (-0.75)			0.0000 (0.28)			0.0000 (0.04)
Hcstock	-0.0496 (-0.56)	-0.0993 (-1.23)	0.0725 (1.64)	-0.64*** (-3.80)	-0.2641 (-1.37)	-0.1620* (-1.76)	0.18*** (3.92)	0.18*** (3.75)	0.09*** (3.47)	-0.32*** (-4.08)	-0.27*** (-3.15)	-0.14*** (-3.39)
HG	-0.3** (-2.5)	-0.34*** (-3.36)	-0.19* (-1.78)	-0.0437 (-0.20)	0.44* (1.78)	0.25 (1.14)	0.20** (2.23)	0.20** (2.18)	0.0976 (1.19)	0.26* (1.70)	0.30* (1.89)	0.44*** (3.23)
urban	-0.003 (-1.42)	-0.0022 (-1.16)	-0.002 (-1.28)	-0.007* (-1.84)	-0.007 (-1.42)	-0.0054 (-1.45)	-0.003 (-0.79)	-0.007* (-1.99)	-0.002 (-0.46)	-0.0059 (-0.98)	0.005 (0.80)	-0.01 (-1.47)
ln*patent*	0.0161 (0.57)	0.0231 (0.81)	0.0216 (0.90)	0.13** (2.45)	0.1020 (1.50)	-0.0491 (-0.98)	-0.021 (-0.82)	-0.008 (-0.30)	-0.034 (-1.66)	0.0531 (1.17)	0.004 (0.07)	0.0563 (1.68)
_cons	1.1309 (0.97)	0.958** (2.12)	-0.325 (-0.93)	9.758*** (4.38)	1.7858 (1.65)	2.55*** (3.50)	-2.32** (-2.57)	-0.72** (-2.20)	-0.17 (-0.88)	5.73** (3.70)	2.26*** (3.87)	1.68*** (5.32)
N	50	50	50	50	50	50	46	46	46	46	46	46
R^2	0.2736	0.3233	0.3534	0.5946	0.4025	0.5653	0.3824	0.3680	0.3023	0.5283	0.4842	0.5087

第（7）列至第（12）列展示的是高开放度地区的检验结果，可以看出在高开放度地区，初级人力资本与产业结构合理化变量显著正相关但和产业结构高级化变量显著负相关；中级人力资本与产业结构合理化变量显著负相关而与产业结构高级化显著正相关；高级人力资本与产业结构合理化变量关系不显著而与产业结构高级化显著正相关。

6.2.5 研究结论与启示

本研究利用中部六省 2002 ~ 2018 年的数据，研究了人力资本异质性对产业结构合理化和高级化的影响，主要结论如下。

（1）中、高级人力资本有助于产业结构高级化。在总样本中，初级与中级人力资本对产业结构合理化作用不显著，而高级人力资本显著促进了产业结构合理化即降低了产业结构偏离度；初级人力资本抑制了产业结构高级化，中级和高级人力资本促进了产业结构高级化。中部地区正处于产业结构转型升级时期，需要更多优秀的中、高级人力资本来推动产业结构高级化和合理化。

（2）无论城市化程度高低，高级人力资本对产业结构高级化的作用都是正向显著的；中级人力资本对产业结构合理化的促进作用在低城市化程度地区是显著的，在高城市化程度地区反而不利于产业结构合理化，这主要是由人力资本结构与物质资本结构不匹配造成的。

（3）在中部地区，创新要素在产业间的配置是影响产业结构合理化的重要因素。

因此，中部地区为了加速产业结构转型升级，还是要重视人力资本结构优化，提高中、高级人力资本比重；要重视教育和就业，加大科研投入，注意将对外开放和区域资源相结合，更好地发挥中、高级人力资本对产业结构高级化的推动作用；注重要素在产业间的匹配，使产业结构更加合理。

第7章　中部地区人力资本积聚、空间溢出与产业结构转型升级

伴随着中国经济发展进入新常态，产业结构也亟须转型与升级。产业结构转型升级的内涵在于要素投入结构和产出结构的耦合，而人力资本作为技术创新的关键投入要素，在产业结构转型升级中发挥的作用是巨大的（李天健和侯景新，2015）。改革开放以来，制度的变迁带动了人力资本积聚的空间差异（逯进和周惠民，2014），发达省份与欠发达省份、东部地区与西部地区人力资本积聚能力的差距在不断扩大（李海峥等，2013）。政府和学术界普遍担心人力资本区位分布的不平衡限制和制约了产业结构的转型和升级。由此而提出的问题是：不同区域、不同省份人力资本积聚的状况如何？是否促进了区域产业结构的转型升级？人力资本积聚水平较低的地区能否利用地理邻近性，充分吸收相邻省份人力资本的空间溢出？人力资本积聚影响产业结构转型升级的中间机制是什么？深入研究上述问题有助于准确把握政策着力点，从而推动区域间的协调发展。

随着新经济地理学的发展，有关人力资本积聚的研究逐渐丰富并日趋深化。通过梳理相关文献，我们发现前期研究集中考察了人力资本积聚对经济增长（Fujita and Thisse，2003）、地区劳动生产率（Glaeser and Resseger，2010）、区域创新绩效（张海峰，2016）以及产业结构升级的影响（孙海波等，2017）。综观现有研究，主要存在以下不足：第一，鲜有文献判断人力资本积聚的空间依赖性，而将空间效应包含于人力资本积聚效应之中，必然导致高估人力资本积聚效应；第二，尚没有文献同时考察人力资本积聚水平的地区差异对产业结构升级的影响以及地理邻近性引起的人力资本空间溢出给产业结构升级带来的红利；第三，有关人力资本积聚和相邻地区人力资本的空间溢出对产业结构升级的影响以及这种影响的中间机制研究有待进一步深入。基于此，本章希望在以下几个方面进行有益的

补充：（1）考虑到人力资本积聚具有空间依赖性，本研究运用 Getis 空间过滤模型进行过滤处理，消除空间效应的影响；（2）改革开放以来，制度的变迁带动了人力资本的空间集聚（逯进和周惠民，2014），为了统筹区域间的关系，本章加入了对区域间人力资本外溢作用的考量，这一点从理论到实践都具有重要意义；（3）考虑到我国人力资本空间分布的不平衡以及区域间地理邻近性和技术邻近性带来的人力资本外溢红利，本章进一步考察了人力资本积聚和邻近区域的人力资本空间溢出对产业结构转型升级的贡献，通过与传统的要素驱动的发展方式进行对比分析，以期更好地把握区域产业结构优化升级的政策取向；（4）主要从供给角度和需求角度探讨了人力资本积聚影响产业结构转型升级的中间机制。

7.1 理论机制

人力资本积聚通过引起生产要素数量和质量的变化来促进产业结构的转型升级。具体来说，一方面，人力资本积聚会引起各种生产要素投入数量的增加，带来区域产业结构的转型升级。人力资本积聚能够提高资本和技术的使用效率，并吸引其他地区的资本和技术向本地区转移，使区域经济系统中的资本和技术的供给量得到增加，从而增加这些高质量要素在生产中的投入量。大量优质的生产要素在不断催生新兴产业的同时，还会改造传统产业，缩小产业间的效率差异，促使产业结构不断趋于合理化。另一方面，人力资本积聚引致的生产要素质量变化同样会带来产业结构的转型升级。人力资本积聚使得大量复合型尖端科技人才涌入，从而改变了区域劳动力的供给结构，使得该地区增长粗放、低价值的劳动密集型产业被挤出，而投入产出效率高的产业因获得较高的经济效益而不断扩张。这种生产要素在产业间的重新配置过程便是产业结构不断高级化和合理化的过程（刘志伟，2013；袁冬梅等，2020）。根据以上理论分析，提出以下假设。

H1：人力资本积聚水平越高，对产业结构转型升级的促进作用越大，从而对产业结构高级化和合理化的贡献率也越大

人力资本是技术创新的主导者，也是关乎创新成败的关键因素。人力资本在技术创新、技术扩散、技术应用三个环节中都承担着最核心、最关键的角色（唐慧，2018）。首先，一切技术创新都是由人来完成的，其他

任何创新性的因素都必须与人力资本相结合才能完成创新过程。人力资本积聚水平越高的地区，技术创新能力就越强，也就越容易实现技术创新。其次，新技术的推广也需要推广人员和使用人员具备一定的素质和技能，因此，达到一定水平的人力资本积聚也是进行技术传播的必要条件。最后，必要的人力资本积聚水平也是技术应用的基础。新技术往往具有较高的科技含量，从而对生产人员也提出了更高的要求。也就是说，那些受过良好教育、素质越高的劳动者，他们接受新知识的能力更强，领会和运用新技术的效果更好（Romer，1986；Antonio and Giovanni，2006；Drucker and Feser，2012；吴振华，2020）。

技术进步是产业结构优化的核心动力，产业结构的差异也必然使不同产业在技术水平和技术吸收能力等多方面存在较大差异，这将使不同产业的利润率差异进一步扩大，从而使生产要素从低利润率部门向高利润率部门流动和再配置，实现产业结构的优化调整。因此，技术进步必然促使产业结构不断从劳动密集型、资本密集型向技术密集型转变，从技术含量低、附加值低的产业链逐渐向技术含量高、附加值高的产业链转变，最终实现产业结构的高级化和合理化。据此，提出假设 2。

H2：人力资本积聚通过推动技术进步促进产业结构的高级化和合理化

人力资本积聚提高了劳动生产率，进而提高了劳动者的收入水平和消费水平，并改变消费结构，进而引导产业结构转型升级。随着收入的不断提高，人们的消费从生存型消费转向耐用品消费，并最终发展为享受型消费（唐慧，2018）。消费需求对生产供给具有导向作用，从而导致产业结构的变动。具体来讲，在消费结构以生存型消费为主的低收入和低消费阶段，产业结构以农业以及轻工业为主；当消费结构转为耐用品消费阶段时，产业结构以重化工业以及高加工制造业为主；当消费结构转向享受型高水平消费阶段时，享受型消费品的需求量上升，从而促使服务业、高新技术产业等产业的规模扩大。因此，随着劳动者消费水平的提高和消费结构的变化，那些新兴的、受到消费者青睐的产业规模迅速扩大，产业结构随着消费水平的提高及消费结构的改变而不断得到优化和升级。根据以上理论分析，提出假设 3。

H3：人力资本积聚通过改善居民消费需求实现产业结构的高级化和合理化

7.2 模型设定和变量数据说明

7.2.1 模型设定

人力资本的经济增长效应主要来自两个方面：一方面是人力资本积聚引致的经济增长，另一方面是相邻地区人力资本对本地区的空间溢出引致的经济增长。为了进一步分析人力资本积聚效应和相邻地区人力资本的空间溢出效应对产业结构转型升级的影响，本研究借鉴 Lucas（1988）的“人力资本溢出模型”，并结合 Fujita 和 Thisse（2003）的模型设定以及郑玉（2017）的研究方法，构建如下基本模型：

$$Y_{it} = \alpha + \beta \times H_{it} + \beta_2 \times ha_{it} + \beta_3 \times K_{it} + \lambda \times X_{it} + \varepsilon_{it} \tag{7-1}$$

模型（7-1）中的下标 i 和 t 分别表示地区和年份；Y_{it} 表示被解释变量产业结构转型升级，一般来说，区域产业结构的变迁可以从两个维度衡量，本章借鉴干春晖等（2011）的度量方法，分别采用产业结构高级化（TS_{it}）和产业结构合理化（TL_{it}）两个指标衡量产业结构的变迁；$H_{it} = (EA_{it}/E_{it}) / (EA_t/E_t)$，表示 i 地区 t 时期的人力资本积聚水平，其中 EA_{it} 指 i 地区 t 时期人力资本总量（用就业人口中大专及以上学历人口数衡量），E_{it} 指 i 地区 t 时期就业人口总数，EA_t 指全国 t 时期人力资本总量，E_t 指全国 t 时期就业人口总数；$ha_{it} = \sum_{j=1}^{n} \mathbf{w}_{ij}(d) \cdot H_{jt}\ (j \neq i)$，表示 i 地区的 j 个相邻区域人力资本在 t 时期对 i 地区的空间溢出，$\mathbf{w}_{ij}(d)$ 为空间权重矩阵；K_{it} 表示 i 地区 t 时期的固定资产投资水平；X_{it} 表示其他可能影响区域产业结构转型升级的控制变量和中介变量。借鉴郑玉（2017）、吴振华（2020）以及刘晴等（2020）的研究，本章的控制变量主要包括对外开放程度（Ope_{it}）、政府财政支出（Gov_{it}）、基础设施（$Infra_{it}$），同时借鉴唐慧（2018）以及吴振华（2020）的研究，本章主要选择技术进步（Tec_{it}）、居民消费水平（$Consu_{it}$）作为人力资本积聚影响产业结构转型升级的中介变量，其中技术进步（Tec_{it}）主要从供给层面影响区域产业结构转型升级，而居民消费水平（$Consu_{it}$）主要从需求层面引致产业结构调整。

为了进一步讨论人力资本积聚及其空间溢出对产业结构转型升级的贡

献率，我们引入人力资本溢出模型的差分形式：

$$\frac{\Delta Y}{Y} = \frac{\Delta A}{A} + \beta_1 \frac{\Delta H}{H} + \beta_2 \frac{\Delta ha}{ha} + \beta_3 \frac{\Delta K}{K} \tag{7-2}$$

模型（7－2）中各个变量的含义同模型（1），其中，$\beta_1 \frac{\Delta H}{H}$、$\beta_2 \frac{\Delta ha}{ha}$、$\beta_3 \frac{\Delta K}{K}$ 分别除以 $\frac{\Delta Y}{Y}$ 就得到各个要素对产业结构转型升级的贡献率。

7.2.2　变量数据说明

（1）产业结构转型升级。一般来说，产业结构转型升级主要包括产业结构高级化和产业结构合理化两个维度。①产业结构高级化（TS_{it}）的度量。评价产业结构高级化的理论依据是克拉克定律，在经验研究中一般采用非农业产值比重作为衡量指标。然而，近年来信息革命对各个工业化国家的产业结构产生了“经济服务化”的冲击，使得传统的度量方式无法反映产业结构变迁的动向。为了全面反映近年来产业结构高级化的演进趋势，本节借鉴干春晖等（2011）和郑玉（2017）的方法，采用第三产业产值与第二产业产值之比作为度量产业结构高级化的指标。②产业结构合理化（TL_{it}）的度量。借鉴干春晖等（2011）的方法，本节仍采用泰尔系数 $TL = \sum_{i=1}^{n} \left(\frac{Y_i}{Y}\right) \ln\left(\frac{Y_i}{L_i} / \frac{Y}{L}\right)$ 衡量产业结构合理化程度。其中，Y 表示产值，L 表示就业，i 表示产业，n 表示产业部门数。$TL = 0$ 表示产业结构处于均衡状态，而 $TL \neq 0$ 表示产业结构偏离了均衡状态，产业结构不合理。

（2）人力资本积聚。数据如果存在显著的空间依赖性，将导致传统的统计分析不再有效。通过前面第 4 章呈现的人力资本积聚的全局 Moran's I 趋势图可以看出，我国人力资本积聚存在较显著的空间正相关性，因此借鉴现有文献的主要做法，在回归分析之前采用空间过滤技术对空间数据进行过滤处理。空间过滤方法主要有 Griffith 法和 Getis 法。Griffith 法使用 Moran's I 统计量的特征函数分解法将原始数据转换为正交或不相关的成分，而 Getis 法使用 G_i 统计量对原始数据进行过滤。Getis 法相对于 Griffith 法而言，较为简单，更易理解。因此现有文献主要采用 Getis 法进行空间过滤。采用 Getis 空间过滤模型对人力资本积聚变量进行过滤的思路如下。

①首先按照 Getis 和 Ord（1992）的方法计算 G_i 统计量。$G_i = \frac{\sum_{j=1}^{n} \mathbf{w}_{ij}(d) H_j}{\sum_{j=1}^{n} H_j} (j \neq i)$，式中 $\mathbf{w}_{ij}(d)$ 为基于 Rook 规则构建的地理邻近性的标准化的空间权重矩阵（即矩阵行元素和为 1）。

②计算 G_i 的期望值 $E(G_i)$。$E(G_i) = \frac{\sum_{j=1}^{n} \mathbf{w}_{ij}(d)}{n-1} (j \neq i)$。$\frac{E(G_i)}{G_i(d)}$ 就表示不存在空间依赖性的那部分空间数据的比重（Ferstl，2007），以其乘以原始的人力资本积聚变量 H_i，就得到过滤后的人力资本积聚变量 H_i^*。

$$H_i^* = H_i \frac{E(G_i)}{G_i(d)} = \frac{H_i[\sum_{j=1}^{n} \mathbf{w}_{ij}(d)]}{(n-1) G_i(d)} (j \neq i) \tag{7-3}$$

（3）人力资本空间溢出。为了消除空间变量的空间依赖成分，我们采用过滤后的人力资本积聚变量 H_i^* 来分析相邻地区人力资本的空间溢出效应。由于空间权重矩阵形象刻画了相邻地区人力资本的空间溢出特征，区域 j 对区域 i 的人力资本溢出效应如下：

$$ha_i^* = \sum_{j=1}^{n} \mathbf{w}_{ij}(d) \cdot H_j^* \ (j \neq i) \tag{7-4}$$

（4）固定资产投资。本章借鉴陈得文和苗建军（2012）的方法，采用当年固定资产投资与当年名义 GDP 之比来衡量。

（5）控制变量。通过梳理相关文献，本章选取政府财政支出（Gov_{it}）、对外开放程度（Ope_{it}）、基础设施（$Infra_{it}$）作为控制变量。其中，政府财政支出用当年地方财政一般预算支出与当年名义 GDP 之比来衡量；对外开放程度用当年经营单位所在地进出口总额（用当年美元兑人民币的平均价折算为人民币）与当年名义 GDP 之比来衡量；基础设施采用公路、铁路和内河航道里程之和（即交通密度）除以各省份的面积来衡量。

（6）中介变量。借鉴唐慧（2018）和吴振华（2020）等的研究方法，采用技术进步（Tec_{it}）和居民消费水平（$Consu_{it}$）作为中介变量，其中技术进步用国内专利申请授权量的自然对数表示，居民消费水平用人均消费支出占人均 GDP 的比重来衡量。

本章变量取值均根据 2002～2019 年的中国统计年鉴和中国劳动统计年鉴计算得出。相关变量的描述性统计如表 7－1 所示。

表 7－1　相关变量的描述性统计

变量名称	变量含义	平均值	标准差	最小值	最大值	统计量
TS	产业结构高级化	1.057	0.546	0.497	5.022	558
TL	产业结构合理化	0.252	0.151	0.016	0.877	558
H	人力资本积聚(前)	1.148	0.739	0.028	5.446	558
H^*	人力资本积聚(后)	1.117	1.085	0.024	6.921	558
ha	人力资本空间溢出（前）	1.056	0.347	0.433	3.149	558
ha^*	人力资本空间溢出（后）	1.005	0.618	0.243	3.933	558
K	固定资产投资	0.629	0.250	0.237	1.507	558
Ope	对外开放程度	0.302	0.377	0.026	1.762	558
Gov	政府财政支出	0.232	0.181	0.077	1.379	558
Infra	基础设施	0.840	0.561	0.035	2.747	558
Tec	技术进步	8.763	1.857	1.946	13.08	558
Consu	居民消费水平	0.366	0.064	0.229	0.622	558

注：括号里的前、后分别表示 Getis 空间过滤处理之前和之后。

7.3　实证分析

7.3.1　人力资本积聚、空间溢出对产业结构转型升级的影响

7.3.1.1　区域人力资本积聚、空间溢出对产业结构高级化的影响

为了分析不同区域人力资本积聚及空间溢出对产业结构高级化的影响，本研究采用比较分析的方法，表 7－2 展示了分区域的研究结果。总体来看，人力资本积聚效应及空间溢出效应均有效推动了区域产业结构的高级化。但由于人力资本积聚水平存在空间异质性，其对区域产业结构高级化的贡献不尽相同。

在东部地区，人力资本积聚对产业结构高级化的影响显著高于其他地区，人力资本积聚水平每提高一个单位，产业结构高级化水平将提高

0.352 个单位。但是，由于人力资本积聚呈现明显的东、中、西梯度分布特征，因此东部地区很难从邻近地区获得明显的人力资本溢出效应，故人力资本空间溢出系数不显著。

在东北地区，其传统的工业优势和沿海的区位优势是吸引人力资本积聚的重要因素。东北地区人力资本积聚对产业结构高级化的贡献虽然不如东部地区，却显著高于中、西部地区。但东北地区东面沿海、西面靠近地广人稀的内蒙古，使其吸收邻近省份人力资本空间溢出的机会较少，因此，东北地区产业结构高级化受相邻地区人力资本的空间溢出效应的影响在统计上不显著。

西部地区可以说是我国人力资本积聚水平最低的地区，其不但难以享受人力资本积聚带来的发展红利，而且由于人力资本匮乏，无论是人力资本的质量还是数量都无法长久支撑产业结构高级化，人力资本积聚对产业结构高级化的影响显著为负，该结论与孙海波等（2017）的研究一致。虽然西部地区人力资本的积聚水平不足以提供足够的产业结构高级化发展动力，但对西部地区产业结构高级化来说，获得相邻省份人力资本的空间溢出效应的机会较大。

中部地区是本研究重点关注的区域，通过观察中部地区人力资本积聚情况和相邻地区人力资本对中部地区的空间溢出情况，发现中部地区人力资本积聚对产业结构高级化具有一定的正向影响（0.113），但从全国的整体情况来看，并不占优势。该研究结论与中部地区人力资本整体积聚水平不高的事实相符。中部地区整体的积聚水平远远落后于东部地区，甚至落后于东北地区，仅稍强于经济发展水平较低的西部地区。这也是表 7 - 2 呈现的人力资本积聚对产业结构高级化的影响显著低于东部地区和东北地区的原因所在。但由于中部地区与人力资本密集的东部地区相邻，能够有效吸收东部地区人力资本的空间溢出，因此中部地区可以充分利用东部地区人力资本外溢效应带来的发展红利，从而加快产业结构高级化步伐。但总体来看，中部地区崛起“道阻且长”，仍然需要在培养人才和留住人才方面下足功夫。

通过上述分析，本研究获得了支持假设 1 的经验证据，即产业结构的高级化受人力资本积聚的促进作用较为明显，且人力资本积聚水平越高，这种正向影响越大。另外，本章的控制变量固定资产投资、对外开放程度、政府财政支出和基础设施对产业结构高级化普遍起到显著的促进作用。本章控制了地区效应和时间效应。

表 7-2　人力资本积聚、空间溢出与产业结构高级化

变量	全样本	东部地区	东北地区	中部地区	西部地区
H^*	0.231*** (4.58)	0.352*** (5.04)	0.161* (1.79)	0.113* (1.77)	-0.545*** (-2.86)
ha^*	0.266* (1.83)	-0.089 (-0.79)	0.216 (0.84)	0.428** (2.16)	0.535** (2.30)
K	1.221** (2.23)	1.902** (2.37)	0.736** (2.11)	0.699** (2.04)	0.724** (2.15)
Ope	0.738* (1.71)	0.719* (1.84)	1.223* (1.79)	1.071* (1.72)	0.796* (1.77)
Gov	1.654*** (4.88)	8.246*** (4.59)	4.796** (2.36)	3.173*** (3.12)	0.697*** (4.16)
$Infra$	0.186** (2.27)	0.278*** (3.62)	0.155** (2.11)	0.120** (2.03)	0.124 (1.23)
constant	0.898*** (6.17)	0.674*** (3.09)	-0.691* (-1.82)	1.305*** (7.09)	0.897*** (8.31)

注：(1) ***、** 和 * 分别表示在 1%、5% 和 10% 的水平上显著，括号中是估计参数的 t 值；(2) 回归方程均采用自变量滞后一阶作为工具变量；(3) 本章控制了地区效应和时间效应。

7.3.1.2　区域人力资本积聚、空间溢出对产业结构合理化的影响

产业结构高级化和合理化是产业结构转型升级的两个维度，在分析人力资本积聚对产业结构高级化影响的基础上，进一步深入分析其对产业结构合理化的影响，并通过区域对比分析，考察中部地区相对于其他三个地区所具有的优势及劣势，有关经验研究结果见表 7-3。从整体来看，人力资本积聚效应及空间溢出效应均有利于降低产业结构偏离度，使产业结构趋于合理。但由于人力资本的空间布局呈现梯度分布特征，其对区域产业结构合理化的贡献也具有一定的异质性。

在东部地区，人力资本积聚在降低产业结构偏离度方面的贡献最大，人力资本积聚水平每提高一个单位，产业结构偏离度将降低 0.065 个单位，即产业结构合理化指数将提高 0.065 个单位。但是，由于东部地区在人力资本积聚方面具有绝对优势，因此邻近省份对东部地区的人力资本溢出效应较为有限，导致相邻地区人力资本溢出效应对东部地区产业结构合理化

的影响并不显著。

东北地区具备传统的工业优势和沿海的区位优势，其吸引人力资本的能力虽不及东部地区，却显著高于中、西部地区，其人力资本的积聚效应对产业结构合理化的影响程度也仅次于东部地区。但是，东北地区很难从邻近地区获得充足的人力资本空间溢出，因此，在统计上东北地区产业结构合理化受相邻地区人力资本空间溢出效应的影响并不显著。

西部地区作为我国人力资本积聚水平最低的地区，其无法为产业结构合理化提供充足的人才支撑，使得创新乏力，产业结构逐渐偏离合理化进程，故人力资本积聚并不能有效降低产业结构偏离度，该结论与孙海波等（2017）的研究相符。虽然西部地区积聚人力资本的能力不足，但产业结构合理化却得益于相邻地区人力资本的空间溢出效应，且这种积极影响显著高于其他地区。

由第 4 章内容可知，中部地区在人力资本积聚能力方面不及东部地区和东北地区，仅高于经济相对落后的西部地区。通过表 7 - 3 进一步发现了中部地区人力资本积聚影响产业结构合理化的证据。中部地区的人力资本积聚水平每提高一个单位，产业结构偏离度将降低 0.026 个单位。然而，由于中部地区人力资本积聚并不具有优势，因此中部地区人力资本积聚对产业结构合理化的影响幅度不如东部地区和东北地区。但由于中部地区与人力资本密集的东部地区相邻，从而中部地区能够获得邻近地区的人力资本外溢效应，该外溢效应对中部地区产业结构合理化的贡献为 0.029。

上述研究结论为假设 1 提供了一定的经验支持，具体来说，人力资本积聚对产业结构合理化具有正向影响，且积聚水平越高，越有利于降低产业结构的偏离度，提高产业结构合理化水平。另外，控制变量中的固定资产投资、对外开放程度、政府财政支出和基础设施普遍有利于提升产业结构的合理化水平。模型中依然控制了地区效应和时间效应。

表 7 - 3　人力资本积聚、空间溢出与产业结构合理化

变量	全样本	东部地区	东北地区	中部地区	西部地区
H^*	-0.043* (-1.79)	-0.065** (-2.11)	-0.048* (-1.71)	-0.026* (-1.69)	0.099
ha^*	-0.027* (-1.72)	-0.014 (-1.05)	-0.016 (-1.31)	-0.029* (-1.73)	-0.036* (-1.84)

续表

变量	全样本	东部地区	东北地区	中部地区	西部地区
K	-0.095** (-2.24)	-0.141** (-2.33)	-0.079* (-1.76)	-0.083* (-1.81)	-0.088** (-2.30)
Ope	-0.135* (-1.76)	-0.137* (-1.82)	-0.224* (-1.71)	-0.120* (-1.69)	-0.144* (-1.81)
Gov	-0.343*** (-3.82)	-1.324*** (-6.41)	-1.006** (-2.24)	-0.261** (-2.17)	-0.128* (-1.86)
Infra	-0.036** (-2.22)	-0.181*** (-4.94)	-0.045** (-2.17)	-0.034** (-2.11)	-0.091 (-1.05)
constant	1.430*** (4.82)	0.705*** (3.51)	1.729** (2.28)	1.214*** (7.74)	0.942*** (6.35)

注：（1）***、** 和 * 分别表示在 1%、5% 和 10% 的水平上显著，括号中是估计参数的 t 值；（2）回归方程均采用自变量滞后一阶作为工具变量；（3）本章控制了地区和时间效应。

7.3.2　各要素对产业结构转型升级的贡献率

7.3.2.1　各要素对产业结构高级化的贡献率

为了考察各个地区在产业结构转型升级过程中，各个要素的作用及其贡献率的大小，本章分别考察了人力资本积聚、相邻地区人力资本的空间溢出以及固定资产投资对产业结构转型升级的贡献，结果见表 7-4 和表 7-5。从表 7-4 可以看出，各区域固定资产投资对产业结构高级化的贡献率占绝对优势；人力资本的空间集聚和相邻地区人力资本的空间溢出已经成为区域产业结构高级化的重要因素，但远未发挥主导性作用。

第一，东部地区各省份人力资本积聚效应普遍较高，这对东部地区产业结构高级化产生了较大的促进作用，但人力资本积聚短期内仍然无法取代固定资产投资成为产业结构转型升级的引擎。另外，相邻地区人力资本的空间溢出对以河北和上海为代表的省份的产业结构高级化起重要推动作用；而对以北京为代表的省份的产业结构高级化表现为显著的负向影响。

第二，在东北地区，无论是人力资本积聚还是相邻地区人力资本的空间溢出，都对产业结构的高级化具有一定的贡献，其中人力资本积聚效应的贡献更大。另外，通过比较人力资本积聚及空间溢出对产业结构高级化的贡献，我们发现辽宁处于东北三省的最高水平，可能该省聚集了较多的人力资本且地理位置优越，受到相邻地区人力资本的空间溢出效应也相对较大。

第三，西部地区各省份人力资本积聚效应普遍偏低，而相邻地区的人力资本空间溢出对本区域产业结构高级化的贡献较为显著。其中，云南和西藏因为地处边疆，吸引人力资本积聚的能力有限，人力资本积聚在产业结构高级化过程中不但不能发挥正向影响，反而起到显著的抑制作用。云南、内蒙古、甘肃、四川、西藏以及广西等地区有效吸收了周边地区的人力资本空间溢出。

第四，在中部崛起战略的推动下，中部地区产业结构逐渐从劳动密集型、资本密集型向知识技术密集型转变，然而这种产业结构的演进是建立在区域知识积累、技术水平的显著提升和相应人力资源开发以及人才积累基础上的。但是，通过第4章有关中部地区人力资本积聚状况的分析发现，中部地区与其他地区的人力资本积聚状况相比，并不具有显著的优势。

具体来看，湖北和山西的人力资本积聚对产业结构高级化的贡献最大；安徽和江西受相邻省份人力资本空间溢出的影响较大。显然，中部地区的人力资本积聚与东部地区相比明显处于劣势。这些研究结论也反映出目前中部地区较低的人力资本积聚现状难以提供产业结构高级化所需要的人才基础。

表7~4　2001~2018年全国31个省份各要素对产业结构高级化的贡献率

单位：%

区域	省份	贡献率		
		H^*	ha^*	K
东部地区	北京	34.26	-15.72	49.31
	天津	25.33	-12.41	52.47
	河北	9.82	19.25	38.78
	上海	29.55	17.64	47.21
	江苏	23.29	11.16	37.48
	浙江	21.81	9.63	48.03
	福建	11.88	9.55	41.76
	山东	19.72	8.42	39.80
	广东	22.33	-8.90	46.11
	海南	2.59	3.22	55.57

续表

区域	省份	贡献率		
		H^*	ha^*	K
东北地区	辽宁	14.02	8.27	51.14
	吉林	11.43	6.96	42.79
	黑龙江	8.41	3.43	39.62
中部地区	山西	18.66	4.22	43.37
	安徽	7.18	23.06	51.14
	江西	5.22	17.51	39.16
	河南	8.88	9.06	44.13
	湖北	21.24	-2.31	47.56
	湖南	14.37	10.63	49.91
西部地区	重庆	7.33	7.48	44.72
	四川	9.22	14.29	46.61
	贵州	-5.61	6.93	38.39
	云南	-13.69	22.54	51.43
	西藏	-16.23	13.37	37.18
	陕西	19.01	7.98	42.14
	甘肃	-10.21	18.42	45.22
	青海	13.19	-12.10	41.26
	宁夏	4.64	8.95	39.87
	新疆	10.71	2.89	37.50
	广西	-5.37	10.33	43.65
	内蒙古	2.38	19.85	51.20

7.3.2.2　各要素对产业结构合理化的贡献率

基于 2001 ~ 2018 年数据，进一步考察各要素对产业结构合理化的作用及贡献率的大小，结果见表 7 - 5。总体来看，各区域固定资产投资对产业结构合理化仍然具有主导性贡献，而人力资本积聚和相邻地区人力资本的空间溢出有助于推动产业结构合理化发展，但贡献率偏低，远未发挥主导性作用。

第一，东部地区在人力资本积聚方面具有显著优势，东部地区的产业结构也得益于强大的人才支撑而不断趋于合理化。另外，相邻地区人力资本的空间溢出对河北、上海、江苏等地的产业结构合理化具有重要推动作用；而对北京、天津以及广东的产业结构合理化表现为显著的负向影响。

第二，在东北地区，人力资本积聚和相邻地区人力资本的空间溢出有助于产业结构合理化发展，其中人力资本积聚的贡献较大。另外，通过对比东北三省各自人力资本积聚的特点，发现辽宁在人力资本积聚及吸收邻近地区空间溢出方面较黑龙江和吉林两省稍胜一筹。

第三，西部地区各省份人力资本积聚效应普遍偏低，相邻地区的人力资本空间溢出对本区域产业结构合理化发挥了积极作用。其中，云南、西藏、甘肃、贵州和广西五省因地理位置偏僻，无法聚集经济发展所需要的充足人才，导致人力资本积聚不仅没有起到推动产业结构合理化的作用，反而起到一定的限制作用，其中对云南和西藏的制约最为明显。云南、甘肃、内蒙古和四川等地充分利用周边地区人力资本的空间溢出，有效推动了本地产业结构的合理化进程。

第四，在中部地区，湖北、山西和湖南的人力资本积聚对产业结构合理化发展的贡献率最大；安徽和江西有效吸收了邻近的江苏、上海以及浙江的人力资本空间溢出，进而邻近地区人力资本的空间溢出对本地产业结构合理化具有较大贡献率；而河南在人力资本积聚和吸收相邻地区人力资本的空间溢出方面都不具有显著优势，需要深入分析出现这种现象的原因。由此可知，中部地区在吸引高素质人才方面的优势不足、劣势明显，人力资本对产业结构合理化的贡献有待进一步提升。

表 7-5　2001~2018 年全国 31 个省份各要素对产业结构合理化的贡献率

单位：%

区域	省份	贡献率		
		H^*	ha^*	K
东部地区	北京	35.61	-16.52	64.44
	天津	26.39	-14.33	51.92
	河北	9.03	26.84	40.57
	上海	31.24	16.86	48.25
	江苏	21.05	10.87	56.16

续表

区域	省份	贡献率		
		H^*	ha^*	K
东部地区	浙江	22.44	9.29	59.07
	福建	11.74	8.08	49.66
	山东	19.26	6.14	52.73
	广东	22.45	-9.38	50.09
	海南	3.17	3.86	51.78
东北地区	辽宁	15.77	8.53	40.24
	吉林	13.12	7.07	51.41
	黑龙江	9.94	4.78	50.33
中部地区	山西	21.29	3.76	47.63
	安徽	6.99	21.40	53.32
	江西	5.45	15.92	52.44
	河南	8.97	9.64	47.92
	湖北	24.21	-2.18	46.77
	湖南	17.65	9.36	48.83
西部地区	重庆	8.81	9.44	43.25
	四川	7.76	16.32	53.64
	贵州	-6.72	7.46	39.76
	云南	-17.33	19.92	52.28
	西藏	-16.04	12.59	50.16
	陕西	17.91	8.74	49.68
	甘肃	-9.13	19.88	43.32
	青海	12.60	-15.01	44.21
	宁夏	4.08	7.48	50.73
	新疆	9.62	3.56	47.94
	广西	-3.43	9.10	54.35
	内蒙古	4.05	18.52	49.88

7.3.3 中间机制检验

通过理论分析，我们发现人力资本积聚会形成强大的推力和拉力，并从供给和需求两条渠道促进产业结构的转型升级。从供给角度来看，人力资本积聚具有生产效应，能够加速提升企业的技术水平，从而改善地区产业结构；从需求角度来看，人力资本积聚能够提高居民收入，形成新的消费需求，促进区域消费需求的升级，为产业结构的转型升级提供导向。为了检验技术进步和居民消费水平在人力资本积聚与产业结构转型升级关系中的影响机制，本章借鉴 Baron 和 Kenny（1986）、余泳泽和潘妍（2019）以及郑玉（2020）的研究，构建中介效应模型对该潜在影响机制进行分析。以检验技术进步在人力资本积聚和产业结构转型升级（包括产业结构高级化和合理化两个维度）关系中的中介效应为例，建立如下中介效应模型①：

$$Y_{it} = F(H_{it}^{*}, x_{it}) \tag{7-5}$$

$$Tec_{it} = F(H_{it}^{*}, x_{it}) \tag{7-6}$$

$$Y_{it} = F(H_{it}^{*}, Tec_{it}, x_{it}) \tag{7-7}$$

其中模型（7－5）是中介效应的基本回归模型。中介效应模型的估计步骤如下：首先，检验人力资本积聚（H_{it}^{*}）与产业结构转型升级（Y_{it}）之间的相关关系；其次，检验人力资本积聚（H_{it}^{*}）与技术进步（Tec_{it}）之间的相关关系；最后，将人力资本积聚（H_{it}^{*}）和技术进步（Tec_{it}）同时纳入模型，检验与产业结构转型升级（Y_{it}）之间的关系。如果人力资本积聚（H_{it}^{*}）的回归系数的绝对值比第一步的回归系数的绝对值低且不显著，则可推断技术进步（Tec_{it}）为“完全中介”角色；如果人力资本积聚（H_{it}^{*}）的回归系数的绝对值比第一步的回归系数的绝对值低但仍然显著，则可推断技术进步（Tec_{it}）为“部分中介”角色。

7.3.3.1 微观作用机制：检验技术进步的中介效应

为了考察技术进步在人力资本积聚与区域产业结构转型升级关系中的

① 有关居民消费水平在人力资本积聚和产业结构转型升级关系中的中介效应的模型设定，只需要把模型中的技术进步（*Tec*）变换为居民消费水平（*Consu*）即可。

中介效应，本章分别从产业结构高级化（*TS*）和产业结构合理化（*TL*）两个维度分别进行回归，回归结果见表 7－6。

首先考察技术进步（*Tec*）在人力资本积聚（H^*）与产业结构高级化（*TS*）关系中的中介效应。从第（1）列可以看出，人力资本积聚对产业结构高级化具有显著影响。且人力资本积聚水平每提高 1 个单位，产业结构高级化就上升 0.231 个单位；通过观察第（3）列，我们发现人力资本积聚对技术进步具有显著的促进作用。通过比较第（1）列和第（4）列的人力资本积聚的估计系数，发现第（4）列在同时加入人力资本积聚和技术进步变量后，人力资本积聚对产业结构高级化的影响较第（1）列而言，从 0.231 大幅下降到 0.113，但依然显著，这说明人力资本积聚（H_{it}^*）通过影响技术进步推动了产业结构高级化，由此我们从供给视角获得了人力资本积聚促进产业结构转型升级的经验证据。

在此基础上，进一步考察技术进步（*Tec*）在人力资本积聚（H^*）与产业结构合理化（*TL*）关系中的中介效应。观察第（2）列发现，人力资本积聚水平每提高 1 个单位，产业结构偏离度就下降 0.043 个单位；第（3）列显示，人力资本积聚对技术进步具有积极的正向影响；进一步观察第（5）列，发现当把技术进步纳入模型，人力资本积聚在降低产业结构偏离度的能力方面有了大幅度下降（降至 0.014），从而说明人力资本积聚通过影响技术进步进而促进产业结构合理化，即技术进步在人力资本积聚和产业结构合理化的关系中发挥了中介效应。至此，假设 2 通过了检验，即人力资本积聚通过推动技术进步促进产业结构的高级化与合理化。

表 7－6　技术进步的中介机制检验结果

变量	(1)	(2)	(3)	(4)	(5)
	TS	*TL*	*Tec*	*TS*	*TL*
H^*	0.231*** (4.58)	−0.043* (−1.79)	0.394*** (5.58)	0.113** (2.23)	−0.014* (−1.71)
Tec				0.344** (2.31)	−0.021** (−2.26)
ha *	0.266* (1.83)	−0.027* (−1.72)	0.252*** (3.89)	0.187** (2.06)	−0.017* (−1.88)

续表

变量	(1)	(2)	(3)	(4)	(5)
	TS	*TL*	*Tec*	*TS*	*TL*
K	1.221** (2.23)	-0.095** (-2.24)	0.853*** (3.15)	0.643** (2.37)	-0.119*** (-3.11)
Ope	0.738* (1.71)	-0.135* (-1.76)	0.924*** (4.82)	0.617** (2.19)	-0.126*** (-5.06)
Gov	1.654*** (4.88)	-0.343*** (-3.82)	1.625*** (6.09)	1.595*** (6.81)	-0.391*** (-3.96)
Infra	0.186** (2.27)	-0.036** (-2.22)	1.151*** (5.11)	0.159*** (4.28)	-0.037*** (-2.24)
控制变量	YES	YES	YES	YES	YES
N	558	558	558	558	558

注：***、** 和 * 分别表示在1%、5%和10%的水平上显著，括号中是估计参数的t值。

7.3.3.2 微观作用机制：检验居民消费水平的中介效应

这里进一步从需求侧视角研究人力资本积聚对产业结构转型升级的影响。具体来说，这里同样从产业结构高级化和产业结构合理化两个维度考察人力资本积聚通过居民消费水平对产业结构转型升级的影响机制（结果见表7-7）。

首先考察居民消费水平（*Consu*）在人力资本积聚（H^*）和产业结构高级化（*TS*）关系中的中介效应。从第（1）列可以看出，人力资本积聚能够显著促进产业结构高级化，且人力资本积聚水平每提高1个单位，产业结构高级化就上升0.231个单位；第（3）列说明，人力资本积聚对居民消费水平具有显著的促进作用。通过比较第（1）列和第（4）列的人力资本积聚的估计系数，发现第（4）列在同时加入人力资本积聚和居民消费水平变量后，人力资本积聚对产业结构高级化的影响较第（1）列而言，从0.231大幅下降到0.118，但依然显著，说明人力资本积聚通过影响居民消费水平形成强大的拉力，对产业结构的高级化发展形成强大的导向作用。该研究结论为我们从需求视角研究人力资本积聚对产业结构转型升级的影响提供了经验证据。

表 7－7　居民消费水平的中介机制检验结果

变量	(1)	(2)	(3)	(4)	(5)
	TS	*TL*	*Consu*	*TS*	*TL*
H^*	0.231*** (4.58)	－0.043* (－1.79)	0.119*** (4.17)	0.118** (2.26)	－0.027* (－1.69)
Consu				2.047*** (6.84)	－0.079** (－2.11)
ha^*	0.266* (1.83)	－0.027* (－1.72)	0.047*** (3.51)	0.095* (1.70)	－0.019* (－1.71)
K	1.221** (2.23)	－0.095** (－2.24)	0.163*** (5.08)	0.642* (1.87)	－0.152*** (－3.89)
Ope	0.738* (1.71)	－0.135 (－1.76)*	0.298*** (3.85)	0.063** (2.22)	－0.149*** (－6.41)
Gov	1.654*** (4.88)	－0.343*** (－3.82)	0.405*** (7.27)	0.996*** (4.64)	－0.464*** (－4.78)
Infra	0.186** (2.27)	－0.036** (－2.22)	0.185*** (3.23)	0.116*** (4.09)	－0.063*** (－4.88)
控制变量	YES	YES	YES	YES	YES
N	558	558	558	558	558

注：***、** 和 * 分别表示在 1%、5% 和 10% 的水平上显著，括号中是估计参数的 t 值。

在上述分析的基础上，进一步考察居民消费水平（*Consu*）在人力资本积聚（H^*）与产业结构合理化（*TL*）关系中的中介效应。观察第（2）列发现，人力资本积聚水平每提高 1 个单位，产业结构偏离度就下降 0.043 个单位；第（3）列显示，人力资本积聚对居民消费水平具有积极的促进作用。进一步观察第（5）列，发现人力资本积聚在降低产业结构偏离度的效应方面有所减弱，说明人力资本积聚通过影响居民消费水平对产业结构合理化形成拉力，从而避免产业结构偏离均衡状态。该研究结论说明居民消费水平是人力资本积聚影响产业结构合理化的重要渠道。至此，假设 3 通过了检验，即人力资本积聚通过改善居民消费需求实现产业结构的高级化与合理化。

7.4 结论与启示

7.4.1 结论

本章利用Getis空间过滤模型对人力资本积聚进行过滤处理，进而分析人力资本积聚及其在相邻区域的空间溢出对区域产业结构转型升级的贡献，并就其影响的中介机制进行检验，主要结论如下。

第一，人力资本积聚对区域产业结构高级化有显著的促进作用，也能有效抑制产业结构偏离均衡状态，而且人力资本积聚水平越高，其对产业结构高级化和合理化的影响越大。这意味着培养人才特别是留住人才，对于区域产业结构转型升级至关重要。

第二，对于中部地区而言，人力资本积聚及邻近区域人力资本的空间溢出都有助于促进区域产业结构的合理化和高级化。不过，中部地区人力资本积聚对区域产业结构合理化和高级化的影响和贡献率都低于东部地区，这说明中部地区人力资本积聚水平太低，极有可能会减弱中部崛起战略的推进效果，中部地区应该进一步树立人才意识。

第三，技术进步是人力资本积聚影响产业结构高级化和合理化的供给机制，居民消费水平是人力资本积聚影响产业结构高级化和合理化的需求机制，在推力和拉力的共同作用下，区域产业结构不断趋于优化和合理。

7.4.2 启示

第一，一方面，中部地区应该结合自身的资源禀赋和优势，进一步加大教育资源投入力度，保障不同地区拥有公平的受教育机会，同时着力营造良好的政策环境，全力引导高端人才为该地区的经济建设服务。另一方面，相邻区域人力资本的空间溢出对区域产业结构合理化、高级化发展所起的促进作用不可忽视。中部地区要有效利用区域间人力资本的溢出红利，强化建设区域间合作和交流平台，尽可能消除区域间人力资本空间溢出壁垒，加强知识的流动性，以发挥人力资本积聚的最大效能。

第二，技术进步和居民消费水平的提高是人力资本积聚促进产业结构高级化和合理化的重要机制，因此，政府应创造良好环境，着力打通创新通道以及消费通道，提高资源配置效率。

第8章　中部地区加速人力资本积聚的路径

无论是改革开放初期释放的巨大“人口红利”，还是我国经济发展进入新常态以后强调的“人才红利”，人力资本都提供了城市发展所需的人力资源，并通过产业集聚等促进地区的经济增长。尽管著名的“克鲁格曼质疑”认为中国的经济增长并非由技术进步带来的劳动生产率的提高所致，但不可否认的是，地区性的人力资本积聚促进了劳动生产率的提高，而城市“包容性增长”的发展模式又带来了人力资本在更高程度上的积聚。因此，考察影响人力资本积聚的因素对于新常态下促进我国经济的高质量发展有着重要的现实和理论意义。

一般来说，人力资本积聚不仅与地区的经济水平有关，还受到当地产业集聚水平的影响。一方面，经济发达地区具备资源禀赋优势，不仅能够提供与生产水平相匹配的工资水平及足够多的就业岗位和机会，而且能够满足人们在教育、医疗、卫生以及公共设施上的需求，这也使得经济发达地区相对于经济欠发达地区具有明显的“虹吸效应”。从这个角度出发，可以认为地区经济发展程度是影响人力资本积聚的一个重要因素。另一方面，城市经济学理论认为，城市发展是产业集聚的前提条件，而产业集聚既需要高技能劳动者提供更高的劳动生产率，也需要低技能劳动者提供充足便捷的服务以提高城市的“软实力”。这说明无论是低技能劳动者还是高技能劳动者，都能够在城市“包容性增长”的发展模式中实现价值，因此，地区的产业集聚也是影响人力资本积聚的重要变量。

这两个方面的考虑对于研究影响中部六省人力资本积聚的因素尤为必要。中部六省总面积约 102.8 万平方千米，约占我国陆地总面积的 10.7%，而常住人口约 3.71 亿人，占全国总人口的 25% 以上，以资源依赖型产业为主的产业结构承载了中部六省的经济发展需求，人力资本积聚对于中部六省未来的经济发展至关重要。2016 年 12 月，国务院出台《促进中部地区崛起规划（2016 至 2025 年）》，进一步明确了中部六省在我国经济发展中的主体地位，中部地区逐渐成为国内企业布局的首选之地。伴随着产业结构升级和产业转移进程的加快，人力资本也加速流动。尽管人力资本积聚不能简单地理解为人才流动，但这在一定程度上反驳了克鲁格曼关于中国经济发展的质疑。显然，考察主要变量对中部六省人力资本积聚的影响机制，对于下一阶段中部六省调整产业布局、引导人力资本积聚方向有着重要的指导意义。

随着“刘易斯拐点”的到来，我国人力资本表现出两个新特征，一是劳动力规模整体呈下降趋势，2013 年劳动力适龄人口达到峰值后每年减少近 500 万，人力资本已经由过去的总体过剩状态转为相对短缺，即使短时间内“人口红利”不会立即消失，但劳动力适龄人口下降和老龄化速度加快的双重现象值得重视；二是人力资本的结构性问题已经由过去的结构性短缺转为结构性过剩，人力资本的流动不再是农村人口向城市人口的转移，而是城市间的跨区域流动，并且产能过剩行业的人力资本结构性问题也较为突出。新常态下，我国经济增速“换挡”对人力资本的空间集聚提出了新的要求。

因此，本章拟利用中部六省 2002 ~ 2018 年的数据实证考察不同变量对人力资本积聚的影响。结果表明，产业集聚程度、地区工资水平、城市化程度以及到大港口的距离等均对地区的人力资本积聚产生明显的正向影响，并且在区分了不同省份的经济发展程度、教育发展水平以及政策定位以后，这种影响关系表现出明显的异质性特征。

8.1 理论机制

在人力资本积聚的过程中，产业集聚发挥了重要作用。从理论上讲，产业集聚对人力资本积聚存在两种截然不同的作用机制。一是正向推动作用，产业集聚不仅带来同类厂商在空间上的聚集，同时也吸引其他类别的厂商投资建厂，配套设施的完善促进了人力资本的流动，由此产生的溢出效应促进了人力资本的积聚。二是负向推动作用，其逻辑在于产业集聚程度高表明一定区域内厂商分布较集中，无论是一级市场还是二级市场都趋向于完全竞争市场，劳动力选择机会多，劳动力流动也更频繁，由此导致短期内人力资本虽带来较高的边际收益，但同质化的竞争降低了行业整体的人力资本水平，人力资本回报率下降导致人力资本积聚缺乏正向激励。这也是对 2016 年后“逃离北上广”现象的理论解释，即当人力资本回报水平难以弥补当地的生活成本和维持原有的生活质量时，往往带来人力资本积聚的负向变动。因此，本章提出以下假设。

H1a：产业集聚对人力资本积聚存在正向的推动作用，其逻辑在于产业集聚提高了人力资本的边际贡献率，吸引人员流向产业聚集区

H1b：产业集聚对人力资本积聚存在负向的推动作用，其逻辑在于产业集聚的负外部效应超过了当地的人力资本平均水平，抑制了人力资本的积聚

另外，有学者重点关注了人力资本积聚的影响因素。朱江丽和刘厚俊（2013）以人力资本内生增长模型为基础，从 FDI 的角度考察 FDI 的规模和深度对人力资本积聚的影响，结果表明不同类型的 FDI 对人力资本积聚的影响程度不同，并且城市开放程度对于人力资本积聚有着明显的推动作用；时省等（2014）则重点关注了知识密集型服务业中的人力资本门槛效应，利用以人力资本水平为门槛变量的非动态面板门槛回归模型，实证考察了 KIBS 中人力资本的门槛效应；杨凤岐等（2019）考察了政府管理对人力资本积聚的影响，发现政府管理能够在提高民众心理预期的同时降低经济运行的交易成本，“开明家长式”的政府管理也能够提高人力资本积聚的水平。总的来说，这类文献的研究范围很广，从变量类型来看主要有两种：第一种是反映地区内部经济状况的变量，主要包括人力资本存量、人口受教育程度、城市化率、不同产业结构占比以及城市经济基本面等；第二种是反映地区间差异的变量，主要包括工资水平差异、人口差异、与大城市距离的差异以及产业集聚差异等，这为本章的变量选择提供了依据。

具体来说，从区域内部的视角来看，对于人力资本积聚的研究主要集中于城市内部产业结构和社会基本面的影响。周海银（2014）利用面板数据证实了城市内部人口受教育程度每增加一个单位，人力资本积聚将提高 3 个百分点，这一点主要体现在服务业上；江三良等（2020）选取 2006 ~ 2017 年中国 30 个省份的面板数据，利用空间杜宾模型考察了产业结构升级与人力资本积聚的关系，并创新性地将人力资本划分为初、中级人力资本与高级人力资本，结果表明我国高级人力资本积聚具有明显的“锁定效应”。因此，对于人力资本积聚影响因素的研究应进行进一步的异质性分

析。从区域间的视角来看，人力资本积聚的流动方向主要取决于地区间的经济差异，经济发展程度较高地区的人力资本不仅能够降低知识传播的成本，而且有利于提升企业的技术水平。陈朝阳、韩子璇、李小刚（2019）利用空间杜宾模型证实了人力资本的过度聚集并不利于地区的经济增长，证实了人力资本积聚阈值的存在。因此，本章提出假设 H2。

H2：从区域内和区域间的视角看，不同因素对人力资本积聚的影响存在显著的地区异质性

基于以上分析，人力资本积聚的经济学解释可以借助新经济地理学中的“中心-外围”理论。人力资本积聚的前提在于劳动力能够在市场间自由流动而不存在制度和经济障碍，在运输成本、产业集聚以及劳动力自由流动的共同作用下，人力资本积聚程度就会存在差异明显的中心和外围地区，从而各自发挥不同生产投入要素的边际贡献，逐渐缩小区域间的发展差异。接下来，本章将在实证部分研究不同变量对人力资本积聚的影响程度。

8.2 模型设定和变量数据说明

8.2.1 模型设定

为了考察不同变量对人力资本积聚的影响程度，本研究借鉴梁文泉和陆铭（2015）的研究，构建如下双向固定效应面板模型：

$$HCA_{i,t} = \alpha_0 + \beta_1 HCA_{i,t-1} + \gamma X_{i,t} + \eta Z_{i,t} + \sum Province_i + \sum Year_{i,t} + \varepsilon_{i,t} \quad (8-1)$$

其中，$HCA_{i,t}$ 为人力资本积聚，i 表示省份，t 表示年度，考虑到上一期的人力资本积聚会对未来的人力资本积聚产生影响，因此在模型中引入人力资本积聚的滞后一期作为解释变量；$X_{i,t}$ 为解释变量；$Z_{i,t}$ 为一系列控制变量。为了减少遗漏变量的影响，模型考虑使用双向固定效应模型，并将在实证分析部分利用 Hausman 检验加以确定。

8.2.2 变量和数据说明

本章的被解释变量为人力资本积聚，现有文献主要利用大专及以上学历人口数量和区位熵来测算地区的人力资本积聚程度，其依据在于受教育

程度是反映地区人力资本水平的主要因素。因此，本研究利用这种方法来测算中部六省的人力资本积聚程度，公式如下：

$$HCA_{i,t} = \frac{TC_{i,t}}{T_{i,t}} \times \frac{TC_t}{T_t} \tag{8-2}$$

其中，$\frac{TC_t}{T_t}$表示 t 时期全国人力资本总数（使用全国大专及以上学历的就业人数表示）与全国总人口的比值，$\frac{TC_{i,t}}{T_{i,t}}$表示 t 时期地区 i 人力资本总数（使用区域大专及以上学历的就业人数表示）与地区总人口的比值。计算出来的值越大，表明该区域的人力资本积聚程度越高。

解释变量主要包括产业集聚、地区工资水平、城市化程度以及到大港口的距离等。其中，产业集聚利用 Herfindahl 指数计算得出，公式如下：

$$LA_{i,t} = \sum_{j=1}^{n} \left(\frac{x_{i,j,t}}{x_{i,t}}\right)^2 \tag{8-3}$$

$\left(\frac{x_{i,j,t}}{x_{i,t}}\right)$为第 t 年 i 地区 j 行业的就业人数、销售收入、资产总额与第 t 年 i 地区所有行业就业人数、销售收入与资产总额的比值。地区工资水平的数据主要来自统计年鉴中公布的地区工资；城市化程度用城镇常住人口与总人口的比值表示；另外，一般来说，到大港口的空间距离越短，运输成本越低，人力资本积聚的可能性也越高，因此，本章选取省会城市到大港口的距离来衡量地区的区位因素。

控制变量主要包括：固定资产投资占比，使用固定资产投资与地区总投资的比值表示；地方公共财政收入，使用“财政收入合计—上拨中央收入合计”的数据来衡量；专利授权数，使用各省份的专利授权量衡量；对外开放程度，使用进出口总值与 GDP 的比值表示；人均 GDP，即某一时期人均地区生产总值；人口总数，根据年度人口抽样调查数据推算得出；出生率，使用年出生人数/年平均人口数来衡量；城镇居民人均可支配收入，使用可支配收入/人口数来衡量；第二产业和第三产业占 GDP 比重，分别用第二产业和第三产业总产值与 GDP 的比值进行衡量。本章数据的样本期为 2002 ~ 2018 年，数据均来源于历年中国人口和就业统计年鉴及各省统计年鉴，缺失部分由各省官网公布的国民经济和社会发展统计公报中的数据补齐。主要变量定义及描述性分析见表 8 - 1。

表 8－1　主要变量定义及描述性分析

变量	含义	变量定义及计算方法	最小值	最大值	均值	标准差
HCA	人力资本积聚	利用大专及以上学历人口数量和区位熵来测算	0.169	5.648	1.749	1.213
IA	产业集聚	利用 Herfindahl 指数计算得出	0.008	1.984	0.940	0.535
WAGE	地区工资水平	报告期实际支付的全部就业人员工资总额/报告期就业人员平均人数	2.011	11.444	7.827	3.578
URBAN	城市化程度	城镇常住人口/总人口	25.8	60.3	43.875	8.213
PORT	到大港口的距离	省会城市到大港口的距离	3.121	10.537	6.979	2.366
INVEST	固定资产投资占比	固定资产投资/地区总投资	0.398	0.976	0.577	0.125
BI	地方公共财政收入	财政收入合计—上拨中央收入合计	14.156	17.444	16.064	0.919
PI	专利授权数	各省份专利授权量	6.839	11.318	9.091	1.273
OPEN	对外开放程度	进出口总值/GDP	1.44	17.42	10.059	3.823
SEC	第二产业占 GDP 比重	第二产业总产值/GDP	36.7	61.5	48.329	5.853
THI	第三产业占 GDP 比重	第三产业总产值/GDP	28.6	55.45	38.874	5.854
INCOME	城镇居民人均可支配收入	可支配收入/人口数	8.705	10.510	9.654	0.531
GDP	人均 GDP	某一时期人均地区生产总值	8.655	11.107	9.965	0.672
POP	人口总数	2010 年为当年人口普查数据推算数，其余年份的人口总数根据年度人口抽样调查数据推算	8.010	9.182	8.652	0.315
BIRTH	出生率	年出生人数/年平均人口（用千分数表示）	8.26	14.74	12.044	1.424

8.3 实证分析

本章首先考察全样本下人力资本积聚影响因素的回归结果，在进行回归前，首先进行 Hausman 检验以确定是否采用固定效应模型，结果显示，在 1% 的水平上强烈拒绝随机效应的原假设，因此使用固定效应模型以减少遗漏变量偏误。同时，图 8－1 和图 8－2 给出了人力资本积聚与产业集聚和地区工资水平的分布图，通过分布图可以直观地看出人力资本积聚与产业集聚和地区工资水平之间的正向趋同关系，下文将进一步开展实证研究。

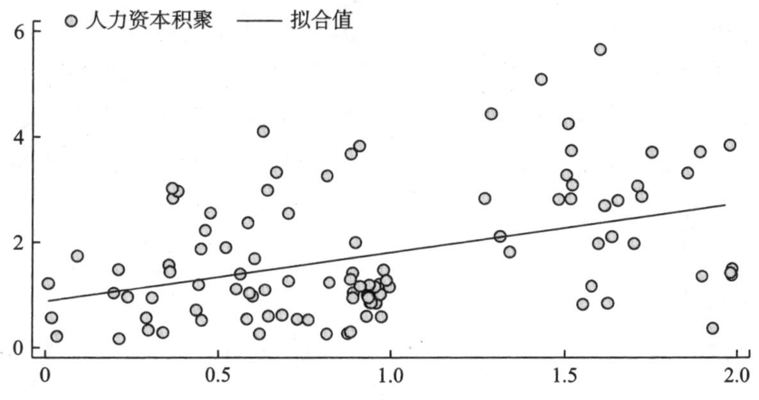

图 8－1　人力资本积聚与产业集聚的分布

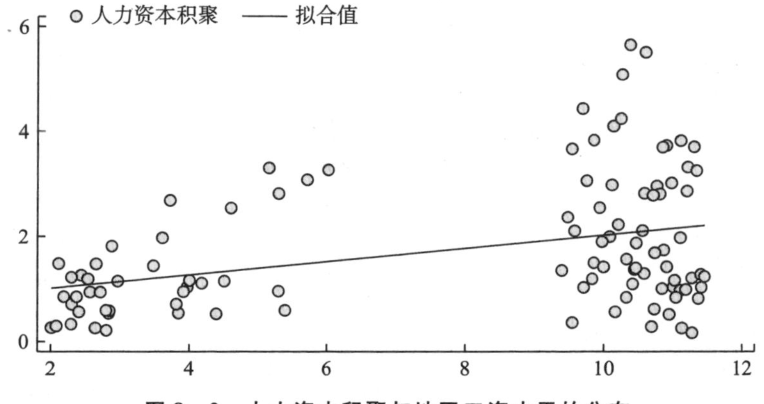

图 8－2　人力资本积聚与地区工资水平的分布

实证结果报告于表 8－2 和表 8－3。表 8－2 第（1）列和第（2）列以产业集聚为主要解释变量，第（2）列在第（1）列的基础上加入了控制变量，结果显示，产业集聚的回归系数为0.900，且在5%的水平上显著，第（2）列系数为1.056，且在1%的水平上显著，加入控制变量前后主要解释变量的系数均显著为正，表明产业集聚通过知识和技能的外部溢出推动人力资本积聚，并提高了人力资本积聚的边际效益。现阶段我国仍然处于快速城镇化阶段，人力资本对经济增长的贡献并未随着人口红利的逐渐消失而减少，新常态下产业的集聚要求产业结构契合城市未来的发展方向，产业集聚对人力资本积聚的正向推动作用也更依赖人力资本的结构。这实际上为欠发达地区产业规划提供了借鉴，防止地区盲目投资导致各类“鬼城”“郊区新城”的出现。

表8-2的第（3）列和第（4）列以地区工资水平为主要解释变量，第（4）列在第（3）列的基础上加入了控制变量，结果显示，地区工资水平的回归系数为0.190，且在1%的水平上显著，第（4）列系数为0.252，且在5%的水平上显著，系数在加入控制变量后明显变大，表明地区工资水平能够正向推动地区人力资本的积聚。根据新古典经济学理论，人力资本的流动本质上是理性人追求个人利益最大化的过程，地区间的工资差异也是导致人力资本积聚的主要因素。个人决策的关键在于个人收益与居留成本之间能否平衡，当地区工资水平足以满足个体的消费需求，人力资本积聚的程度就会更高。这就自然引出一个问题，对于不同技能劳动者，地区工资水平对人力资本积聚的影响程度是否一致？本章将在接下来的异质性分析中进一步研究。

表8-2 人力资本积聚影响因素的基准回归结果（一）

变量	(1)	(2)	(3)	(4)
IA	0.900** (0.339)	1.056*** (0.254)		
HCA_1		0.137 (0.112)		-0.104 (0.120)
WAGE			0.190*** (0.035)	0.252** (0.075)
INVEST		2.433*** (0.778)		2.544* (1.154)
BI		3.093*** (0.993)		2.517 (1.341)

续表

变量名	(1)	(2)	(3)	(4)
PI		1.007** (0.373)		1.576** (0.553)
OPEN		0.152** (0.075)		0.131 (0.089)
SEC		-0.110 (0.116)		-0.420* (0.186)
THI		-0.200 (0.186)		-0.392 (0.211)
INCOME		2.059 (6.668)		-7.631 (7.608)
GDP		-8.283** (3.459)		-1.063 (3.505)
POP		-0.001 (0.0009)		-0.002* (0.001)
BIRTH		-0.136* (0.061)		-0.124* (0.126)
常数项	0.383 (0.429)	19.956 (43.932)	0.130 (0.240)	0.131 (0.089)
控制变量	不控制	控制	不控制	控制
是否控制省份	控制	控制	控制	控制
是否控制年度	控制	控制	控制	控制
N	102	102	102	102
Adj - R^2	0.29	0.62	0.20	0.52

注：括号内为标准差，*、**、*** 分别表示在 10%、5%、1% 的水平上显著，下同。

表 8-3 的第（1）列和第（2）列以城市化程度为被解释变量，第（2）列在第（1）列的基础上加入了控制变量，结果显示，城市化程度的回归系数为 0.121，且在 1% 的水平上显著，第（2）列的回归系数为 0.080，在 5% 的水平上显著为正，表明城市化程度的提高能够显著提升人力资本的积聚程度。一方面，伴随着城市化进程的推进，更多的农村剩余劳动力进入城市，资本、原料、劳动力等生产要素逐渐在交通运输便利和政策支持力度大的地区集聚，从而逐渐形成了区域经济中心，带来了劳动力需求总量的攀升；另一方面，城市化程度的提高推动了区域产业分工的

细化，高技能劳动者和低技能劳动者都能找到合适的工作，尤其是在劳动者的“生存和生活需求”基本得到满足以后，更高层次的需求成为推动城市消费的主要动力，这就更进一步提高了人力资本的积聚程度。另外，相较农村，城市能够提供更高水平的教育、卫生、医疗等服务，而这些都是人力资本积聚的前提条件。

表 8－3 的第（3）列和第（4）列以“到大港口的距离”为主要解释变量，第（4）列在第（3）列的基础上加入了控制变量，结果显示，主要解释变量的回归系数为－100.419，且在 5% 的水平上显著，第（4）列系数为－187.037，也在 5% 的水平上显著，表明到大港口的距离越近，人力资本的积聚程度越高。

表 8－3　人力资本积聚影响因素的基准回归结果（二）

变量	(1)	(2)	(3)	(4)
HCA_1		−0.094 (0.098)		0.047 (0.108)
URBAN	0.121*** (0.018)	0.080** (0.021)		
PORT			−100.419** (27.650)	−187.037** (51.544)
常数项	−2.717** (0.776)	9.971 (64.773)	702.277** (193.221)	1357.525** (364.830)
控制变量	不控制	控制	不控制	控制
是否控制省份	控制	控制	控制	控制
是否控制年度	控制	控制	控制	控制
N	102	102	102	102
Adj－R^2	0.33	0.53	0.15	0.50

8.4　异质性分析及进一步的考虑

关于人力资本积聚影响因素的实证研究证实了产业集聚程度、地区工资水平、城市化程度以及到大港口的距离是影响地区人力资本积聚的重要因素。考虑到中部不同地区间存在明显的异质性表现，因此，接下来依据不同的经济发展程度、教育发展水平以及政策定位进行异质性分析。

8.4.1　经济发展程度差异

尽管同属于中部地区，但六个省份间经济发展程度差异明显。根据2019 年中国社会科学院发布的《中国县域经济发展报告（2019）》，2018 年中部六省共有 124 个县入选全国综合竞争力前 400 强，入选数量最低的山西有 9 个，入选数量最高的安徽有 32 个。在前 400 强中，河南的 27 个样本县中有 8 个进入全国前 100 强，样本县最多的安徽仅有 2 个进入前 100 强，而山西的 10 个样本县无一进入前 100 强。另外，从全省的层面来看，江西的生产总值增长率最高，为 8.7%，山西最低，仅为 6.7%；从县（市）的生产总值增长率看，安徽、湖南和湖北明显高于中部地区平均水平，江西和河南略低于平均水平，山西则明显低于平均水平，中部六省的经济发展速度存在巨大的差异。按照该标准，本章将安徽、湖南和湖北定义为中位数以上的样本，将江西、河南和山西定义为中位数以下的样本，引入经济发展程度的交叉项并进行考察。

表 8－4 第（1）和第（2）列以产业集聚为主要解释变量，第（1）列为经济发展程度中位数以上地区的回归结果，系数为 1.008，且在 1% 的水平上显著，第（2）列为经济发展程度中位数以下地区的回归结果，系数为 0.979，在 10% 的水平上显著。无论是系数大小还是显著性水平，中位数以上地区的回归结果均明显优于中位数以下的地区，表明在经济发展程度较高的地区，人力资本积聚的程度更高，对于欠发达地区的“虹吸效应”更加明显。第（3）和第（4）列以城市化程度为主要解释变量，第（3）列为经济发展程度中位数以上地区的回归结果，系数为 0.057，但在 10% 的水平上显著，第（4）列为经济发展程度中位数以下地区的回归结果，系数为 0.301，且在统计学上不显著，表明城市化程度对人力资本积聚的正向推动作用在城市化程度较高的地区更为明显。

表 8－4　经济发展程度的异质性检验

变量	(1)	(2)	(3)	(4)
IA	1.008*** (0.244)	0.979* (0.414)		

续表

变量	(1)	(2)	(3)	(4)
URBAN			0.057* (0.016)	0.301 (0.572)
常数项	0.007 (0.055)	-63.005 (66.071)	163.807 (222.992)	-79.069 (39.365)
控制变量	控制	控制	控制	控制
是否控制省份	控制	控制	控制	控制
是否控制年度	控制	控制	控制	控制
Adj - R^2	0.82	0.76	0.76	0.69

8.4.2 教育发展水平差异

根据前文的分析，人力资本的受教育程度是影响地区人力资本积聚的重要因素，而人力资本的受教育程度直接受制于地区的教育发展水平。中部六省中，山西和江西在“双一流”学科评估中仅有少量的一流学科入选，而湖北拥有 7 所重点大学，湖南和安徽为 4 所，河南在最新一轮的“双一流”学科评估中有 2 所高校入选，地区教育发展水平差异明显。因此，本部分将山西和江西划为教育水平中位数以下的样本，将湖北、湖南、河南和安徽定位为教育水平中位数以上的样本，以产业集聚和城市化程度为解释变量的回归结果报告于表 8-5 中。

表 8-5 的第（1）列和第（2）列以产业集聚为主要解释变量，第（1）列为教育水平中位数以上样本的回归结果，第（2）列为教育水平中位数以下样本的回归结果。第（1）列主要解释变量的系数为 1.052，在 5% 的水平上显著，第（2）列主要解释变量的系数为 -2.485，在 1% 的水平上显著。教育水平中位数以上样本的回归系数与教育水平中位数以下样本的回归系数符号相反，表明教育发展水平高的地区，产业集聚对人力资本积聚的影响程度要高于教育发展水平较低的地区。第（3）和（4）列以城市化程度为主要解释变量，第（3）列为教育水平中位数以上样本的回归结果，第（4）列为教育水平中位数以下样本的回归结果。第（3）列主要解释变量的系数为 2.445，在 1% 的水平上显著，第（2）列主要解释变量的系数为 0.073，在 5% 的水平上显著，仍然支持了教育发展水平高的地区人力资本积聚更明显的结论。

表 8-5　教育发展水平的异质性检验

变量	(1)	(2)	(3)	(4)
IA	1.052** (0.343)	-2.485*** (0.0004)		
URBAN			2.445*** (0.001)	0.073** (0.015)
常数项	13.495 (73.444)	148.414*** (0.428)	125.405*** (0.221)	47.595 (78.203)
控制变量	控制	控制	控制	控制
是否控制省份	控制	控制	控制	控制
是否控制年度	控制	控制	控制	控制
Adj - R^2	0.74	0.91	0.68	0.86

8.4.3　政策定位差异

2016 年 12 月，国务院出台了《促进中部地区崛起规划（2016 至 2025 年）》，在政策支持下，武汉和郑州分别作为国家重要的工业基地和综合交通枢纽入选国家中心城市。依据该标准，将湖北和河南划分为国家政策重点支持的省份，将江西、山西、安徽和湖南划分为其余省份，仍然以产业集聚为主要解释变量进行回归，结果见表 8-6。

表 8-6 第（1）列和第（2）列是国家政策重点支持的省份的回归结果，第（3）列和第（4）列是其余省份的回归结果。结果显示，第（2）列的主要解释变量系数为 1.069，且在 1% 的水平上显著，第（4）列的主要解释变量系数为 0.863，且在 10% 的水平上显著，表明在受国家政策支持的地区，产业集聚对人力资本积聚的影响更大。在缺乏良好识别机制的现实限制下，入选国家中心城市无疑引导了人力资本积聚的方向。

表 8-6　政策定位的异质性检验

变量	(1)	(2)	(3)	(4)
IA	0.641 (0.639)	1.069*** (0.0002)	0.849*** (0.300)	0.863* (0.340)
常数项	1.016 (0.891)	-338.283*** (0.180)	0.212 (0.616)	63.590** (22.90)

续表

变量	(1)	(2)	(3)	(4)
控制变量	不控制	控制	不控制	控制
是否控制省份	控制	控制	控制	控制
是否控制年度	控制	控制	控制	控制
Adj - R^2	0.56	0.99	0.24	0.66

8.4.4 工具变量估计

尽管基准回归和异质性分析表明产业集聚、地区工资水平、城市化程度以及到大港口的距离是影响地区人力资本积聚的重要因素，但变量间的因果关系仍可能导致估计结果的偏误。以产业集聚为例，产业集聚程度高的地区能够吸引人力资本流入，但人力资本在空间上的集聚反过来会促进产业集聚，因此，需要考虑模型中可能存在的内生性问题。从理论上来说，邻近省份出台支持产业集聚的政策能够刺激本省出台类似的政策以避免本省处于竞争劣势，但邻近省份出台的政策不会直接影响本省的人力资本积聚程度，满足工具变量相关性和外生性的要求。因此，本章选取邻近省份的产业集聚程度的平均值作为解释变量的工具变量，估计结果见表8-7。第一阶段估计结果显示工具变量在1%的水平上显著，符合工具变量相关性的要求。第（2）列加入控制变量后的回归系数为0.983，且在1%的水平上显著，与基准回归结果类似，说明本章实证结果具有稳健性。

表 8-7 工具变量估计结果

变量	HCA	HCA	2SLS 第一阶段估计结果
	(1)	(2)	(3)
IA			0.952*** (0.021)
IV	0.974*** (0.224)	0.983*** (0.248)	
常数项	1.034*** (0.168)	5.347 (4.612)	-0.160*** (0.026)
控制变量	不控制	控制	控制

续表

变量	HCA	HCA	2SLS 第一阶段估计结果
	(1)	(2)	(3)
是否控制省份	控制	控制	控制
是否控制年度	控制	控制	控制
N	102	102	102
Adj - R^2	0.98	0.477	0.98
F			2084.82
Prob > F			0.000
Wald		96.78	
Prob > chi2		0.000	

8.5　结论与启示

本章利用 2002 ~ 2018 年的数据，利用双向固定效应模型实证考察了人力资本积聚的影响因素。结果表明，产业集聚程度、地区工资水平、城市化程度以及到大港口的距离是影响地区人力资本积聚的主要因素，并且地区人力资本积聚水平同时受到地区经济发展水平、教育发展水平以及国家中心城市政策定位的异质性影响，工具变量的结果也保证了实证结果的稳健性。具体来看，产业集聚程度高的地区吸引了大量农村剩余劳动力，在总量上实现了人力资本的积聚，并且在产业结构升级过程中改善了城市人力资本结构，提升了人力资本高级化水平；地区工资水平不仅为低技能劳动者在城市生存提供了机会，也能够吸引更多的高技能劳动者，从而提升城市的人力资本积聚水平；城市化程度对于人力资本积聚有正向促进作用，城市化过程中，城市规模的快速扩张强化了知识溢出的程度，人力资本流动更加频繁，有助于更高质量的人力资本积聚；到大港口的距离代表了地区所处的区位因素，距大港口越近，地区交通条件越便利，越有助于人力资本的积聚。

上述结论表明人力资本积聚主要受地区的经济特征、社会特征和区位特征的影响，对于经济新常态下挖掘我国经济发展的新动能，保证“六稳”目标的实现有着重要的指导意义。

（1）加大教育经费支出占比，扩大教育覆盖范围。我国教育体系自改革开放后已经有了长足的发展，完善的国民教育体系已初步建成。但人力资本结构仍以初级人力资本为主，人口数量红利难以有效转变为人口质量红利，这不仅使得低技能劳动者难以完全享受到城市化过程带来的发展福利，而且导致未来的产业结构升级缺乏必要的人力资本支持。内生经济增长理论指出，增加教育投入能够提高居民的受教育程度，从而促进人力资本向教育水平高的地方积聚，进一步形成就业—经济发展—产业结构升级的良性循环，最终提升地区的经济发展水平。因此，中部地区应加大教育经费支出占比，提高地区教育发展水平，努力实现教育资源的均等化，确保低收入群体的受教育机会。

（2）合理规划城市产业目标，避免边际投资收益过早递减。人力资本积聚实际上是产业集聚的直接反映，我国目前的产业政策大多属于“目标导向式”的规划，即先确定引进产业的目标、性质、规模等，后期再根据需要引进人力资本，这虽然避免了人力资本难以契合地区经济发展需要的窘境，但存在未来产业结构难以调整、人力资本流失的弊端。近年来，各地相继启动的产业园、新城规划等项目，虽然短时间内带来了人力资本的积聚，推动了当地的经济增长，但容易受经济基本面和国家政策的影响，难以真正形成人力资本积聚的良性循环，最终导致“鬼城”“空心城”的出现。因此，在制定产业发展目标时，应注重发挥产业集群的优势，促进人力资本在区域内自由流动，提高人力资本的利用率。

（3）加强基础设施建设，推动城镇化高质量发展。尽管到 2019 年末我国城镇化率已经超过 60%，但我国巨大的经济发展潜力仍然表明城镇化进程不会停止，人力资本流向由改革开放初期的农村向城市流动逐渐转为城市间的自由流动，近年来我国关于户籍制度的改革正是配合这种转变的制度安排。因此，从这个角度来看，中部六省促进人力资本积聚的重点应转向发挥城市群功能，引导大城市的外溢人力资本合理流向周边的“卫星城市”，并通过完善基础设施真正将人才留下来，实现人力资本的最优化配置。

第9章 发达国家加速人力资本积聚的经验

从人类社会经济发展的历程来看，无论是发达国家还是发展中国家，其经济增长都和产业结构的优化升级密不可分；无论是先发国家产业结构的优化调整，还是后发国家产业结构的跨越式升级及赶超，无不是借助人力资本投资战略来加速人力资本积聚，提高人才素质，强化技术创新，促进经济快速增长。本章回顾了美国、日本、韩国和德国在产业结构转型升级过程中加速人力资本积聚的经验做法，期望为中部地区加速人力资本积聚促进产业结构优化升级提供经验借鉴。

9.1 美国加速人力资本积聚的经验

9.1.1 美国产业结构变迁和人力资本积聚

9.1.1.1 美国产业结构变迁路径

1851年，美国农村人口占总人口的49.8%，而1910年美国农村人口占总人口的比重高达72%，直到1920年美国城市人口才超过农村人口。回顾美国社会经济发展史不难看出，1913年美国的人均GDP就赶超了英国，至今一直高于英国（见表9-1）。无论是GDP还是人均GDP，美国都处于世界领先地位，同时也呈现不断增长的趋势。

不仅如此，美国产业结构也极具国际竞争力，产业结构的现代化和高级化也处于世界领先水平。19世纪下半叶至20世纪初，第二次产业革命使得美国经济实现了跨越式发展，美国工业逐步取代农业成为国民经济增长的主要渠道，工业化进程基本完成。自20世纪70年代末以来，美国以电子工业及信息产业为代表的技术或知识密集型产业的持续增长，使美国经济呈现快速良好的增长态势，产业结构日趋高级化。如表9－2所示，自1950年以来，美国第一、第二产业产值占比下降，第三产业的贡献率呈上升趋势，1965年以后国民经济重心向第三产业转移的速度明显加快，第三产业的贡献率由1965年的60.5%增加到1970年的64.7%，1986年以来一直超过70%。伴随产业结构的现代化、国际化发展，美国劳动力在三次产业中的就业构成也发生了巨大变化，第一、第二产业的就业比重呈下降趋势，第三产业的就业比重则不断上升并在1940年超过50%，2017年更是接近80%（见表9－3），即服务业成为吸纳美国劳动力就业的主渠道，就业结构与三次产业产值占比的变化趋势呈现一致性。

表9－1　各国人均国内生产总值

单位：美元

国家	1900年	1913年	1950年	1973年	1990年	2000年	2010年	2015年	2017年
高收入国家					16287	25021	38138	39675	41211
中等收入国家					764	1216	3876	4792	5169
中低收入国家					723	1131	3530	4301	4655
法国			5186	4965	21834	22364	40638	36613	38477
德国				5027	22220	23719	41786	41324	44470
日本		1334	1873	11017	25124	38532	44508	34568	38428
韩国			854		6643	11948	22087	27105	29743
英国	4593	5032	6939		19096	27982	38893	44306	39720
美国	4096	5307	9573	16607	23954	36450	48375	56444	59532
中国					316	959	4561	8069	8827

资料来源：根据《国际统计年鉴2018》整理而得。

表9－2　美国国内生产总值的三次产业构成

单位：%

产业类型	1950年	1960年	1965年	1970年	1975年	1980年	1985年	1990年	1995年	2000年	2016年
第一产业	7.3	4.3	3.5	2.9	3.5	2.8	2.3	1.9	1.5	1.2	1.0
第二产业	37	35.5	35.2	32.2	29.8	30.2	27.5	24.1	22.6	22.4	18.9
第三产业	54.5	59.9	60.5	64.7	65.5	65.2	69.3	73.5	75.6	73.1	77.0

资料来源：根据美国商务部网（http://www.commerce.gov）、劳工部网（http//www.bls.gov）和《国际统计年鉴2018》公布的数据整理而得。

表 9-3　美国劳动力在三次产业中的就业构成

单位：%

产业类型	1930 年	1940 年	1950 年	1960 年	1970 年	1980 年	1985 年	1990 年	1995 年	2000 年	2017 年
第一产业	22.6	18.5	12.8	8.2	4.4	3.4	3.0	2.7	2.7	1.8	1.7
第二产业	30.3	31.2	33.4	34.5	33.1	29.3	26.9	26.1	22.9	23.3	18.9
第三产业	47.2	50.3	53.9	57.3	62.5	67.3	70.2	72.2	74.4	74.8	79.4

资料来源：根据美国商务部网（http://www.commerce.gov）、劳工部网（http//www.bls.gov）和《国际统计年鉴 2018》公布的数据整理而成。

9.1.1.2　美国人力资本积聚状况

美国在经济高速增长与产业结构不断升级的过程中，人力资本积聚水平也在不断提升。

从 1852 年到 1919 年，美国各州通过义务教育法，美国就基本普及了 6~8年的义务教育。到 20 世纪 50 年代，还有少数州实行 10~12 年的义务教育制度。在 1950~1970 年，美国高等院校数量迅速增加，由 1863 所增加到 2525 所，美国高等教育也实现普及化。如表 9-4 和表 9-5 所示，美国高等教育普及率在 1970 年就达到 50% 左右，1996 年达到 80.9%；2015 年粗入学率高达 85.8%；初等教育、中等教育普及率在 2015 年分别达到 99.3% 和 97.2%，美国是世界上最早进入高等教育大众化和普及化阶段的国家。美国不仅注重国内教育的普及，同时还为国外留学生设立了大量的奖学金，各类科研院所也纷纷邀请世界各国有成就的科学家、学者去进修或工作，以此增强美国的科研力量，从而为美国高新技术产业的迅速发展提供人才支撑，为产业结构高级化不断输入高素质劳动力。

表 9-4　部分发达国家高等教育普及化历程

高等教育普及率	美国	日本	韩国	德国	英国	法国
5% 左右	1911 年	1947 年	1966 年	1960 年	1954 年	
15% 左右	1941 年	1970 年	1980 年	1970 年	1970 年	1970 年
50% 左右	1970 年	1990 年	1995 年	1996 年	1995 年	1996 年
1996 年水平	80.9%	71.8% *	67.7%	47.2%	52.3%	51.0%

资料来源：1985 年和 1995 年的联合国教科文组织统计年鉴、1998 年和 2000 年的《世界教育报告》，其中 * 表示 2001 年的数据。

同时期，美国从业人员的文化水平和技术水平也加速提升。美国25岁到64岁之间的劳动力平均受教育年限在1913年就高达7.86年，到2013年增加到12.9年并居世界首位，远远高于中国7.5年的平均受教育年限（见表9-6）。2000年，美国劳动力受教育程度构成中，受中、高等教育的劳动人口占比为86.3%，依然居世界首位，远远高于中国受中、高等教育的劳动人口的比重。不仅如此，如表9-7所示，美国每百万人中研究人员数在2000年为3475.7人，2010年为3868.6人，2014年为4232.0人，远远多于高收入国家的平均水平；1990~2000年每百万人中从事R&D的科学家与工程师有4103人，居世界第四位。处于世界领先地位的教育发展水平与科研能力，使美国保持着巨大的人力资本优势，这是美国能长期保持产业结构高级化的主要原因。

表9-5 2005年和2016年中国与部分发达国家的入学率

单位：%

国家	高等教育粗入学率		中等教育粗入学率		初等教育粗入学率	
	2005年	2016年	2005年	2016年	2005年	2016年
世界	24.3	36.8	63.8	76.4	102.2	104.3
高收入国家	65.7	75.2	100.8	107.1	102.1	102.0
中等收入国家	19.6	34.5	62.2	77.8	103.7	105.3
中国	19.3	48.4	62.3①	94.3②	113.5①	100.9
日本	55.0	63.2②	101.0	102.1②	101.9	98.8②
韩国	90.3	93.3②	93.2	100.2②	111.6	97.6②
美国	82.1	85.8②	95.7	97.2②	100.7	99.3②
法国	55.4	65.3②	112.3	111.1②	108.9	107.4②
德国		66.3②	102.5	101.1②	104.7	102.4②
英国	59.0	57.3②	105.4	125.5②	106.3	101.9②

注：①为2003年数据，②为2015年数据。

资料来源：《国际统计年鉴2018》。

表9-6 中国和部分发达国家劳动力受教育程度构成及平均受教育年限

国家	初等教育（%）		中等教育（%）		高等教育（%）		平均受教育年限（年）
	2000年	2012年	2000年	2012年	2000年	2012年	2013年
中国			17.3		12.7		7.5
日本	17.2		47.7		35.0		11.5

续表

国家	初等教育（%）		中等教育（%）		高等教育（%）		平均受教育年限（年）
	2000 年	2012 年	2000 年	2012 年	2000 年	2012 年	2013 年
韩国	32.5		43.5		24.0		11.8
美国	13.7		51.5		34.8		12.9
法国	31.8	22.8	44.1	43.6	24.0	33.7	11.1
德国	17.2	14.0	54.6	57.8	23.5	28.1	12.9
英国	28.0	17.8	37.0	42.9	26.0	38.1	12.3

资料来源：《国际统计年鉴 2015》。

表 9－7　每百万人中科研人员数量

单位：人

国家	研究人员数			技术人员数			从事 R&D 的科学家与工程师人数
	2000 年	2010 年	2015 年	2000 年	2005 年	2015 年	1990～2000 年
高收入国家	3018.8	3734.2	4014.1①				
中国	547.3	903	1176.6				
日本	5151.1	5152.6	5230.7	628.0	587.9	527.8	4960
韩国	2345.4	5380.3	7087.4	458.9	968.8	1224.9	2139
美国	3475.7	3868.6	4232.0①				4103
法国	2897.4	3868.0	4168.8①		1879.9	1780.9①	2686
德国	3148.8	4077.8	4431.1		1407.5	1902.0①	2873
英国	2897.3	4091.2	4470.8		945.4	1346.0	2678

注：①为 2014 年数据。
资料来源：《国际统计年鉴 2018》。

9.1.2　美国加速人力资本积聚的经验

9.1.2.1　政府重视发展教育事业，加大教育投入

美国政府注重发展教育事业，并通过立法推动教育事业发展。1852 年，美国马萨诸塞州通过《义务教育法》；1862 年通过关于发展农业教育事业的《莫里尔法》，这就保证了每个州至少有一所以农科为主的大学，从而确保了农业教育的发展；1914 年，美国国会又通过了《史密斯－利弗

法案》，规定联邦农业部与赠地大学合作，即每个州都设立州合作推广站；1983 年，里根总统成立了工业竞争能力总统委员会，引导信息产业的发展；1990 年，克林顿政府侧重发展高科技工业，增加 3% 的科技和研发经费，实施了 ATP 计划；2001 年，布什政府积极推进人力资本战略管理的改革，加大教育改革力度，使教育部门在联邦预算中获得最大的份额；等等。

同时，美国长期保持较高水平的教育经费投入。如表 9 - 8 至表 9 - 10 所示，自 1975 年以来，美国教育经费占 GDP 的比重长期保持 7% 左右，美国的大、中、小学生的生均教育支出水平也处于发达国家前列。不仅如此，美国高等教育支出占 GDP 的比重也长期保持在 2.7% 左右。从表 9 - 11 和表 9 - 14可以看出，美国教育经费投入结构变化非常明显，私人投入占比快速增加，2014 年私费负担与政府投入之比达 49.25%，高于其他几个高收入国家；在 2000 ~ 2014 年，美国平均高等教育社会投入占高等教育总投入的比重达到 62.2%。可见，社会资本对美国教育，尤其是高等教育发展的贡献越来越大。实际上，公共财政和私人资金两股力量长期不断注入美国的高等教育领域（见表 9 - 13），使得美国逐渐形成公立和私立两种高等教育体系。教育经费的充裕使得美国的教育发展水平处于世界领先地位，为人才培养和人力资本积聚奠定了坚实的基础。美国知识经济的快速发展得益于高度发达的教育水平和长期的人力资本积累。

表 9 - 8　美国教育经费投入情况

单位：%

指标	1975 ~ 1976 年	1985 ~ 1986 年	1995 ~ 1996 年	1998 ~ 1999 年	1999 ~ 2000 年	2010 ~ 2014 年
教育经费/GDP	7.3	6.4	7.2	7.1	7	6.44
公共教育经费/GNP	6.8	6.7	5	5.1		

资料来源：2001 年和 2017 年的《经济合作发展组织教育概览》（Education at A Glance：OECD Indicators）。

表 9 - 9　各类生均教育支出占人均国内生产总值的比重

单位：%

国家	大学生		中学生		小学生	
	2000 年	2015 年	2000 年	2015 年	2000 年	2015 年
高收入国家	27.8	25.8①	21.2	22.9①	17.2	19.8①

续表

国家	大学生		中学生		小学生	
	2000 年	2015 年	2000 年	2015 年	2000 年	2015 年
日本	17.0	24.6①	20.3	23.9①	20.7	22.5①
美国	25.8②	22.0①	21.9	22.5①	18.3	19.9①
法国	29.4	34.6①	28.3	26.9①	17.4	18.0①
德国		36.5①	21.6	23.3①	15.3	17.8①
英国	20.7	35.6	21.9	23.4	12.7	25.3

注：①为 2014 年数据，②为 1999 年数据。
资料来源：《国际统计年鉴 2018》。

表 9－10　中国及部分发达国家教育支出占 GDP 的比重

单位：%

国家	全部教育支出占 GDP 的比重			高等教育支出占 GDP 的比重		
	2005 年	2010 年	2014 年	2005 年	2010 年	2014 年
美国	7.1	7.3	6.2	2.9	2.8	2.7
日本	4.9	5.1	4.4	1.4	1.5	1.5
韩国	7.2	7.6	6.3	2.4	2.6	2.3
德国	5.1	5.3	5.3	1.1	1.1	1.2
英国	6.2	6.5	6.6	1.3	1.3	1.8
法国	6.0	6.3	5.3	1.3	1.5	1.5
OECD 国家	5.0	5.3	5.2	1.4	1.6	1.6
中国	2.8	3.7		0.6	0.7	

资料来源：2013 年和 2017 年的《经济合作发展组织教育概览》（Education at A Glance: OECD Indicators）。

表 9－11　部分发达国家教育经费私费负担与政府投入之比

单位：%

年份	美国	日本	韩国	德国	英国	法国
1995 年	40.85	33.33		21.95	14.94	
2000 年	49.25	40.85	69.49	21.95	17.65	9.89
2005 年	49.25	44.93	69.49	21.95	25.00	21.95

续表

年份	美国	日本	韩国	德国	英国	法国
2010 年	56.25	51.52	36.99		33.33	21.95
2014 年	49.25	38.89	47.06	14.94	40.85	14.94

资料来源：2013 年的 2017 年的《经济合作发展组织教育概览》（Education at A Glance：OECD Indicators）。

9.1.2.2 健全的美国联邦就业与培训政策体系

1946 年《就业法》的颁布，标志着就业培训正式被纳入美国的政策体系，1962 年《人力开发与培训法》和 1964 年《经济机会法》颁布之后，美国政府构建了比较完善的面向劳动力市场的就业和培训体系，该体系为美国经济的持续健康发展提供了强有力的支撑。

美国劳动力的就业与培训体系包含教育和培训两大任务，教育是为了使劳动者获得一般性知识，而培训是为了使劳动者获得专门性的劳动技能。通常有六大教育和培训类型：（1）作为第二语言的英语培训（ESL）；（2）成人基础教育（ABE 或是 GED），帮助劳动者获得基本的阅读、书写和计算能力，为达到高中水平做好准备；（3）学历课程建设，帮助在职劳动者进行大学课程的业余学习；（4）学徒类教育，帮助劳动者掌握某一方面的专门技能；（5）工作相关培训，帮助劳动者解决现有工作过程中遇到的问题，进行专项培训；（6）个人发展教育培训，帮助劳动者培养业余爱好。

美国已形成完善的人力资本教育培训市场。学校、企业、私人等都参与人力资本教育培训，激活了人力资本的供给和需求。例如，许多美国企业都设有自己的培训机构，称作“公司大学”，其主要任务是根据公司发展战略和产业、产品特点，提供专项的教育培训服务，为公司发展储备技术和管理人才。同时，为鼓励教育培训活动，美国还对培训双方进行税收减免。联邦政府规定，企业为每位雇员提供人力资本培训，可以免除高至每人每年 5250 美元的纳税基数。除了减税，美国政府还以直接拨款、发放奖学金等方式促进人力资本教育和培训的发展。

9.1.2.3 重视科学技术开发，尊重人力资本产权

美国非常重视科学技术进步，成立了由总统和副总统亲自领导的国家科学技术委员会，并不断增加科学技术研发的经费投入。如表 9－12 所示，

美国研究与开发经费支出占 GDP 的比重在 2000 年为 2.6%，2005 年为 2.7%，2015 年为 2.8%，不仅超出高收入国家的水平，而且在现阶段其投入数额相当于日本、德国和法国三个国家的研究与开发投入的总和。美国不仅重视科学技术研发的投入，而且非常尊重人力资本产权，主要体现在以下两个方面。一是严格的知识产权保护制度，早在 1790 年美国就颁布了首部专利法。如表 9－15 所示，2000～2016 年美国居民和非居民申请专利数量处于发达国家前列。二是人力资本参与企业剩余分配的制度安排。除了保护技术创新者的利益，为了充分调动人力资本的积极性，美国普遍实行员工分享企业剩余索取权的制度，即除了推行年薪制外，股票期权制也在企业中得到了普遍推广。正是美国政府对技术研发的重视及对人力资本产权的尊重，促使美国经济从 20 世纪 80 年代中期以来就走上了集约型增长的道路，到 1994 年，美国制造业的工厂成本就降至世界最低水平，比日本和欧洲国家低 40%，到 1996 年，美国制造业劳动生产率居发达国家前列①。

表 9－12　中国及部分发达国家研究与开发经费支出和公共教育经费支出占 GDP 的比重

单位：%

国家	研究与开发经费支出占 GDP 的比重			公共教育经费支出占 GDP 的比重		
	2000 年	2005 年	2015 年	2000 年	2005 年	2015 年
世界	2.1	2.0	2.2	3.9	4.6	4.9①
高收入国家	2.3	2.4	2.6	4.8	5.4	5.2①
中等收入国家	0.7	1.1	1.5	3.8	4.5	4.1②
中国	0.9	1.7	2.1	1.9③		
日本	2.9	3.1	3.3	3.5	3.6	3.6①
韩国	2.2	3.5	4.2	3.4③	4.7④	5.1
美国	2.6	2.7	2.8	4.9③	5.4	5.0①
法国	2.1	2.2	2.2	5.5	5.7	5.5①
德国	2.4	2.7	2.9	4.5⑤	4.9	4.9①
英国	1.6	1.7	1.7	4.1	5.8	5.6

注：①为 2014 年数据，②为 2013 年数据，③为 1999 年数据，④为 2009 年数据，⑤为 1998 年数据。

资料来源：《国际统计年鉴 2018》。

① 孙敬水：《美国集约型经济增长方式的经验及借鉴》，《世界经济与政治》1997 年第 6 期。

表 9-13　2014 年高收入国家教育投入来源及各级生均教育经费情况

国家	私人投入占 GDP 的比重（%）	公共投入占 GDP 的比重（%）	生均教育经费（美元）		
			初等	中等	高等
美国	2.0	4.2	6043	7764	19802
日本	1.2	3.2	5075	5890	9871
韩国	1.7	4.6	2838	6544	6536
德国	0.6	4.8	3531	6209	9481
英国	1.4	4.8	3329	5230	9699
法国	0.5	4.8	3752	6605	7226

资料来源：2017 年《经济合作发展组织教育概览》（Education at A Glance：OECD Indicators）。

表 9-14　2000～2014 年部分发达国家平均高等教育社会投入占高等教育总投入的比重

单位：%

指标	美国	日本	韩国	德国	英国	法国
高等教育社会投入占高等教育总投入的比重	62.2	62.2	79.7	12.6	39.3	16.9

资料来源：2001～2017 年的《经济合作发展组织教育概览》（Education at A Glance：OECD Indicators）。

表 9-15　2000～2016 年中国和部分发达国家专利申请数量

单位：件

国家	居民专利申请数量			非居民专利申请数量		
	2000 年	2010 年	2016 年	2000 年	2010 年	2016 年
高收入国家	824055	1161547	2129552	447515	673074	816783
中等收入国家	754477	787812	841458	340853	457378	547469
中国	25346	293066	1204981	26560	98111	133522
日本	384201	290081	260244	35342	54517	58137
韩国	72831	131805	163424	29179	38296	45406
美国	164795	241977	295327	131100	248249	310244
法国	13870	14748	14206	3483	1832	2012
德国	51736	47047	48480	10406	12198	19419
英国	22050	15490	13876	10697	6439	8183

资料来源：《国际统计年鉴 2018》。

9.1.2.4 一流的高等教育为人才培养提供强有力的支撑

美国拥有世界一流的高等院校和完善的高等教育体制，这为美国和全世界输送了大量顶尖人才。美国高等教育事业取得的成就是美国政府和市场机制共同作用的结果。

（1）完善的政府干预。高等教育具有很强的外部效应，单纯依靠市场机制无法实现资源的优化配置。1862 年，美国通过《莫里尔法》解决了大学发展的资金问题；20 世纪 60 年代，为资助低收入家庭学生上大学而出台《高等教育法》；1972 年，尼克松总统进一步修改《高等教育法》，让更多贫困学生有接受高等教育的机会；1978 年颁布的《高等教育法》进一步放宽学生在贷款资格方面的限制，1992 年又进一步提高学生贷款比例。《高等教育法》的完善极大地推动了美国高等教育的普及化发展。此外，美国政府还通过直接投资、国防和军事合作等项目资助大学。（2）发挥市场竞争优势。美国发展高等教育时充分发挥市场机制的作用，高校之间不断学习、模仿和竞争。美国高等院校从诞生之日起就借鉴英国和德国高等教育的发展模式，但后来逐渐舍弃欧洲传统文化中的守旧元素，鼓励引入市场机制。除了在课程设置、课程考核方面满足学生自主性、多元化需求，让学生保持良好的学习积极性，同时还根据市场需求，调整教学方式和专业设置，培养符合社会需求的人才，使毕业生在劳动力市场能够获得较丰厚的薪酬。尤其是美国高校和企业建立了良好的校企合作模式，这既增强了学生的实践能力，有利于高校研究成果商业化，又能缓解高校创新和发展资金不足的问题，成为推动高校发展的重要力量。

9.2 日本加速人力资本积聚的经验

9.2.1 日本产业结构变迁和人力资本积聚

9.2.1.1 日本产业结构变迁路径

日本花了大约 40 年的时间追赶美国，可以认为其是迄今为止最为成功的“追逐者”。1913 年，日本的人均 GDP 只有美国人均 GDP 的 25% 左右，1953 年开始日本经济发展迅速，到 1973 年人均 GDP 已达到美国的

66.34%，1990年更是相当于美国人均GDP的104.88%，也远远超过高收入国家16287美元的平均水平。日本人均GDP从1913年的1334美元增长到1990年的25124美元，在不到80年的时间里增长了17.8倍。

日本经济的发展历程中有两次飞跃。第一次是在明治维新后到第二次世界大战前，在第一次世界大战结束后，日本基本上完成了工业革命。第二次是第二次世界大战后，日本经济一直保持着近40年的高速增长。随着经济的高速增长，日本的产业结构也随之发生巨大转变，1945年至1950年，日本是以轻工业与农业为主导的轻型经济结构；1951年后日本产业结构转向重化工业方向，到70年代初，日本基本完成产业结构由轻工业向重化工业化的转变，汽车和家电等产业成为日本主导产业；70年代石油危机后，日本政府转变经济发展战略，推动产业结构向知识密集型产业转变，实现了产业结构的高级化。特别是，90年代以后，日本政府提出“科技创新立国”政策，加快了日本产业向高新技术方向发展的速度，从而使产业结构更加合理化、高级化。如表9－16所示，从1980年至2016年，日本三次产业中，第一产业产值占比由1980年的3.6%下降到2016年1.2%，下降了2.4个百分点；第二产业产值占比由1980年的37.8%下降到2016年的29.3%，下降了8.5个百分点；而第三产业产值占比则由1980年的58.7%上升到2016年的68.8%，上升了10.1个百分点，这意味着日本三次产业的服务化程度较深。随着产业结构的不断升级，日本的就业结构也呈现相似的变化趋势。如表9－17所示，日本劳动力在第一产业中的占比由1980年的12.9%下降到2017年的3.5%，下降了9.4个百分点；在第二产业中的占比由1980年的34.3%下降到2017年的25.6%，下降了8.7个百分点；而在第三产业中的占比则由1980年的52.8%上升到2010年的70.9%，上升了18.1个百分点。

日本经济的快速腾飞及产业结构的高级化，正如《日本的经济发展和教育》一书中所言：“重要原因，可归结为教育的普及和发展。”的确，日本能迅速赶超发达国家并成为经济大国，离不开其较高的教育发展水平和人力资源开发水平。

表 9－16　日本三次产业产值占 GDP 的比重

单位：%

产业类型	1980 年	1985 年	1990 年	1994 年	1998 年	2000 年	2009 年	2013 年	2016 年
第一产业	3.6	3.1	2.4	2.1	1.5	1.8	1.5	1.2	1.2
第二产业	37.8	36.3	37.2	35.5	28.6	32.4	29.3	26.2	29.3
第三产业	58.7	60.7	60.4	62.4	69.8	65.8	69.3	72.6	68.8

资料来源：《国际统计年鉴 2018》和《中国统计年鉴 2018》。

表 9－17　日本三次产业劳动力就业结构分布情况

单位：%

产业类型	1980 年	1990 年	1995 年	2000 年	2007 年	2010 年	2017 年
第一产业	12.9	8.8	7.3	5.1	4.2	3.7	3.5
第二产业	34.3	33.8	33.2	31.2	27.9	25.3	25.6
第三产业	52.8	57.4	59.5	63.1	66.7	69.7	70.9

资料来源：《国际统计年鉴 2018》和《中国统计年鉴 2018》。

9.2.1.2　日本人力资本积聚状况

日本教育经费投入的不断增长，推动了学校教育的普及化发展，为产业结构的高级化提供了智力保障。随着日本教育法律法规的不断完善，日本义务教育入学率在 1882 年就超过 50%，1920 年达到了 99.03%。中等教育入学率 1920 年为 25.0%，这时的高等教育入学率仅为 1.0%，到 1970 年高等教育入学率达 15%，1990 年高等教育毛入学率达到 53.7%，实现了高等教育的普及。2015 年高等教育粗入学率达到 63.2%，中等教育粗入学率达到 102.1%，初等教育粗入学率达到 98.8%（见表 9－5）。2000 年，日本劳动力中受高等教育劳动力的比重就高达 35.0%，居世界发达国家前列（见表 9－6）。正是教育的普及，为 80 年代日本确立“技术立国”战略提供了智力支撑。

教育经费投入的增长，也为研究人员数量的增加和科研成果的创造提供了条件。1985 年至 2000 年，日本研究人员数由 76.28 万人增加到 104.50 万人，增加近 37.0%；2000 年，日本每百万人中研究人员数为 5151.1 人，2010 年为 5152.6 人，2015 年增加到 5230.7 人；从事 R&D 的科学家与工程师人数在 1990～2000 年为 4960 人，居世界首位（见表 9－7）。

9.2.2 日本加速人力资本积聚的经验

9.2.2.1 制定教育法律法规，推动教育发展

为了实现小学义务教育，日本在1872年颁布《学制令》，随后在1886年颁布《小学校令》《中学校令》，1947年出台《教育基本法》《学校教育法》，1949年出台《私立学校法》，1955年前后出台《教育公务员特例法》《义务教育政治中立法规》等。这些法律法规有效配置了日本有限的教育资源，并进一步强化了国家发展教育的意志，从而为日本实现经济跨越式发展及人力资本积累奠定了坚实的基础。

9.2.2.2 加大教育经费投入

日本政府重视教育经费投入，1955年，教育经费总投入为4373.5亿日元，到1965年增加到17881.99亿日元，在这10年间猛增3倍多，年均增长15.12%，超过GDP的增速；到1999年教育经费总投入达到303681.27亿日元，年均增长10.12%，超过GDP的增长速度。近年来，日本全部教育经费支出占GDP的比重由2005年的4.9%提升到2010年的5.1%（见表9-10），公共教育经费支出占GDP的比重由2000年的3.5%增加到2014年的3.6%（见表9-12）；从2000年到2014年，各类生均教育支出占人均国内生产总值的比重也在不断增加，大学生生均教育经费支出占比由17.0%增加到24.6%，中学生由20.3%增加到23.9%，小学生由20.7%增加到22.5%（见表9-9）。另外，日本与美国一样充分利用了社会资源，自1995年至2014年日本教育经费的投入中私费负担不断增加，由33.33%快速增加到2010年的51.52%，2014年稍有下降，为38.89%（见表9-11）。其中，在2000~2014年日本平均高等教育社会投入占高等教育总投入的比重达到62.2%，低于韩国但与美国持平（见表9-14）。不仅如此，日本家庭对子女教育的投入在一般家庭消费中的占比也呈现不断上升的趋势，如1969年家庭教育消费占6%、1990年占比为9.6%、2000年占比为9.9%、2010年占比为10.7%。

9.2.2.3 注重职业技能培训

日本在经济发展中高度重视人力资本投资，其中提升劳动力职业技能

的做法对中部六省开展人力资本培训有很大的借鉴价值。

日本劳动力职业技能培训模式以高水平的学校教育为基础，以职前一般性教育为衔接，以在岗教育和脱岗教育为核心，同时以终身雇佣制和企业内晋升制为制度保障。其培训主要包括两个部分，一是职前教育。日本建立了涵盖小学、中等教育和高等教育的立体职前教育模式，在普通小学和普通初中开设劳动技能课程，并且具有体系完备的职业学校，涵盖了中等教育和高等教育。各种职业学校以市场需求为导向，以就业为前提，在生源、培养目标、职业技能内容等方面各有侧重，但都重在培养学生的基本劳动技能。二是在职教育，也就是企业内培训。在职教育可以提高劳动者的专用职业技能，帮助劳动者快速适应工作，因此非常重要，企业内职业培训是日本职业技能教育的主体。

9.2.2.4　重视技术创新

日本自 1994 年开始从“技术立国”转向“科技创新立国”以来，于 1995 年实施《科学技术基本法》、1997 年出台《国家研究开发评价实施办法大纲指针》，从立法层面为科技创新营造良好的环境。

从国际比较来看，日本科研经费投入总额虽然一直以来仅次于美国，但其支出占 GDP 的比重高于美国，并呈现不断上升趋势，2000 年，日本研究与开发经费支出占 GDP 的比重为 2.9%、2005 年为 3.1%、2015 年为 3.3%（见表 9 - 12）。相应地，日本居民专利申请数量在 2000 年、2010 年和 2016 年分别为 384201 件、290081 件和 260244 件，均居于世界前列；非居民专利申请数量在 2000 年至 2016 年也是处于发达国家前列（见表 9 - 15）。

日本一直把发展教育和培养人才视为科技创新立国的根基，也因此推进了教育发展的现代化，造就了技术创新和人才积聚的优势，从而为其产业结构优化升级不断输送高质量人力资本。

9.3　韩国加速人力资本积聚的经验

9.3.1　韩国产业结构变迁和人力资本积聚

9.3.1.1　韩国产业结构变迁路径

1945 年之前，韩国是没有工业化基础的国家，但是韩国政府较早就认识到技术进步对产业结构优化升级的重要性，各届政府都坚持“教育先行”的人力资源开发战略。20 世纪 50 年代初，为了满足基本物质需求，韩国主要发展食品和轻纺工业。进入 60 年代后，韩国从日本引进先进的技术及设备，开始转向发展劳动密集型产业，逐步转向对外出口的经济发展模式。据统计在 1962～1979 年，韩国从日本引进 494 项技术，占引进技术总数的 65.7%，这也强化了第一、第二、第三产业的快速发展。从 70 年代起，韩国开始注重发展资本密集型产业，重化工业逐渐取代轻纺工业成为主导产业。进入 80 年代，韩国政府在 1986 年制定了《面向 2000 年的科技发展长远规划》，在注重高精尖技术研发的同时，也不断加强对传统产业的技术改造，加速韩国产业向技术密集型方向发展，从而实现了产业结构的高级化。韩国国内人均生产总值在 1995 年达到 10823 美元，突破 1 万美元，人均 GDP 由 1950 年的 854 美元增加到 2014 年的 27971 美元，年均增长率达 5.6%，韩国在短短几十年间依托发展教育逐步形成人力资本优势从而实现经济快速发展。

从表 9－18 和表 9－19 可以看出，1972 年韩国第二产业产值超过第一产业，成为物质生产部门的主导产业，但第一产业和第二产业产值之和依然大于第三产业的产值。1982 年，韩国第三产业产值超过第一、第二产业产值之和，但第一产业产值的比重依然较大。随着第一产业和第二产业产值占比的不断减小，第三产业产值占比快速提高。可见，从 1962 年至 2017 年，无论从产值结构比还是从就业结构来看，第一产业的占比逐步下降，第三产业占比逐渐提高，特别是就业结构中第三产业占比在 2010 年高达 76.4%，这也促使韩国产业结构快速完成高级化。

表 9－18　韩国三次产业产值占 GDP 的比重

单位：%

产业类型	1962 年	1972 年	1982 年	1991 年	2000 年	2017 年
第一产业	40.3	25.2	16.9	8.6	3.9	2.0
第二产业	13.3	26.2	32.0	29.6	34.2	35.9
第三产业	46.4	48.6	51.1	61.8	51.6	52.8

资料来源：《国际统计年鉴 2018》和 2010～2018 年的中国统计年鉴。

表 9－19　韩国三次产业劳动力就业结构分布情况

单位：%

产业类型	1962 年	1972 年	1982 年	1991 年	2000 年	2010 年	2017 年
第一产业	63.1	50.6	32.1	17.0	10.6	6.6	4.9
第二产业	8.7	14.2	21.9	27.2	28.1	17.0	24.8
第三产业	28.2	35.2	46.1	55.8	61.3	76.4	70.3

资料来源：《国际统计年鉴 2018》和 2010～2018 年的中国统计年鉴。

9.3.1.2　韩国人力资本积聚状况

韩国不断加大教育资金投入，加速教育普及，加快人力资本积聚。1953 年后，在经济薄弱的情况下，韩国政府充分调动社会力量办学，力推教育发展。1960 年韩国实现了全民小学教育，1976 年普及初等义务教育，1980 年小学毕业升学率到达 95.8%，初等教育粗入学率达 110%，中等教育粗入学率达 78%，高等教育粗入学率达 15%；到 1995 年，中等教育粗入学率达 101%，高等教育粗入学率达 52%，赶上大多数 OECD 国家的教育发展水平（见表 9－20）。特别是，韩国高等教育的发展相当迅速，粗入学率从 1970 年的 7% 发展到 2005 年的 90.3%，2015 年更是高达 93.3%（见表 9－20），远远高于其他国家的发展水平。据统计，2011 年韩国 25 岁至 34 岁的人口中，拥有大学学位的人数占 64%，远远高于 OECD 国家 39% 的平均水平。

表 9－20　1970～2015 年韩国各级教育粗入学率

单位：%

粗入学率	1970 年	1980 年	1995 年	2005 年	2015 年
初等教育	103	110	95	111.6	97.6
中等教育	42	78	101	93.2	100.2
高等教育	7	15	52	90.3	93.3

资料来源：历年国际统计年鉴。

9.3.2　韩国加速人力资本积聚的经验

韩国在短短 30 年间就能成为“亚洲四小龙”之一，并能在相当长时期内保持经济快速增长，其成功的根源无非就是大力发展教育，重视人力资本积聚对技术创新和经济增长的推动作用。

9.3.2.1 加大教育经费投入

韩国的教育经费投入水平较高，这为其大力发展教育事业奠定了坚实的物质基础。1950 年，韩国公共教育经费投入占 GDP 的比重为 2%①，1969～1975 年，平均每年教育经费投入占 GDP 的比重约为 2.8%，1984 年，韩国教育经费投入占 GDP 的比重高达 13.3%，约为日本和美国的 2 倍，创当时世界的最高纪录。1965～2000 年，韩国中央政府教育预算占中央政府预算的比重非常高，特别是 1990 年以后，基本保持在 20% 以上的水平，在 1996 年高达 24.0%（见表 9－21）。韩国全部教育支出占 GDP 的比重在 2005 年和 2010 年分别为 7.2% 和 7.6%，高等教育支出占 GDP 的比重在 2005 年、2010 年和 2014 年分别为 2.4%、2.6% 和 2.3%（见表 9－10）。韩国政府不仅重视对教育的投入，而且也非常注重利用社会资源发展教育，韩国教育私费负担与政府投入之比在 2000 年和 2005 年均为 69.49%，居世界第一位，远远超过同期的美国和日本，在 2014 年这一比重为 47.06%，仅次于美国 49.25% 的水平（见表 9－11）。特别是，韩国的高等教育以社会投入为主，在 2000～2014 年，平均高等教育社会投入占高等教育总投入的比重为 79.7%（见表 9－14），也居世界第一位。

从学校数量来看，1945 年韩国私立初中占 20%，私立大学占 53%；到 1957 年私立初中占比达到 41%，私立高中占比达 42%，私立大学占比高达 71%，目前，私立大学占比达 85% 以上。

表 9－21 1965～2000 年韩国中央政府教育预算占中央政府预算比重

单位：%

指标	1965 年	1970 年	1980 年	1985 年	1990 年	1995 年	1996 年	1997 年	1998 年	1999 年	2000 年
中央政府教育预算占中央政府预算比重	16.2	17.6	18.9	19.9	22.3	22.8	24.0	23.9	23.3	19.8	20.4

资料来源：2001Brief Statistics of Korea Education，MOE&HRD Republic of Korea，2002.

9.3.2.2 教育改革与经济发展紧密相连

韩国政府认为，教育的发展和经济发展同等重要，这体现在韩国的教

① 田以麟编著《今日韩国教育》，广东教育出版社，1996。

育改革与经济发展紧密联系。

在 20 世纪 50 年代前后，扫盲和普及初等教育成为韩国政府教育和发展经济的工作重点。到 60 年代，韩国大力发展劳动密集型产业，经济发展对劳动力的需求增加，教育改革的重点是普及中等教育和加强职业技术教育，以培养更多的人才，加快韩国工业化进程。到 70 年代，韩国经济发展转向资本密集型重化工业。政府在教育上实行均等化策略，提高中等教育的入学率，同时扩大职业高中招生规模，以满足经济发展对技术型劳动力的需求。此外，韩国制定了“产校协作”和“产学研合作”政策，把科研、生产和人才培养有效结合起来。到 20 世纪 80 年代，以计算机、半导体和通信产业为主的技术和知识密集型产业逐渐成为主导产业，产业转型对各类高素质人力资本的需求量大增，教育改革的重点转移到了科技教育和高等教育上来。到 90 年代，韩国产业结构向知识密集型的第三产业转移，教育改革的重点是提升高等教育质量。进入 21 世纪，面对经济全球化和知识经济的发展，韩国经济发展转向创新推动型增长，提出“国家人力资源发展理念”，实施以人才和知识为导向的国家人力资源发展战略。

根据不同时期经济社会发展的特点，韩国教育改革的侧重点也有所差异，从而使不同层次的人力资本与经济发展相适应，很好地推动韩国产业结构升级。这充分证明了人力资本积聚的质量和数量是经济社会产业结构转换升级的重要力量。

9.3.2.3　构建终身教育体系

韩国能够在过去几十年中实现经济的快速发展，与其终身教育体系的构建密不可分。纵观韩国的终身教育体系，其发展过程大致可以分为以下四个阶段。

（1）成人基本教育的形成期：1945 年至 1950 年。针对当时大多数韩国成人韩文的读写能力及算术能力不佳的情况，韩国教育局制定了许多成人教育方案，用以提高成人的读写算能力，如组织成立中央成人发展协会和韩国青年协会等。1946 年公民训练学校法案的制定，促使主要针对失学民众的公民辅导学校正式被列为教育体系的一支。20 世纪 50 年代中期，由学生发起的针对农民及渔夫的社会启蒙运动，致力于促进全民心智的成长及社会环境的改善。

（2）成人继续教育的初级发展阶段：1960 年至 1970 年。这一时期，韩国经济发展需要相当多的专业劳工，于是政府成立技术学校，同时也强制公司对员工进行内部培训，社会上兴起了许多非正规的技术学校及私立技术训练团体。为了鼓励失学的成人回流到中等教育学校，韩国政府还实行成人的补偿教育，这种回流教育模式使终身教育理念逐渐在民众中推广。70 年代，UNESCO 的终身教育观点正式被引入韩国，1972 年，首尔成立终身教育中心，成人继续教育正成为韩国教育系统不可或缺的一部分。

（3）终身教育制度的巩固阶段：1980 年至 1990 年。韩国政府通过法律规范终身教育制度。20 世纪 80 年代末，在公布的《第五共和国宪法》中，首次出现终身教育，韩国政府明确要推广全民终身教育。1982 年制定《成人及继续教育法案》《社会教育促进法》。在国家法律保障下，韩国逐渐从基础教育发展到高等教育，韩国终身教育制度开始稳定发展。韩国的终身教育分为六种类型：第一种是以学校为基础的成人及继续教育；第二种是为私人设立的学习机构；第三种是在职训练；第四种是志愿性非政府组织；第五种是大众传播媒体，第六种是文化组织发起的教育培训活动。

（4）终身教育制度兴盛阶段：1995 年至今。1995 年，韩国宣布建立开放学习社会，许多重要措施如学分银行制和远距教育等开始实施；1996 年建立新的终身教育法案取代原来的《成人及继续教育法案》，并建立新的教育系统；1999 年制定《终身教育法》，韩国成为世界上第三个拥有终身教育相关法律的国家。2016 年，韩国对学分银行制和学士学位自学考试制度再次进行改革，以适应经济社会发展对终身教育及教育公平的要求。

韩国构建终身教育制度是一个渐进、复杂的过程，不仅需要结合经济社会发展阶段的要求，还需要全社会各类人士的分工与协作。逐步完善的法律制度、中央政府的直接督导、地方政府实质性支持和社会文化机制都是韩国建立终身教育体制重要的基础。

9.3.2.4 激发科研人员积极性的科技体系

韩国在数十年间跻身世界发达国家之列，实现从技术引进模仿期、调整转换期到自主创新期的转变，离不开其科技体系的作用。韩国科技体系的建设既离不开完善的法律法规体系、科技战略规划，也离不开对科研机构的建设和对科技人才的培养。

（1）不断加大科研投入。韩国政府一直注重对科研经费的投入，人均科研经费由 1963 年的 70.4 韩元增加到 1969 年的 183 韩元，自实施“科技立国”政策以来，韩国研究与开发经费支出占 GDP 的比重不断增长，1979 年仅为 0.4%，1986 年为 1.8%，2000 年达 2.2%，2015 年为 4.2%。韩国国家研究计划执行额也逐年递增，由 2012 年的 159.06 亿韩元增加到 2016 年的 190.44 亿韩元。在加大研究与开发经费投入的同时特别注重对基础性研究的投入，2016 年韩国基础性研发投入占总投入的 39%①。不仅如此，韩国还非常注重对科学技术队伍的奖励，韩国是最先提出研发准备金制度的国家。

（2）注重培养科技创新人才。2006 年，韩国首次制定实施“科学技术人才培养与支持基本计划”，这是韩国主要的科技创新人才培养政策，其中大致以 5 年为一个实施周期，重点培养内容随着时代发展而有所改变。第一次人才培养计划聚焦于大学，目的是培养优秀理工科人才，形成优待科技人才的社会风气，实现科技强国。随着创新经济的发展，2010 年韩国第二次人才培养计划从扩大科技人才规模转向培养创新型科技人才，以实现人才强国，提升国家创新能力。在小学、初中和高中阶段，重在提高学生对科学技术的理解及兴趣；在本科及研究生阶段，强调培养学生的实践能力。为了给研究人员提供良好的研究环境，将政府出资的研究机构的各类资源融入教育领域。同时，还努力培养优秀研发型企业。为了更好地应对经济全球化的挑战，培养富有挑战精神的创新型和复合型科技人才，韩国于 2016 年开始实施第三次人才培养计划，重在提高青年人才的就业能力，营造创业友好型教育环境，构建综合人才能力开发系统，实现对各类人才的深度应用，培养优秀的行业领军人物。

（3）注重建设科研机构。经过 50 多年的发展，韩国逐步构建了以公共科研机构、大学和企业为主体的科研机构体系。到 1998 年，国立研究机构共有 74 家，其研究资金的 99.8% 来自政府，韩国公共研究机构在落实国家科技政策中发挥了重要作用。1999 年 1 月，韩国政府为了提高研发效率和充分利用科技资源，出台了《政府资助研究机构的设立、运营及育成法》，以打破政府和政府资助研究机构之间的行政隶属关系。企业研发机构是韩国科技创新的主力军，企业研发支出约占全部研发支出的 75%。为培育具有世界级创新能力的企业研发机构，韩国政府对民间企业的研发活

① 于诚：《韩国创造经济发展战略对广东建设国家科技产业创新中心的启示》，《广东科技》2017 年第 12 期。

动给予财税政策支持，并采取相应措施，扩大对优秀企业研发中心的认证及资助。同时，政府设立仅限于企业与大学联合申请才能获得的基金，鼓励企业与大学、科研机构联合开展研究与技术研发活动，促进知识生产和商业化，这不仅解决了科研机构和大学资金不足的问题，也减轻了政府财政压力，同时又促进了科技水平的提升和社会的进步。

除了以上三方面，韩国于1996年实施能调动科研人员积极性的“以课题为中心”的PBS制度。2009年和2011年，韩国国家技术委员会又对该制度进行优化，将人员经费预算中政府拨款的比重提高到70%左右。为了鼓励企业从事研发活动，政府也实施了各种税收优惠措施，同时，韩国还实施严格的知识产权保护制度，它的发展和完善为韩国技术创新创造了良好的法律环境。

9.4 德国加速人力资本积聚的经验

9.4.1 德国产业结构变迁和人力资本积聚

9.4.1.1 德国产业结构变迁路径

第二次世界大战后德国迅速发展成为世界经济强国，尽管受1997年亚洲金融危机及2009年欧债危机的影响，但德国经济总体保持着不断增长的趋势，人均GDP由1973年的5027美元增长到2017年的44470美元，居世界第二位（见表9-1）。德国经济的快速发展，与政府和企业对技术进步的重视是分不开的。由于德国国土面积狭小、资源匮乏，战后德国依靠加工贸易迅速发展第二产业，到1960年，第二产业的产值比重高达60.7%，远远超过第一和第三产业产值之和。随着经济发展，劳动力成本不断上升，劳动密集型制造业不得不向外大量转移，德国转而发展电子工业、生物技术、信息通信等新兴技术产业，微电子技术产业成为德国在20世纪80年代末的支柱产业。到了20世纪90年代中期，德国的因特网及电子商务发展水平在世界处于领先地位。随着德国产业结构的不断调整，国内生产总值在三次产业结构中的构成也随之发生了巨大变化，第一产业产值占比一直处于下降趋势，第二产业产值占比先快速增长然后也呈现不断下降的态势，而第三产业的产值贡献虽然有小幅波动，但总体呈上升趋势，到2017年占比高达61.9%（见表9-22）。劳动力在三次产业中的转移与国内生产总值在三次产业结构中的变动情况完全一致，完全符合配第 - 克拉克定理，即劳动力在第一、第二产业中的占比不断下降，第三产业中的劳动力处于不断上升趋势。1980 年，德国第三产业中的就业人数占比为 50.3%，开始超过第一、第二产业就业人数占比之和，到 2017 年高达 71.5%（见表 9 - 23），德国逐步实现了产业结构的合理化与高级化。

表 9 - 22　德国三次产业产值占 GDP 的比重

单位：%

产业类型	1950 年	1960 年	1970 年	1980 年	1989 年	1995 年	2000 年	2017 年
第一产业	10.4	6.8	3.4	2.2	2.1	1	1.0	0.6
第二产业	48.9	60.7	53.1	44.8	40.3	54.9	27.9	27.6
第三产业	40.7	32.5	43.5	53	57.6	44	61.4	61.9

资料来源：《国际统计年鉴 2018》和《中国统计年鉴 2018》及方甲（1997）。

表 9 - 23　德国三次产业劳动力就业结构分布情况

单位：%

产业类型	1950 年	1960 年	1970 年	1980 年	1989 年	1995 年	2000 年	2017 年
第一产业	24.6	14	8.6	5.5	3.9	3	2.6	1.3
第二产业	42.9	48.3	49.7	44.2	39.7	32.7	33.5	27.3
第三产业	32.5	37.7	41.7	50.3	56.4	64.3	63.8	71.5

资料来源：《国际统计年鉴 2018》和《中国统计年鉴 2018》及方甲（1997）。

9.4.1.2　德国人力资本积聚

德国对人力资本的有效开发与管理推动了其在第二次世界大战后经济的迅速恢复和快速发展。德国于 1806 年开始实行八年义务教育，1816 年普鲁士小学入学率达到 50%。1885 年开始实行免费义务教育，1864 年普鲁士小学入学率达到 93%，到 1890 年，德国文盲率约为 0.51%，远低于同期欧洲各国水平。当时瑞士文盲率为 0.8%，法国为 9.5%，荷兰为 7.3%，比利时为 13.6%，奥地利为 30.8%，意大利为 41.4%，德国基础教育在欧洲大幅领先①。1946 年联邦德国又开始实行九年义务教育，并树

① 《德国崛起人力资本质量发挥了决定性作用》，360doc 个人图书馆网，2018 年 4 月 5 日，http://www.360doc.com/content/18/0405/18/45199333_743106997.shtml。

立了人力资本是最宝贵的资本的理念，到 1975 年义务教育普及率已达 99.4%。20 世纪 80 年代，为了满足德国企业创新发展对人力资本的需求，德国政府规定，6 岁到 18 岁人口应接受由公立学校实施的义务教育。因此，德国儿童的入学率很高，到 80 年代已有 90% 以上的青年接受十二年制的免费教育。到 2015 年，初等教育和中等教育的粗入学率分别达到 102.4% 和 101.1%。高等教育粗入学率在 1970 年达 13.4% 左右，1996 年达 47.2%，到 2015 年达 66.3%，高于英国和法国（见表 9－5）。并且德国每百万人中研究人员数从 2000 年的 3148.8 人增加到 2015 年的 4431.1 人，增加了 40.7%（见表 9－7）。根据《全球人力资本报告》，2017 年德国人力资本在全球排名第 6，比 2016 年上升 5 个名次。

9.4.2 德国加速人力资本积聚的经验

第二次世界大战后的德国能用 30 多年时间就赶超法国和英国，成为欧洲头号工业强国，在很大程度上得益于科技创新和人力资本的积聚。

9.4.2.1 重视人力资本投资

德国历史学派代表李斯特在《政治经济学的国民体系》一书中提到一个国家的投资应该尽可能多地投入到国民教育中去，这对国家未来生产力的发展是至关重要的，并认为教育投入低、人力资本素质低下，是落后国家经济发展缓慢的重要原因之一。从 19 世纪 20 年代起，德国的教育投资逐年增加，很快便位列欧洲第一。据统计，1880 年德国教育经费占 GDP 的比重为 1.6%，而英法两国占比均为 0.9%；德国 1900 年教育经费占 GDP 的比重增加到 1.9%，英法两国增加到 1.3%；到 1930 年德国教育经费支出占比增加到 4.1%，英国为 2.8%①；2014 年达到 5.3%（见表 9－24），其中高等教育支出占 GDP 的比重达到 1.2%（见表 9－10）。较高的经费投入，使得德国的教育投资率居欧洲前列。除了政府专项资金支持，劳工署每年用于转业、改行培训的费用达 150 亿马克左右。每年德国企业培训费用总计约 260 亿马克，相当于工资总额的 4%。德国 85% 以上的职工受过职业教育，其中受过高等教育的占 25% 左右②。

---

① 赵芬：《公共服务的公平与效率——以美国、日本、德国的基础教育付费机制为例》，华中师范大学硕士学位论文，2008。

② 刘烈龙、张乖利：《西方企业人力资本绩效比较》，《长江论坛》2004 年第 1 期。

表 9－24　1980～2014 年德国教育经费支出占国内生产总值比重

单位：%

国家	1980 年	1985 年	1990 年	1995 年	1996 年	1998 年	2000 年	2005 年	2014 年
德国①	4.7	4.5		4.8	4.8	4.4	4.5	5.1	5.3

注：①1991 年以前为联邦德国。

资料来源：历年国际统计年鉴。

9.4.2.2　面向市场需求的科学教育体系

德国的教育体系由四大支柱构成，即基础教育、高等教育、职业教育和继续教育，其特点是紧密与劳动力市场相结合，保证源源不断地输出高素质劳动力，满足经济发展需要。

（1）个性化发展的基础教育和高等教育。德国教育从中学开始分流，学生可根据自己的特长和兴趣选择国民普通中学、实科中学或文理中学，初步确定未来升学的基本方向。这三类学校特点各不相同，实科中学和普通中学就读年限较短，可以尽早就业，大概有八成的德国学生会选择上这两类学校，而文理中学侧重于理论研究。学生中学毕业后可以进行第二次选择，实科中学毕业的学生大多会选择接受双元制的职业教育，普通中学毕业的学生大多会选择双元制培训或其他职业培训，文理中学毕业的学生大部分进入综合性大学就读。（2）双元制职业教育体系。德国人力资源开发体系中最具特色的就是职业教育。德国接受职业教育的学生在就业之前必须接受 2.5～3 年的职业培训。在培训中，学校和企业合作培养技能人才，学校承担理论教学工作，企业承担操作培训，分别承担培训费用的 2/3和 1/3，学生期满后经过严格考核获得从业资格证书，被培训企业挑选后成为正式员工。该教育体系紧密联系市场，大大提高了德国青年人的劳动技能，降低社会失业率。

9.4.2.3　重视科技创新

教育的发展为科技创新提供了智力支撑与保障，而科技创新则为产业结构的升级提供技术源泉。特别是以“技术立国”为发展战略的国家，无论是引进技术还是自主创新，都需要注重科技发展，不断加大研发投入及对知识产权的保护，才可能完成劳动密集型产业向知识密集型产业的转换，从而确保产业结构的高级化发展。德国相继出台了《德国高技术战略》《数字化战略2025》等科技创新战略。在中国科学技术发展战略研究院发布的《国家创新指数报告（2016－2017）》和世界经济论坛发布的《2017－2018年全球竞争力报告》中，德国的创新能力都居世界前十位，这与德国的高科研投入密不可分。德国研究与开发经费支出占GDP比重自2000年至2015年基本保持在2.5%的水平（见表9－12），其中，德国研发经费投入的90%来源于企业。正是因为对研发的重视，德国的专利申请数名列全球第三，从而确保了德国在很多领域保持技术领先地位。同时，德国也非常重视对知识产权的保护，制定了明确的知识产权战略和管理保护方针。2017年2月，美国商会全球知识产权中心发布的国际知识产权指数报告显示，德国知识产权指数排名仅次于美国，位居全球第二，尤其在“专利相关权利和限制”、“版权相关权利和限制”以及“执法”等项目上排名靠前[①]。

① 王子丹、袁永：《基于典型创新指数的德英法创新能力分析》，《科技管理研究》2020年第1期。

第10章　中部地区加速人力资本积聚的政策选择

21世纪以来，知识经济快速发展，人力资本成为一个国家或者地区自主创新能力提升的根本。在中国经济发展进入新常态的背景下，地区经济增长的路径从增加要素投入数量转换到提升全要素生产率上来，即主要通过人力资本水平的提高实现技术进步和科技创新。当前，我国中部地区的人力资本水平与过去相比有了显著提升，但是与发达地区相比，我国中部地区的人力资本水平仅具有数量优势，而在质量方面还处于劣势，尤其是缺乏高端的专业技术人才和创新型人才。因此，基于当前中部地区人力资本状况和经济社会发展态势，需要将专业化人力资本形成过程与产业结构调整过程相结合，以实现新形势下中部地区经济的稳定、持续、长期增长。

学者们也从不同的角度提出加速人力资本积聚以推动产业结构优化的政策建议。许庆明等（2015）建议打破阻碍城市群经济体中人口等生产要素流动的非市场化壁垒，提高核心城市人口聚集度，推动区域产业结构优化升级。张银银和李凡（2016）提出推动知识的分工、积累和扩散。苏丽锋（2017）提出要加强职业教育，制定的教育改革方案应使专业结构和产业结构相吻合。孙海波等（2017）认为提高人均收入水平是促进地区产业结构升级的有效办法之一。邹璇和杨雪（2018）提出优化教育结构、提高人力资本，为产业结构优化提供智力保障。李敏等（2020）批评各地政府的“人才大战”，指出各地政府须从自身经济结构、资源条件等实际出发，制定适合产业发展的人才政策。

10.1 大力培养高端人才

10.1.1 注重培养本土高端人才

高端人才主要是指创新型人才，即从事技术创新或者管理创新的高层次人才。中部地区产业转型升级必须有一批高端人才为支撑。完善人才培养机制、营造良好的人才成长环境是让中部地区保持经济活力、实现产业转型升级的保障。教育是人力资本形成的主要途径，中部地区的地方政府要加大对于教育经费的财政性支出，提高人力资本投资强度；拓宽教育领域的投资渠道，吸引社会资本投资教育事业，实现人力资本投资主体的多元化；普通教育和职业教育并重，不断优化人力资本结构；采取多种措施发展高等教育，提升中部地区高层次人才的创新能力，为中部地区经济发展提供人力资本支持。

人力资本只有与当地产业结构、区域经济发展模式相匹配，才能提高当地经济发展水平（生延超和周玉姣，2018）。推进产业结构转型升级的关键在于技术进步，而技术进步的关键在于人力资本积聚。整体来说，虽然中部地区近年来人力资本的增长趋势比较明显，但基本上处于低端人力资本增长阶段，高端人力资本的增长很有限。我国中部地区在经济发展水平上落后于东部沿海地区，居民收入水平和生活水平也低于东部沿海地区，中部地区对人才的吸引力也比不上东部沿海发达地区，因此，中部地区必须通过提高教育水平来培养大批高层次人才。

10.1.2 大力发展高等教育

一个地区的高等教育发展水平，常常用这一地区拥有的高水平高等院校的数量来衡量。表 10 - 1 展示了中部六省拥有高水平大学的数量情况。中部六省拥有的原“985 工程”院校、原“211 工程”院校和“双一流”建设高校分别为 6 所、17 所和 17 所，占全国的 15.4%、14.7% 和 12.1%。中部六省的人口数量约占全国总人口的 27%，高水平大学数量与人口数量是极不相称的。尤其是山西、江西、河南三个省，均没有原“985 工程”院校，原“211 工程”院校每个省也均只有 1 所，“双一流”建设高校三个省加起来才有 4 所。

表 10－1　中部六省拥有高水平大学的数量

单位：所

省份	原“985 工程”院校	原“211 工程”院校	“双一流”建设高校
安徽	1	3	3
山西	0	1	1
江西	0	1	1
河南	0	1	2
湖北	2	7	7
湖南	3	4	3
合计	6	17	17

资料来源：中华人民共和国教育部政府门户网站历年教育统计数据。

缺乏优质高等教育资源对中部地区人力资本积聚会产生多方面的不利影响。第一，本地高端人才少。一方面，各个高校在招生上都是向本省生源倾斜，导致中部地区的高中毕业生考入高水平大学的比重明显偏低。河南尤其突出，几乎每年的考生数量都位居全国前列，而重点院校在河南的招生数量很有限，导致很多优秀的高中毕业生不能进入名校就读。另一方面，硕士培养学位点、博士培养学位点主要集中在“双一流”建设高校，普通院校的硕士培养学位点和博士培养学位点很少，招生数量也很少。中部六省中除了湖北的情况比较好一点之外，其他五个省份由于重点高校数量偏少，培养的硕士、博士等高端人才数量很少，中部地区的许多用人单位必须到北京、上海、江苏、浙江等高等教育发达的省份去招揽人才。第二，中部地区的优秀人才大量流失。由于本地的优质高等教育资源缺乏，许多优秀的高中毕业生需要到外地才能上名校，许多本地毕业的优秀本科生也到外地读研，他们中的很多人在学成毕业之后直接就在外地工作了，这也导致中部地区优秀人才的大量流失。

中部地区要提升高等教育水平，首先要增加政府投入，加快建设一批高水平大学。与高等教育水平发达的地区相比，中部地区大部分高校在获取中央政府的财政补贴方面处于劣势地位，因此，中部地区的地方政府一定要增加对于高等教育的财政支持，下大力气提升高校的层次和质量，推进综合性高水平大学建设。对于目前为数不多的“双一流”大学，要做好学校的长远规划，瞄准那些具有较好基础和发展前景的学科，进一步做精、做强、做大，将学校打造成地方高层次人才培养的基地。对于高水平大学，要加强评估监督，引导学校把发展重点放在学科建设和高层次人才培养上。其次，要改革地方政府对于高水平大学的管理方式，最大限度地简政放权。中部地区的地方政府对高等院校的人才引进、专业设置、学科建设等方面干预较多，导致高等院校办学模式僵化，活力不强。对此，地方政府要不断扩大和落实高校的办学自主权、取消和下放冗余的行政审批权限，减少行政干预，充分激发高校创办高水平大学的主动性。对于中部地区大量的非“双一流”高校，一定要根据学校的学科专业优势和地方经济发展对于人才的需求状况，争取打造具有优势和特色的学科和专业，把有限的资金用于改善办学条件和提高师资待遇，稳定高校教师队伍，提高办学水平和教育质量，为地方经济发展服务。

10.1.3 科研与人才培养相结合

提升中部地区的高等教育水平，还要重视科学研究和技术开发对于人才培养的作用。首先，要紧扣中部地区产业发展的需要设置培养方向和培养目标，不断调整高等院校的专业设置，加强本地区重点高校、重点学科、重点实验室的建设，注重学生的科学研究和技术开发能力的培养，尤其注重培养大批复合型的高层次人才和适应先进制造业和现代服务业发展的人才。其次，研究生教育是培养高端人才的重要方式，因此要重视培养研究生的科学研究和技术研发能力。做好研究生教育，培养更多的创新人才，是当前提升人力资本水平的重要抓手。研究生教育，一要做大，二要做强。所谓“大”，即扩大招生规模，所谓“强”，指的是提高质量和水平。最后，要重视创新型人才的培育，在科学研究和技术研发的过程中培养创新型人才，为科技创新增活力，为产业转型升级添动能。既要注重科研精英层的培养，也要建立与国际接轨的科研能力认证体系。要加快创新科研管理体制与成果评价机制，加快建立与完善以市场需求和预期经济社会效益为主导的市场竞争机制，尤其是第三方评价机制。通过对科研成果和科技人才的合理评价，让高水平科研成果和高层次人才得到社会的认可，让高端人才更有动力专注于科学研究和技术研发，为产业转型升级提供智力支持。

10.2　培养大批技能型人才

10.2.1　积极借鉴发达国家和地区经验

技能型人才主要是指掌握了一定操作技能的普通劳动力，他们是劳动力队伍中的中坚力量，是中部地区产业转型升级的重要支撑。从发达国家和地区的发展经验来看，普通劳动者的素质和技能水平决定着地区产业结构的优化升级能否顺利实现。中部地区经济发展需要大批具备一定职业素养、掌握一定操作技能的一线员工，然而，目前中部地区的劳动者能力与市场需求不相适应。由于人才培养和市场需求相脱节，中部地区人力资本对产业结构升级的促进作用并不大，导致中部地区技术进步对产业结构升级的作用有限（阳立高等，2018）。针对当前中部地区职业教育发展比较落后的状态，中部地区各级政府应借鉴德国、英国等发达国家的经验，完善教育体系，建立职业教育与普通教育、职业教育内部各层次间的衔接机制，使劳动者能根据自己的意愿和社会需求，构建学习路径和成长道路（杨晓锋和赵宏中，2013）。具体来讲，可以参考德国的做法，利用补习学校架起职业教育和普通教育的桥梁，利用职业教育和企业继续教育，促使中学毕业生迅速成长为适应产业发展的职业人。当然，英国的经验也值得借鉴，即把课程作为互通点，实现职教体系与普教体系的互联互通，如达到一定资质标准的技工，通过过渡课程的学习，也能获得进入普通高等学校深造的机会。

2019 年 1 月，国务院出台了《国家职业教育改革实施方案》，认为职业教育与普通教育具有同等重要的地位，提出要通过完善国家职业教育制度体系、构建职业教育国家标准、促进产教融合及校企“双元”育人、建设多元办学格局、完善技术技能人才保障政策和加强职业教育办学质量督导评价等措施来进一步办好新时代的职业教育。中部地区各省应当利用这一改革契机，充分领会改革方案的精神，结合地区实际来制定本地区的职业教育改革方案，推动职业教育发展。事实上，中部地区近年来也比较重视职业教育，也有一些比较成功的案例。例如，于 2009 年底启动建设的湖南（株洲）职教科技园，至 2019 年底已有湖南有色金属职业技术学院、湖南工贸技师学院、湖南铁路科技职业技术学院等 9 所职业院校开始招生办学，园区有专职教师3500余名，其中教授108名、副教授976名、博士27名，国家教学名师、技能大师50余名，年均培训学生10万人，已经成为全国职业技术创新创业基地和中部地区职业教育创新之都。但是，像这样有一定规模的职业教育培训基地在中部地区并不多，每年培养的技能型人才也远不能满足中部地区经济发展的需要。未来中部地区还需要创办更多的职业培训学校和培训基地，以支撑中部地区产业结构转型升级。

10.2.2 发挥民间资本的作用

要想发展壮大职业教育，就必须加大政府财政投入力度，同时还需要民间资本的参与。目前，我国政府对于民间资本投入教育领域是鼓励和支持的，各地都出台了相关的优惠措施，民间资本可以在学前教育、基础教育、高等教育、职业教育等多个领域进行投资。政府鼓励和引导社会力量兴办教育，既扩大了教育资源的有效供给，也满足了社会公众多层次的教育需求，民办教育未来一定会成为教育事业的重要组成部分。

10.3 完善人才引进和服务体系

10.3.1 适度提高人才引进门槛

近年来，随着我国产业转型升级步伐的加快以及区域之间产业竞争的加剧，各地政府在加大招商引资力度的同时，对人才引进工作也给予了高度重视，纷纷出台人才引进政策，区域间的人才竞争日益激烈。近年来区域之间对于人才的争夺扩大到全国范围，各省的省会城市纷纷加入人才抢夺大战，中部六省的省会城市也都出台了本地的人才引进政策。由表10-2可知，各地对于人才引进的力度都是非常大的。降低落户门槛、给予租房和购房补贴是这些地区普遍采取的人才引进政策，这些政策有利于推动人力资源在区域之间的合理流动，并有助于促进区域之间的均衡发展。

中部地区各省会城市的人才引进政策也存在一些明显的不足，一是引进人才的门槛普遍较低，这可能会影响到引进人才的整体质量。若引进的人才数量很大，但是高质量人才很少，那么引进的人才对当地经济社会发展的推动作用可能并不显著。二是人才引进政策太粗放，没有结合本地的产业发展方向和不同行业人才的稀缺程度进行精准引进，这会给后续的人才使用带来问题，有可能发生稀缺的人才没有引进来的不良后果。因此在人才引进环节，中部六省需要把政策制定得更精细，一方面要适当提高人才引进门槛，一些稀缺专业人才可以零门槛引进，对于那些并不稀缺的专业人才，可以提高引进门槛，只引进本领域的拔尖人才；另一方面要把人才引进工作与当地的产业发展方向、地区经济发展规划相结合。政府人事部门提前进行人才需求情况调查，准确了解当地对于人才的需求情况，做到人才的精准引进，这样既能够降低人才引进的支出，又有利于引进来的人才发挥作用。人才引进是一项系统工程，上面的这些政策仅仅是引进人才的第一个环节，如果后续对于人才的服务工作没做好，在人才的使用、评价等方面没有完善的配套政策，也很可能会导致人才引进来却留不住。

表 10－2　中部六省省会城市的人才引进政策

省会城市	发布时间	落户门槛	租房补贴	购房补贴
长沙	2017 年 6 月 29 日	毕业两年内的全日制本科及以上高校毕业生	发放 2 年，博士 1.5 万/年；硕士 1 万/年；本科 0.6 万/年	首次购房：博士 6 万元、硕士 3 万元
武汉	2017 年 10 月 11 日	博士、硕士、本科和专科毕业生，不满 40 周岁	大学毕业生以低于市场价 20% 买房、租房	
郑州	2017 年 11 月 23 日	高校毕业生、职业（技工）院校毕业生、留学归国人员和技能人才	发放 3 年，博士 1500 元/月；35 岁以下的硕士 1000 元/月；35 岁以下本科、技师 500 元/月	首次购房，博士 10 万元、硕士 5 万元、“双一流”建设高校本科毕业生 2 万元
太原	2018 年 2 月 3 日	世界排名前 200 的世界一流大学和“双一流”高校的全日制博士研究生、硕士研究生、紧缺专业的本科生，且签订不少于 5 年的服务合同	博士 5000 元/月；硕士 3000/月；紧缺专业的本科生 1500/月	首次购房，博士 20 万元、硕士 10 万元、紧缺专业的本科生 5 万元
合肥	2018 年 4 月 26 日	高职及以上应届毕业生；留学归国人员；研究生以上学历；年龄 40 周岁以下本科生；中级及以上专业技术人员；高级工（国家职业资格三级）及以上高技能人员	博士 2 万/年；35 岁以下的硕士 1.5 万/年；毕业 3 年内本科、大专、高职毕业生 0.6 万/年	
南昌	2018 年 5 月 2 日	中专及以上高校毕业生	发放 3 年，博士 1500 元/月；硕士 1000 元/月；本科生和技师 500 元/月	毕业 5 年内，在工业园区内企业工作，首次购房补贴博士 10 万元、硕士 6 万元

资料来源：各个城市的政府网站。

10.3.2 促进人才服务机构发展

与沿海发达地区相比，中部地区各省份在人才引进方面处于劣势，一是为人才提供的福利待遇很难赶上北上广深等一线城市，二是人才未来的发展机遇也很可能比不上沿海发达地区。但是中部地区可以通过为人才提供良好的服务把人才留下来并利用好，因此，培养高水平的人才服务机构、完善人力资源服务政策，是中部地区做好人才引进工作的关键。

一是要培育一批人力资源服务机构，大力发展人力资源服务业。在市场经济条件下，完善的人才市场有助于消除供求双方的信息不对称，做到人尽其才、才尽其用。而成熟的人力资源服务机构能够向供求双方提供全面的信息和服务，既能够促进人才流动到合适的岗位，也能够让用人单位引进到合适的人才。同时，人力资源服务机构能够提高人力资源服务行业的运行效率，有助于促进区域人才聚集。中部地区各省目前的人力资源服务业还比较落后，在人力资源配置中的作用还很有限。当前应当大力培育一批人力资源服务机构，支持那些管理比较规范、市场认可度高、经营业绩较好的人力资源服务企业进一步发展壮大，借鉴发达国家和发达地区人力资源服务机构的成熟经验，提高人力资源服务能力，完善人力资源市场。在做好国内人力资源服务的同时，还可以把人力资源服务市场从国内扩展到全球，培育全球性人力资源服务机构，以全球化视野招聘人才，充分利用好国内国际两个市场、两种资源。

二是出台支持人力资源服务业发展的产业政策，促进人力资源服务业的产业化发展。人力资源服务产业属于生产性服务业，是地区经济发展的基础性产业。目前中部地区人力资源服务业还处于初级发展阶段，产业化发展水平低、规模小、专业人才不足、盈利能力低。中部地区各省份可以根据本省实际，支持建设人力资源服务产业园，鼓励各类人力资源服务机构进驻产业园，形成完善的人力资源服务链；通过税收优惠、奖励、补贴等措施支持绩效较高的人力资源服务机构发展，鼓励发达地区的人力资源服务机构在中部地区设立办事机构或者建设区域性总部，引进人力资源服务领域的高端人才，提升人力资源服务机构的国际化、专业化水平。

10.3.3 积极引进国际人才

近年来，尽管以美国为首的西方发达国家为了本国的短期利益大搞贸易保护主义，使经济全球化的发展进程受到了阻碍，但是从长远来看，经济全球化的大趋势是不会改变的。经济全球化的进程与人才国际化的进程“结伴而行”，大力开发利用国际人才也将有力促进我国经济发展。随着近年来我国经济发展水平的提高和居民生活水平的不断改善，我国每年引进的高端人才数量快速增长，这在很大程度上缩小了我国与发达国家在高端人才拥有量方面的差距。与我国发达地区相比，中部地区在开发利用国际人才方面比较落后，引进的高端人才数量较少。在全国都在大力开发利用国际人才的大背景下，中部地区要抓住这一机遇，推行全球化人才战略，从全球范围内吸纳人才，挖掘境内外高端人才。

一是要加快建设国际化的人力资源服务市场。中部地区各省份要加大力度引进国际上知名的人力资源服务企业到中部地区设立分公司或者办事处，充分利用其的优势，为中部地区引进国际高端人才。鼓励本土人力资源服务企业加快速度开发国际业务，通过与全球性猎头公司合作，推进人才发现机制和人才引进方式与国际接轨。同时，地方政府的人事部门要积极对接我国和本省的驻外机构，发挥中部省份驻国外办事处的作用，跟进和了解海外专家的动态，尤其是海外的华人专家，与他们经常保持联系，宣传国家和省内的人才政策，在合适的机会将他们引进到中部地区。

二是为国际人才提供更加宽松和自由的工作生活环境。借鉴发达国家和发达地区吸引高端人才的经验，完善国际人才来中部省份工作的准入、监管和法律保障体系，免除他们的后顾之忧；重点引进技术专家、学术带头人、熟悉国际市场运作规律的管理人才；另外，鼓励海外归国人员创新创业，在创业方面提供绿色通道。

10.4　统筹以产业为导向的人才集聚

10.4.1　扶持平台载体

中部地区在产业发展和技术研发方面存在明显的短板，就是缺乏创新型领军人才和创新型工作团队，这也导致了中部地区在经济发展方面一直落后于东部发达地区。创新型领军人才及团队的引进，将直接推动关键核心技术的突破，促进高新技术产业和战略性新兴产业的快速发展，有可能帮助落后地区实现弯道超车，快速实现产业结构转型升级。同时，创新型人才的引进，有可能会产生一定的示范效应，吸引其他高层次人才也到中部地区来工作，产生人才的积聚效应。因此，中部地区一定要加大力度引进高层次人才。

引进高层次人才，一定要为高层次人才量身打造能够充分发挥其作用的工作平台，没有合适的平台，高层次人才的作用只能停留在纸上，而不能落到实处。中部地区在高水平工作平台方面的建设远远落后于北上广深等一线城市。因此，中部地区应当加大力度，建设一批高水平工作平台，如国家重点实验室、国家工程（技术）研究中心、博士后流动站等，同时发挥大型企业的作用，为高端人才提供合适的工作岗位，让人才切实发挥引领作用。

10.4.2 发挥产业集群优势

产业集群内有大量的相关企业和机构，因此产业集群的存在有助于提升集群内的人力资本水平。产业集群内人员之间的相互交流与合作，也更容易产生新知识。只有充分发挥产业集群优势，才能最大限度挖掘人力资本的知识溢出效应，提高人力资本存量利用率。产业集群优势的激发，还需不断提高创新能力，加大产业集群的创新溢出效应；重视品牌培育，吸引优质投资。

中部地区目前已经存在不少具有一定规模的产业集群，但是产业集群的发展层次还比较低。一是集群内的产业链条不够完整，很多集群缺乏核心零部件的生产能力，如河南省郑州市的汽车及零部件产业集群，虽然每年生产汽车的数量很大，但是集群内没有汽车发动机生产企业，汽车发动机需要到国内其他地区甚至国外购买，这在很大程度上影响了汽车产业集群的竞争力。二是产业集群的创新能力不足，很多产业集群中的企业缺乏创新意识和创新能力，导致产品之间的相似性非常高，常常引起企业之间的恶性竞争，不利于产业集群的良性发展。中部地区产业集群发展壮大的路径之一是承接来自东部沿海发达地区的产业转移。从地理区位来看，中部各省与长三角、珠三角、京津冀的地缘关系密切，中部地区应当把握发展机遇，实现多方位对接。从产业布局来看，中部地区具备承接国内外产业转移的基础和条件。武汉在集成电路、光电子信息、汽车、大健康、数字、航空航天、智能制造及高端装备、新能源与新材料等产业方面具备一定的优势；长沙把机械、汽车、航天航空、轨道交通、化工、电子信息、食品、纺织等产业作为优先承接转移的目标产业；郑州依托郑东新区、港区、经开区、高新技术开发区等产业集聚区，航空物流、机械、建材、煤炭、制药、化工、生态旅游等产业发展态势良好。有了发展良好的产业集群，就会吸引外部人才来中部地区工作，也会推动产业集群的进一步发展，进而带动中部地区产业结构转型升级。

10.5　加强人才交流与合作

10.5.1　加强城乡之间的人才交流与合作

我国存在着明显的城乡差距，中部地区城乡之间的发展差距更为明显，大城市、中小城市和农村地区之间存在着一定的人才梯度，大城市的人才密集度高、高层次人才多，中小城市的高层次人才相对较少；而在农村地区，高层次人才和高素质劳动力更为稀少，这种人力资本分布的不均衡在很大程度上决定了区域之间产业发展水平的差距和居民收入的差距。让人力资本密度比较高的区域对人力资本密度比较低的地区进行技术帮扶和智力帮扶，有助于充分发挥人才的作用，并推动落后地区的经济发展和产业结构转型升级。在改革开放初期，上海市的“星期天工程师”曾经引发全社会关注。在当时，上海一些国有大中型企业的技术人员，趁周末休息的时间到上海市周边的乡镇企业进行技术指导，这种做法有力地促进了长三角地区乡镇企业的发展。

目前我国在城乡人才交流方面有一些成熟的做法，例如，从大城市的高学历人才中选派博士服务团和科技副县（市、区）长到基层挂职锻炼，选派政府机关和国有企事业单位的青年人才到农村担任党组织负责人等，这些有知识、有文化的年轻人，到了基层或农村之后，用自己的专业特长指导或帮扶当地的产业发展，取得了很好的成效。中部地区各省在政府部门的统一安排和协调下，在上述这些方面的工作也做得很成功，但是目前人才交流和合作开展得还不够广泛和深入。地方政府需要建立人才交流和合作的机制和平台，鼓励企事业单位之间、地区之间的人才流动，如鼓励大学教授到企业兼职，或者企业的人才到高等院校兼职等；更好地发挥人才市场的作用，推动人才的长期和短期的交流与合作，更好地发挥各级各类人才的作用，促进区域经济均衡发展和产业结构转型升级。

10.5.2 加强省域之间的人才交流与合作

与我国沿海发达地区相比，中部地区的高端人才比较稀缺。因此，为充分发挥高端人才的作用，中部六省之间要加强高端人才的交流与合作，共享高端人才。但是现实是中部六省之间的竞争大于合作，各省份都为了本省的人才队伍建设和经济发展，大力从其他省份抢夺高端人才，这种现状不利于充分发挥人才的作用，也不利于区域经济均衡发展。中部地区六省之间要达成共识，要有团队意识和共同发展的理念，树立人才共享意识，建立共享高端人才的机制和平台，缩小地区间人力资本水平的差距，鼓励和引导省与省之间的人才流通，加强人才交流与合作，打破人才流动的壁垒，进一步发挥人力资本空间溢出效应对邻近省份经济增长的推动作用，实现中部六省之间的均衡发展。从人才交流与合作的微观机制来看，省域之间要强化产业对接、人才对接，引导人力资本合理流动，努力实现区域之间的产业与技术协同发展，力争使中、高级人才的流动能够满足区域产业结构发展的需要，从而有效推动区域经济协调发展和产业结构优化升级。

参考文献

[1] Alessandra, F., and Philip, M., "Universities, Agglomerations and Graduate Human Capital Mobility", *Journal of Economis and Social Geography*, 2009 (100): 210-223.

[2] Amin, M., Mattoo, A., "Human Capital and the Changing Structure of the Indian Economy", *Policy Research Working Paper*, 2008.

[3] Anselin, L., *Spatial Econometrics: Methods and Models* (Kluwer Academic Springer, 1988), pp. 80-86.

[4] Antonio Ciccone, Giovanni Peri, "Identifying Human-Capital Externalities: Theory with Applications", *The Review of Economic Studies*, 2006 (73): 394.

[5] Audretsch, D. B., Feldman, M. P., "R&D Spillovers and the Geography of Innovation and Production", *The American Economic Review*, 1996 (3): 630-640.

[6] Aurora, A. C., Teixeira A. and Anabela, S. S., et al., "Economic Growth, Human Capital and Structural Change: A Dynamic Panel Data Analysis", *Research Policy*, 2016 (45): 1636-1648.

[7] Baldwin, R. E., Forslid, R., Martin, P., Ottaviano, G. I. P., Robert-Nicoud, F., *Economic Geography and Public Policy* (Princeton University Press, 2003), pp. 59-64.

[8] Baron, R., Kenny, D., "The Moderator-Mediator Variable Distinction in Social Psychological Research: Conceptual, Strategic, and Statistical Considerations", *Journal of Personality and Social Psychology*, 1986 (51): 1173-1182.

[9] Barro, R. J., Lee, J. W., "International Data on Ed-ucational Attainment Updates and Implication", *NBER Working Paper NO. w9911*, 2000.

[10] Becker, G. S. , Murphy, K. M. , "The Division of Labor, Coordination Costs, and Knowledge", *The Quarterly Journal of Economics*, 1992 (4): 1137 - 1160.

[11] Birdsall, N. , and Londono, L. , "Asset Inequality Matters: An Assessment of the World Bank's Approach to Poverty Reduction", *American Economic Review*, 1997 (2): 32 - 37.

[12] Caselli, F. , Coleman, Ⅱ. , Wilbur, J. , "The U. S. Structural Transformation and Regional Convergence: A Reinterpretation", *Journal of Political Economy*, 2001, 109 (3): 584 - 616.

[13] Castello, A. and Domenech, R. , "Human Capital Inequality and Economic Growth: Some New Evidence", *The Economic Journal*, 2002 (112): 187 - 200.

[14] Coe, D. T. , Elhanan, H. , "International R&D Spillovers", *European Economic Review*, 1995, 39 (5): 859 - 887.

[15] Drucker, J. , Feser, E. , "Regional Industrial Structure and Agglomeration Economies: An Analysis of Productivity in Three Manufacturing Industries", *Regional Science and Urban Economics*, 2012: 1 - 14.

[16] Ellison, G. , Glaeser, E. L. , "Geographic Concentration in US Manufacturing Industries: A Dartboard Approach", *Journal of Political Economy*, 1997, 105 (5): 889 - 927.

[17] Ernst, D. , "Upgrading through Innovation in a Small Network Economy: Insights from Taiwan's IT Industry", *Economics of Innovation & New Technology*, 2010: 295 - 324.

[18] Ferstl, R. , "Spatial Filtering with Eviews and MATLAB", *Austrian Journal of Statistics*, 2007 (36): 17 - 26.

[19] Forslid, R. , "Agglomeration with Human and Physical Capital: An Analytically Solvable Case", *CEPR Discussion Paper*, 1999.

[20] Forslid, R. , Ottaviano, G. I. P. , "An Analytically Solvable Core: Periphery Model", *Journal of Economic Geography*, 2003 (3): 229 - 240.

[21] Fujita, M. , Thisse, J. F. , "Dose Geographical Agglomeration Foster Economic Growth? and Who Gains and Lose from It?", *The Japanese Economic Review*, 2003 (2): 121 - 145.

[22] Gereffi, G., "International Trade and Industrial Upgrading in the Apparel Commodity Chain", *Journal of International Economics*, 1999 (1): 37 - 70.

[23] Getis, A., Griffith, D. A., "Comparative Spatial Filtering in Regression Analysis", *Geographical Analysis*, 2002 (34): 130 - 140.

[24] Getis, A., Ord, J., "The Analysis of Spatial Association in Use of Distance Statistics", *Geographical Analysis*, 1992 (24): 189 - 206.

[25] Glaeser, E. L., "Learning in Cities", *Journal of Urban Economics*, 1999, 46 (2): 254 - 277.

[26] Glaeser, E. L., Resseger, M. G., "The Complementarity between Cities and Skills", *Journal of Regional Science*, 2010 (1): 221 - 244.

[27] Griffith, D. A, "A Linear Regression Solution to the Spatial Autocorrelation Problem", *Geographical Analysis*, 2000 (2): 141 - 156.

[28] Grossman, G. M., Krueger, A. B., "Economic Growth and the Environment", *The Quarterly Journal of Economics*, 1995 (2): 353 - 377.

[29] Hausmann, R., Hwang, J., Rodrik, D., "What You Export Matters", *Journal of Economic Growth*, 2007 (1): 1 - 25.

[30] Head, K., Ries, J., "Rationalization Effects of Tariff Reductions", *Journal of International Economics*, 1999, 47 (2): 295 - 320.

[31] Helsley, R. W. and Strange, W. C., "Agglomeration Economies and Matdhing in a System of Cities", *Regional Science and Urban Economics*, 1990 (20): 189 - 212.

[32] Helsley, R. W. and Strange, W. C., "Agglomeration Economies and Urban Capital Markets", *Journal of Urban Economics*, 1991 (9): 96 - 112.

[33] Henderson, V. J., Kuncoro, A. and Turner, M., "Industrial Development in Cities", *Journal of Political Economy*, 1995 (103): 1067 - 1085.

[34] Herrendorf, B., Schoellman, T., "Wages, Human Capital, and Structural Transformation", *American Economic Journal: Macroeconomics*, 2018 (2): 1 - 23.

[35] Jacobs, J., *The Economy of Cities* (Vintage, 1969), pp. 56 - 60.

[36] Joshua, D., Edward, F., "Regional Industrial Structure and Agglomer-

ation Economies: An Analysis of Productivity in Three Manu Facturing Industries", *Regional Science and Urban Economics*, 2012 (42): 1 – 14.

[37] Keith Head, John Ries, "Rationalization Effects of Tariff Reductions", *Journal of International Economics*, 1999 (47): 295 – 320.

[38] Krugman, P., *Geography and trade* (MIT Press, 1991), pp. 76 – 80.

[39] Lewis, W. A., "Economic Development with Unlimited Supplies of Labour", *The Manchester school*, 1954 (22): 139 – 191.

[40] Lima, R. A. D., "Book Review-Upgrading to Compete: Global Value Chains, Clusters and SMEs in Latin America", *RAC: Revista de Administração Contemporânea*, 2009 (3): 522.

[41] Lucas, R. E., "On The Mechanics of Economic Development", *Journal of Monetary Economics*, 1988 (1): 3 – 42.

[42] López, R., Thomas, V., Wang, Y., "Addressing the Education Puzzle: The Distribution of Education and Economic Reform", *World Bank Policy Research Working Paper*, 1998.

[43] López-Bazo, E., Vayá, E., Artís, M., " Regional Externalities and Growth: Evidence from European Regions", *Journal of Regional Science*, 2004 (44): 43 – 73.

[44] Mayr, K., Peri, G., "Return Migration as a Channel of Brain Gain", *NBER Working Papers*, 2008.

[45] Nicola, G., Rafael, L. P., Florencio, L., and Andrei, S., "Human Capital and Regional Development", *Quarterly Journal of Economics*, 2013 (128): 105 – 164.

[46] Pede, V. O., Florax, R. J. G. M., de Groot, H. L. F., "Technological Leadership, Human Capital, and Economic Growth: A Spatial Econometric Analysis for U. S. Counties, 1969 – 2003", *Annales d. Economie et de Statistique*, 2007: 103 – 124.

[47] Poon, T. S. C., "Beyond the Global Production Networks: A Case of Further Upgrading of Taiwan's Information Technology Industry", *Technology and Globalisation*, 2004: 130 – 145.

[48] Rafael Almeida de Lima, "Upgrading to Compete: Global Value Chains, Clusters and SMES in Latin America", *Journal of contemporary Adminis-*

tration, 2009 (13): 522 -523.

[49] Ram, R., "Educational Expansion and Schooling Inequality: International Evidence and Some Implications", *The Re-view of Economics and Statistics*, 1990 (2): 266 -274.

[50] Rauch, J. E., "Productivity Gains from Geographic Concentration of Human Capital: Evidence from the Cities", *Journal of Urban Economics*, 1993 (34): 380 -400.

[51] Richardson, H. W., *The Economics of Urban Size* (Saxon House, 1973), pp. 78 -96.

[52] Robert-Nicoud, F., "A Simple Geography Model with Vertical Linkages and Capital Mobility", *London School of Economics*, 2002.

[53] Rodrik, D., Subramanian, A., "Why India Can Grow at 7 Percent a Year or More: Projections and Reflections", *Economic & Political Weekly*, 2004 (16): 1591 -1596.

[54] Romer, P. M., "Increasing Returns and Long-Run Growth", *Journal of Political Economy*, 1986 (94): 1024.

[55] Rosthal, Richard A., "Measures of Disparity. A Note", *ERIC*, 1978.

[56] Rostow, W. W., *The Stages of Economic Grouth* (Cambridge Press, 1960), pp. 34 -38.

[57] Rotemberg, J. and Saloner, G., "Competion and Human Captial Accumulation: A Theory of Interregional Specialization and Trade", *Regional Science and Urban Economics*, 2000: 373 -404.

[58] Schultz, T. W., "Investment in Human Capital", *The American Economic Review*, 1961 (1): 1 -17.

[59] Sheret, M., "Evaluation Studies Equality Trends and Comparisons for the Education System of Papua New Guinea", *Studies in Educational Evaluation*14, 1988: 91 -112.

[60] Simon, C. J, Nardinelli, C., "The Talk of the Town: Human Capital, Information, and the Growth of English Cities, 1861 to 1961", *Explorations in Economic History*, 1996 (33): 384 -413.

[61] Tabuchi, T., Thisse, J. F., "Taste Heterogeneity, Labor Mobility and Economic Geography", *Journal of Development Economics*, 2002 (1):

155 – 177.

[62] Takatoshi Tabuchi, Jacques Francois Thisse, "Taste Heterogeneity, Labor Mobility and Economic Geography", *Journal of Development Economics*, 2002 (69): 155 – 177.

[63] Valerien, O. P, Raymond, J. G. M, Henri, L. F., "Technological Leadership, Human Capital, and Economic Growth: A Spatial Econometric Analysis for U. S. Counties, 1969 – 2003", *Annals of Economics and Statistics*, 2007: 103 – 124.

[64] 白婧、冯晓阳:《人力资本对产业结构高级化发展的实证检验》,《统计与决策》2020 年第 4 期，第 67 ~ 71 页。

[65] 柏培文:《中国劳动要素配置扭曲程度的测量》,《中国工业经济》2012 年第 10 期，第 19 ~ 31 页。

[66] 彼得罗·塔西亚、曹宇莲:《人力资本理论的发展：基于经济史视角》,《北京大学教育论》2020 年第 1 期，第 101 ~ 119 + 191 页。

[67] 蔡昉、王美艳:《中国人力资本现状管窥——人口红利消失后如何开发增长新源泉》,《人民论坛 · 学术前沿》2012 年第 6 期，第 56 ~ 65 页。

[68] 蔡洁:《区域战略与人力资源协同开发研究——以我国中部地区为例》,《技术经济与管理研究》2020 年第 6 期，第 125 ~ 128 页。

[69] 蔡晓月:《人力资本结构与经济增长关系研究综述》,《经济学动态》2004 年第 6 期，第 89 ~ 91 页。

[70] 车明好、邓晓兰、陈宝东:《产业结构合理化、高级化与经济增长：基于门限效应的视角》,《管理学刊》2019 年第 8 期，第 12 ~ 20 页。

[71] 陈朝阳、韩子璇、李小刚:《人力资本集聚及空间溢出对产业结构升级的影响研究——基于空间杜宾模型的实证分析》,《管理现代化》2019 年第 3 期，第 44 ~ 48 页。

[72] 陈得文、苗建军:《人力资本集聚、空间溢出与区域经济增长——基于空间过滤模型分析》,《产业经济研究》2012 年第 4 期，第 58 页。

[73] 陈恩、李卫卫:《人力资本积累与产业结构升级的双向关系研究》,《西北人口》2017 年第 3 期，第 18 ~ 23 页。

[74] 陈建军:《长江三角洲地区产业结构与空间结构的演变》,《浙江大学学报（人文社会科学版)》,2007 年第 2 期，第 88 ~ 98 页。

[75] 陈建军、杨飞：《人力资本异质性与区域产业升级：基于前沿文献的讨论》，《浙江大学学报》（人文社会科学版）2014年第5期，第149~160页。

[76] 陈生明、张亚斌、陈晓玲：《技术选择、产业结构升级与经济增长——基于半参数空间面板向量自回归模型的研究》，《经济经纬》2017年第5期，第87~92页。

[77] 陈曦：《构建协同发展现代产业体系的国际经验与启示》，《宏观经济管理》2020年第6期，第32~38页。

[78] 邓飞、柯文进：《异质型人力资本与经济发展——基于空间异质性的实证研究》，《统计研究》2020年第2期，第93~104页。

[79] 邓翔、朱高峰、万春林：《人力资本对中国经济增长的门槛效应分析——基于人力资本集聚视角》，《经济问题探索》2019年第5期，第173~181页。

[80] 董福荣、李萍：《广东人力资本与产业结构的互动关系分析》，《中国人力资源开发》2009年第3期，第72~76页。

[81] 董漪：《我国中部六省人力资源发展现状分析及对策探讨》，《知识经济》2014年第23期，第53~54页。

[82] 方超、罗英姿：《教育人力资本及其溢出效应对中国经济增长的影响研究——基于Lucas模型的空间计量分析》，《教育与经济》2016年第4期，第21~29页。

[83] 方甲：《产业结构问题研究》，中国人民大学出版社，1997。

[84] 冯雨飞：《河南省产业结构偏离度实证分析》，《长春大学学报》2018年第5期，第33~36页。

[85] 干春晖、郑若谷、余典范：《中国产业结构变迁对经济增长和波动的影响》，《经济研究》2011年第5期，第4~16+31页。

[86] 高波、陈健、邹琳华：《区域房价差异、劳动力流动与产业升级》，《经济研究》2012年第1期，第66~79页。

[87] 高辰颖：《资源错配与产业结构变迁》，首都经济贸易大学，2018年，第46~48页。

[88] 高文书、谢倩芸：《中国产业结构升级的人力资本需求研究》，《华中师范大学学报》（人文社会科学版）2017年第2期，第41~50页。

[89] 高翔：《城市规模、人力资本与中国城市创新能力》，《社会科学》

2015 年第 3 期，第 49 ~ 58 页。

[90] 高远东、花拥军：《异质型人力资本对经济增长作用的空间计量实证分析》，《经济科学》2012 年第 1 期，第 39 ~ 50 页。

[91] 何雄浪：《企业异质、人力资本流动与产业空间演化》，《南开经济研究》2012 年第 4 期，第 18 ~ 36 页。

[92] 胡健、焦兵：《空间经济集聚理论的兴起与演进》，《中国流通经济》2010 年第 4 期，第 38 ~ 41 页。

[93] 胡跃福、马贵舫：《新时代人才的竞争特征与中部地区引才聚才的战略选择》，《求索》2020 年第 4 期，第 190 ~ 196 页。

[94] 黄文正：《人力资本积累：比较优势与竞争优势的统一》，《江西社会科学》2010 年第 1 期，第 90 ~ 93 页。

[95] 江宏胜：《人力资本集聚对产业结构调整影响效应的实证研究》，重庆大学硕士学位论文，2017，第 18 页。

[96] 江三良、赵梦婵、程永生：《异质性人力资本集聚与产业结构升级——基于知识溢出匹配视角》，《经济经纬》2020 年第 4 期，第 81 ~ 89 页。

[97] 蒋昭侠：《产业结构问题研究》，中国经济出版社，2005，第 46 页。

[98] 金碚：《安全畅通：中国经济的战略取向》，《南京社会科学》2020 年第 6 期，第 1 ~ 8 页。

[99] 金京、戴翔、张二震：《全球要素分工背景下的中国产业转型升级》，《中国工业经济》2013 年第 11 期，第 57 ~ 69 页。

[100] 靳卫东：《人力资本与产业结构转化的动态匹配效应：就业、增长和收入分配问题的评述》，《经济评论》2010 年第 6 期，第 137 ~ 142 页。

[101] 景维民、王鑫：《城镇化：经济可持续增长的新引擎——基于人力资本积累的角度》，《经济问题》2015 年第 4 期，第 39 ~ 45 页。

[102] 靖学青：《产业结构高级化与经济增长——对长三角地区的实证分析》，《南通大学学报（社会科学版）》2005 年第 3 期，第 51 ~ 55 页。

[103] 科林·克拉克：《经济进步的条件》，中国人民大学出版社，2004，第 35 ~ 58 页。

[104] 李海峥、贾娜、张晓蓓、Barbara Fraumeni：《中国人力资本的区域分布及发展动态》，《经济研究》2013 年第 7 期，第 49 ~ 62 页。

[105] 李海峥、唐棠：《基于人力资本的劳动力质量地区差异》，《中央财经大学学报》2015年第8期，第72～80页。

[106] 李建民：《人力资本通论》（第一版），上海三联书店，1999，第35页。

[107] 李健、付军明、卫平：《FDI溢出、人力资本门槛与区域创新能力——基于中国省际面板数据的实证研究》，《贵州财经大学学报》2016年第1期，第10～18页。

[108] 李兰兰、诸克军、郭海湘：《中国各省市科技进步贡献率测算的实证研究》，《中国人口·资源与环境》2011年第4期，第55～61页。

[109] 李玲：《人力资本运动与中国经济增长》，中国计划出版社，2003，第36～40页。

[110] 李敏、张婷婷、雷育胜：《人力资本异质性对产业结构升级影响的研究——“人才大战”引发的思考》，《工业技术经济》2020年第8期，第107～114页。

[111] 李萍、谌新民：《人力资本投资、就业稳定性与产业转型升级——基于东莞市的经验数据》，《学术研究》2012年第9期，第80～86页。

[112] 李天健、侯景新：《中国人力资本的空间集聚与分布差异》，《世界经济文汇》2015年第3期，第104～117页。

[113] 李亚玲、汪戎：《人力资本分布结构与区域经济差距——一项基于中国各地区人力资本基尼系数的实证研究》，《管理世界》2006年第12期，第42～49页。

[114] 李忠民：《人力资本：一个理论框架及其对中国一些问题的解释》，经济科学出版社，1999，第64页。

[115] 李子伦：《产业结构升级含义及指数构建研究——基于因子分析法的国际比较》，《当代经济科学》2014年第1期，第89～98页。

[116] 梁琦：《空间经济学：过去、现在与未来——兼评〈空间经济学：城市、区域与国际贸易〉》，《经济学（季刊）》2005年第3期，第1067～1086页。

[117] 梁涛、李志刚、常晓玲：《给予产业集群的雄安新区人力资本集聚路径研究》，《河北工程大学学报》（社会科学版）2019年第3期，

第 8 ~ 10 页。

[118] 梁文泉、陆铭：《城市人力资本的分化：探索不同技能劳动者的互补和空间集聚》，《经济社会体制比较》2015 年第 3 期，第 185 ~ 197 页。

[119] 林晶、吴赐联：《福建产业结构升级测度及产业结构优化研究》，《科技管理研究》2014 年第 2 期，第 41 ~ 44 页。

[120] 林灵、阎世平、曾海舰：《产业集聚与人力资本投资效益——来自中国工业企业的微观证据》，《南方经济》2015 年第 2 期，第 70 ~ 89 页。

[121] 刘秉镰、李兰冰：《区域产业结构优化升级研究》，经济科学出版社，2015，第 96 ~ 100 页.

[122] 刘瀑：《中国经济增长、产业发展与劳动就业的耦合机理分析——基于 VAR 模型的动态实证分析》，《经济问题》2010 年第 4 期，第 24 ~ 29 页。

[123] 刘晴、胡甜甜、邵智：《交通基础设施对企业内外销关系的影响机制分析：基于新经济地理运输成本的视角》，《世界经济研究》2020 年第 5 期，第 17 ~ 33 页。

[124] 刘伟、蔡志洲：《新时代中国经济增长的国际比较及产业结构升级》，《管理世界》2018 年第 1 期，第 16 ~ 24 页。

[125] 刘新智、刘雨松：《城镇化进程中农村人力资本积累对农民收入增长的影响》，《当代经济研究》2016 年第 6 期，第 69 ~ 78 页。

[126] 刘志伟：《城市房价、劳动力流动与第三产业发展——基于全国性面板数据的实证分析》，《经济问题》2013 年第 8 期，第 44 ~ 47 页。

[127] 刘智勇、李海峥、胡永远、李陈华：《人力资本结构高级化与经济增长——兼论东中西部地区差距的形成和缩小》，《经济研究》2018 年第 3 期，第 50 ~ 63 页。

[128] 逯进、周惠民：《中国省域人力资本空间溢出效应的实证分析——基于 ESDA 方法和空间 Lucas 模型》，《人口学刊》2014 年第 6 期，第 48 ~ 61 页。

[129] 吕晨、孙威：《人口集聚区吸纳人口迁入的影响因素》，《地理科学进展》2014 年第 5 期，第 14 ~ 21 页。

[130] 吕静、李一念:《中部地区人力资源开发》,《中国集体经济》2011年第16期,第142~143页。

[131] 罗勇、高爽:《异质性人力资本、产业转移和产业结构优化》,《工业技术经济》2019年第12期,第41~50页。

[132] 罗志红、朱青:《物质资本、人力资本对经济增长的影响分析——基于地区差异的比较》,《技术经济与管理研究》2016年第5期,第21~25页。

[133] 闵维方:《人力资本理论的形成、发展及其现实意义》,《北京大学教育评论》2020年第1期,第9~26+188页。

[134] 莫志宏:《人力资本的经济学分析》,经济管理出版社,2004,第23~26页。

[135] 穆怀中、王珍珍:《高等教育人力资本与包容性城镇化》,《经济经纬》2017年第5期,第135~140页。

[136] 倪进峰、李华:《产业集聚、人力资本与区域创新—基于异质产业集聚与协同集聚视角的实证研究》,《经济问题探索》2017年第12期,第156~162页。

[137] 牛建林:《城市“用工荒”背景下流动人口的返乡决策与人力资本的关系研究》,《人口研究》2015年第2期,第17~31页。

[138] 彭树宏:《中国地区人力资本不平等及其空间分布的动态演进》,《中央财经大学学报》2019年第11期,第115~128页。

[139] 齐鹰飞、王伟同:《人口发展与产业结构调整:经济可持续发展的双驱动力——“人口发展与产业结构调整”学术研讨会综述》,《中国人口科学》2014年第4期,第121~125页。

[140] 齐鹰飞、张瑞:《市场集中度与产能过剩》,《财经问题研究》2015年第10期,第24~30页。

[141] 渠慎宁、吕铁:《产业结构升级意味着服务业更重要吗——论工业与服务业互动发展对中国经济增长的影响》,《财贸经济》2016年第3期,第138~147页。

[142] 任明仑:《人力资本分布结构与区域经济增长的关系》,《安徽工业大学学报(自然科学版)》2017年第10期,第404~408页。

[143] 生延超、周玉姣:《适宜性人力资本与区域经济协调发展》,《地理研究》2018年第4期,第797~813页。

[144] 时慧娜：《城市化、人口集中与人力资本溢出——基于中国快速城市化进程的分析》，《经济地理》2013 年第 10 期，第 54～60 页。

[145] 时省、王腊芳、赵定涛：《KIBS 集聚、区域创新及人力资本门槛效应》，《系统工程》2014 年第 3 期，第 18～25 页。

[146] 史经洋、孙泽厚、陆迪：《新生代农民人力资源能力结构研究——基于中部 6 省的实证分析》，《调研世界》2014 年第 4 期，第 25～29 页。

[147] 史经洋、孙泽厚、孙超：《新生代农民人力资源能力比较研究——以中部六省为例》，《华中农业大学学报》（社会科学版）2013 年第 5 期，第 113～120 页。

[148] 苏东水：《产业经济学》（第二版），高等教育出版社，2005，第 32～35 页。

[149] 苏丽锋：《职业教育发展对产业结构升级的支撑作用分析》，《高等工程教育研究》2017 年第 3 期，第 192～196 页。

[150] 孙海波、焦翠红、林秀梅：《人力资本集聚对产业结构升级影响的非线性特征——基于 PSTR 模型的实证研究》，《经济科学》2017 年第 2 期，第 5～17 页。

[151] 孙建：《中国区域创新内生俱乐部收敛研究——空间过滤与门槛面板分析》，《科学学与科学技术管理》2011 年第 7 期，第 74～80 页。

[152] 孙三百：《城市移民收入增长的源泉：基于人力资本外部性的新解释》，《世界经济》2016 年第 4 期，第 170～192 页。

[153] 唐代盛、冯慧超：《人力资本与产业结构耦合关系及其收入效应研究》，《当代经济管理》2019 年第 6 期，第 68～75 页。

[154] 唐慧：《人力资本对我国产业结构的影响研究》，湖南师范大学硕士学位论文，2018，第 25 页。

[155] 陶长琪、彭永樟：《从要素驱动到创新驱动：制度质量视角下的经济增长动力转换与路径选择》，《数量经济技术经济研究》2018 年第 7 期，第 3～21 页。

[156] 陶长琪、彭永樟：《经济集聚下技术创新强度对产业结构升级的空间效应分析》，《产业经济研究》2017 年第 3 期，第 95～107 页。

[157] 陶长琪、周璇：《要素集聚下技术创新与产业结构优化升级的非线

性和溢出效应研究》，《当代财经》2016 年第 1 期，第 83 ~94 页。

[158] 藤田昌久、保罗·克鲁格曼、安东尼·J·维纳布尔斯：《空间经济学》，梁琦译，中国人民大学出版社，2011，第 28 页。

[159] 田桂瑛、双海军、杨雪琴：《我国流通业波动与产业结构偏离的特征事实和相互关系研究》，《商业经济研究》2020 年第 1 期，第 9 ~12 页。

[160] 田静：《人力资本流动、市场转移成本与产业空间聚集演化》，《求索》2014 年第 11 期，第 110 ~115 页。

[161] 王成利：《人力资源强省建设与区域经济发展——以山东省为例》，《东岳论丛》2011 年第 12 期，第 176 ~181 页。

[162] 王春晖：《区域异质性、产业集聚与人力资本积累：中国区域面板数据的实证》，《经济经纬》2019 年第 1 期，第 87 ~94 页。

[163] 王金营：《区域人力资本积聚和开发机制研究》，人民出版社，2013，第 42 ~50 页。

[164] 王金营：《人力资本与经济增长：理论与实证》，中国财政经济出版社；2001，第 5 ~6 +35 ~37 页。

[165] 王金营、郑书朋：《人力资本在经济增长中作用的东部与西部比较》，《人口与经济》2010 年第 4 期，第 24 ~31 页。

[166] 王力南：《产业结构调整的驱动因素：人力资本投资》，《统计与决策》2012 年第 3 期，第 167 ~169 页。

[167] 王明杰、郑一山：《西方人力资本理论研究综述》，《中国行政管理》2006 年第 8 期，第 92 ~95 页。

[168] 王妍：《河南省人力资源开发现状及与中部其他省份的对比分析》，《人才资源开发》2014 年第 19 期，第 32 ~33 页。

[169] 王玥：《人口集聚对产业结构升级的影响及机制研究》，安徽大学博士学位论文，2018，第 54 页。

[170] 魏后凯：《现代区域经济学》，经济管理出版社，2006 年，第 125 ~128 页。

[171] 吴福象、沈浩平：《新型城镇化、基础设施空间溢出与地区产业结构升级——基于长三角城市群 16 个核心城市的实证分析》，《财经科学》2013 年第 7 期，第 89 ~98 页。

[172] 吴雪：《逆全球化背景下国际经贸治理体系改革及我国的应对策

略》，《宏观经济管理》2020 年第 6 期，第 78 ~ 83 页。

[173] 吴玉鸣：《中国区域研发、知识溢出与创新的空间计量经济研究》，人民大学出版社，2007，第 135 页。

[174] 吴振华：《城市化、人力资本集聚与产业结构调整》，《经济体制改革》2020 年第 1 期，第 59 ~ 65 页。

[175] 武勇、陈剑：《人力资本、产业集群与区域产业结构间的影响机理分析》，《商业时代》，2011 年第 31 期，第 115 ~ 117 页。

[176] 向永辉：《集聚经济、区域政策竞争与 FDI 空间分布：理论分析与基于中国数据的实证》，浙江大学博士学位论文，2013，第 68 页。

[177] 项晓乐、范如永：《中部地区高等教育人力资源发展的现状分析》，《科教文汇》2015 年第 5 期，第 134 ~ 135 页。

[178] 肖志勇：《人力资本、空间溢出与经济增长——基于空间面板数据模型的经验分析》，《财经科学》2010 年第 3 期，第 61 ~ 68 页。

[179] 熊虎、田盈、田力：《人力资本与产业结构匹配对投资效率影响的实证分析》，《资源科学》2016 年第 11 期，第 2095 ~ 2105 页。

[180] 徐建伟：《中部地区产业转型升级和新旧动能转换研究》，《宏观经济管理》2018 年第 3 期，第 67 ~ 71 页。

[181] 徐元康：《人力资本理论评述及其借鉴意义分析》，《中共山西省委党校学报》2008 年第 1 期，第 105 ~ 107 页。

[182] 许庆明、胡晨光、刘道学：《城市群人口集聚梯度与产业结构优化升级——中国长三角地区与日本、韩国的比较》，《中国人口科学》2015 年第 1 期，第 29 ~ 37 + 126 页。

[183] 薛继亮：《人力资本、技术进步和产业转型的相互影响机理研究——基于尼尔森—菲尔普斯模型》，《经济经纬》2015 年第 1 期，第 125 ~ 130 页。

[184] 阎世平、林灵：《产业集聚是否促进人力资本投资—来自我国工业企业在职培训的经验证据》，《广西大学学报》（哲学社会科学版）2015 年第 9 期，第 44 ~ 56 页。

[185] 阳立高、龚世豪、王铂、晁自胜：《人力资本、技术进步与制造业升级》，《中国软科学》2018 年第 1 期，第 138 ~ 148 页。

[186] 杨凤岐、刘军、袁庆宏：《政府助推对自贸区人力资本集聚作用的影响》，《山东工会论坛》2019 年第 11 期，第 33 ~ 39 页。

[187] 杨丽君:《论中国工业的市场化与产业结构合理化——基于动态空间面板模型的经济学分析》,《软科学》2017 年第 12 期,第 39 ~ 42 页。

[188] 杨爽:《地区经济差异的人力资本适配性解读——基于中国省际门槛回归的实证分析》,《经济问题探索》2010 年第 6 期,第 116 ~ 122 页。

[189] 杨晓锋、赵宏中:《教育不平等、收入差距与经济增长后劲》,《经济社会体制比较》2013 年第 6 期,第 80 ~ 84 页。

[190] 杨秀云、尹诗晨:《行业收入差距、人力资本结构与产业结构升级》,《西安交通大学学报》(社会科学版) 2020 年第 4 期,第 91 ~ 104 页。

[191] 杨振宇、张程:《东迁、自选择与劳动力溢价:“孔雀东南飞”背后的故事》,《经济学》(季刊) 2017 年第 4 期,第 1311 ~ 1340 页。

[192] 杨志学:《开放经济条件下产业结构调整的路径选择——基于比较优势的理论考察》,《前沿》2010 年第 18 期,第 69 ~ 71 页。

[193] 殷功利:《中国对外开放、要素禀赋结构优化与产业结构升级》,《江西社会科学》2018 年第 10 期,第 110 ~ 114 页。

[194] 尤济红:《人力资本、产业结构与城市劳动生产率》,《山西财经大学学报》2019 年第 8 期,第 71 ~ 83 页。

[195] 余泳泽、潘妍:《中国经济高速增长与服务业结构升级滞后并存之谜——基于地方经济增长目标约束视角的解释》,《经济研究》2019 年第 3 期,第 150 ~ 165 页。

[196] 袁冬梅、邓师琦、刘建江:《区域房价上涨、异质性劳动力流动与产业结构升级》,《湖南社会科学》2020 年第 2 期,第 103 ~ 111 页。

[197] 袁富华、张平、陆明涛:《长期经济增长过程中的人力资本结构——兼论中国人力资本梯度升级问题》,《经济学动态》2015 年第 5 期,第 11 ~ 22 页。

[198] 原毅军、张军、贾媛媛:《中国经济发展与研发效率的互动关系——基于省际面板 VAR 模型的实证分析》,《科技管理研究》2015 年第 2 期,第 201 ~ 207 页。

[199] 翟振武、赵梦晗:《生育率下降与经济发展模式转型》,《人口与经

济》2013 年第 1 期，第 3 ~9 页。

[200] 战炤磊：《人力资源与产业结构耦合互动的绩效及影响因素研究》，《吉林大学社会科学学报》2018 年第 7 期，第 87 ~96 页。

[201] 张彬斌、陈小利：《“重点县”扶贫的人力资本形成效应》，《经济科学》2015 年第 1 期，第 40 ~52 页。

[201] 张凤林：《人力资本理论及其应用研究》，商务印书馆，2006，第 76 ~79 页。

[202] 张桂文、孙亚南：《人力资本与产业结构演进耦合关系的实证研究》，《中国人口科学》2014 年第 12 期，第 96 ~106 页。

[203] 张国强、温军、汤向俊：《中国人力资本、人力资本结构与产业结构升级》，《中国人口·资源与环境》2011 年第 10 期，第 138 ~146 页。

[204] 张海峰：《人力资本集聚与区域创新绩效——基于浙江的实证研究》，《浙江社会科学》2016 年第 2 期，第 103 ~108 页。

[205] 张辉：《我国产业结构高度化下的产业驱动机制》，《经济学动态》2015 年第 12 期，第 12 ~21 页。

[206] 张瑾、龙强、江洪：《以扩大高水平开放促进中部地区高质量发展》，《宏观经济管理》2019 年第 12 期，第 42 ~47 页。

[207] 张军：《中国经济的长期增长趋势》，《社会科学报》2015 年 12 月 10 日，第 2 版。

[208] 张抗私、周晓蒙：《就业结构缘何滞后于产业转型：人力资本视角的微观解释——基于全国调研数据的实证分析》，《当代经济科学》2014 年第 6 期，第 11 ~19 +122 页。

[209] 张克勇、王玮琦：《空间视角下人力资本对高新区发展的影响》，《调研世界》2020 年第 4 期，第 31 ~38 页。

[210] 张楠、范洪敏、穆怀中：《人力资本梯度升级的经济增长效应》，《人口与经济》2020 年第 2 期，第 87 ~101 页。

[211] 张鹏、于伟：《城市化进程、空间溢出与城乡人力资本水平差距——基于省域尺度和受教育年限的空间计量研究》，《教育与经济》2015 年第 6 期，第 11 ~17 页。

[212] 张同斌：《从数量型“人口红利”到质量型“人力资本红利”——兼论中国经济增长的动力转换机制》，《经济科学》2016 年第 5 期，

第 5 ~ 17 页。
[213] 张文武：《集聚与扩散：异质性劳动力和多样化贸易成本的空间经济效应》，《财经研究》2012 年第 7 期，第 14 ~ 25 页。
[214] 张晓蓓：《人力资本、后发优势与地区经济协同发展——基于面板门槛模型的分析》，《东北财经大学学报》2020 年第 1 期，第 47 ~ 54 页。
[215] 张阳、姜学民：《人力资本对产业结构优化升级的影响——基于空间面板数据模型的研究》，《财经问题研究》2016 年第 2 期，第 106 ~ 113 页。
[216] 张银银、李凡：《中高速增长下产业结构优化升级探讨——基于知识视角分析》，《经济社会体制比较》2016 年第 3 期，第 166 ~ 175 页。
[217] 章潇萌、杨宇菲：《对外开放与我国产业结构转型的新路径》，《管理世界》2016 年第 3 期，第 25 ~ 35 页。
[218] 赵光辉：《人才结构与产业结构互动的一般规律研究》，《商业研究》2008 年第 2 期，第 34 ~ 39 页。
[219] 赵雯：《人力资本结构与区域经济结构优化》，《唯实》2009 年第 3 期，第 55 ~ 58 页。
[220] 郑玉：《人力资本集聚、空间溢出与产业结构转型升级——基于空间过滤模型的区域对比分析》，《经济问题探索》2017 年第 12 期，第 148 ~ 155 页。
[221] 郑玉：《政府补贴的创新效应——兼论不同类型创新的最适补贴区间》，《经济经纬》2020 年第 4 期，第 142 ~ 149 页。
[222] 钟水映、余远：《人口老龄化、人力资本结构对区域产业升级影响的实证分析》，《统计与决策》2017 年第 16 期，第 98 ~ 102 页。
[223] 周昌林、魏建良：《产业结构水平测度模型与实证分析——以上海、深圳、宁波为例》，《上海经济研究》2007 年第 6 期，第 15 ~ 21。
[224] 周海银：《人力资本与产业结构升级——基于省际面板数据的检验》，《东岳论丛》2014 年第 9 期，第 95 ~ 99 页。
[225] 周健：《中国第三产业产业结构与就业结构的协调 [226] 性及其滞后期研究》，《兰州学刊》2020 年第 6 期，第 95 ~ 109 页。
[227] 周荣敏：《本地市场效应下中国产业结构升级研究》，天津财经大学

博士学位论文，2015，第 60 页。

[228] 周少甫、王伟、董登新：《人力资本与产业结构转化对经济增长的效应分析——来自中国省级面板数据的经验证据》，《数量经济技术经济研究》2013 年第 8 期，第 65 ~ 77 页。

[229] 周秀英：《论人力资本的积累、积聚与集中》，《长白学刊》2000 年第 4 期，第 67 ~ 69 页。

[230] 周璇：《知识溢出下区域技术创新驱动产业结构优化升级的空间效应研究》，《江西财经大学》2017 年第 7 期，第 43 ~ 48 页。

[231] 周振华：《产业结构优化论》，上海人民出版社，1992，第 56 页。

[232] 朱风慧、刘立峰：《我国产业结构升级与经济高质量发展——基于地级及以上城市经验数据》，《云南财经大学学报》2020 年第 6 期，第 42 ~ 53 页。

[233] 朱江丽、刘厚俊：《FDI 对人力资本积累的影响研究—基于我国部分省级面板数据的实证分析》，《国际贸易问题》2013 年第 11 期，第 136 ~ 144 页。

[234] 邹璇、杨雪：《年龄结构、教育结构与产业结构优化——基于我国省级层面的空间溢出效应分析》，《河海大学学报》（哲学社会科学版）2018 年第 5 期，第 50 ~ 56 + 91 ~ 92 页。

[235] 〔德〕弗里德里希·李斯特：《政治经济学的国民体系》，陈万煦译，商务印书馆，2017，第 26 ~ 35 页。

[236] 〔德〕霍夫曼：《工业化的阶段和类型》，中国对外翻译出版公司，1980，第 38 页。

[237] 〔法〕让·巴蒂斯特·萨伊：《政治经济学概论》，陈福生、陈振骅译，商务印书馆，1963，第 56 页。

[238] 〔美〕艾伯特·赫希曼：《经济发展战略》，曹征海、潘照东译，经济科学出版社，1991，第 65 页。

[239] 〔美〕加里·贝克尔：《人力资本》，陈耿宜译，机械工业出版社，2016，第 26 页。

[240] 〔美〕西蒙·库兹涅茨：《各国的经济增长》，常勋等译，商务印书馆，1985，第 32 页、第 151 ~ 165 页。

[241] 〔美〕霍利斯·钱纳里、谢尔曼·鲁滨逊、摩西·赛尔奎因：《工业化和经济增长的比较研究》，上海三联书店，上海人民出版社，

1986，第 20～43 页。

[242]〔英〕大卫·李嘉图：《政治经济学及赋税原理》，郭大力、王亚南译，商务印书馆，2017，第 43 页。

[243]〔英〕威廉·配第：《赋税论、献给英明人士、货币略论》，陈冬野等译，商务印书馆，1972，第 50 页。

[244]〔英〕亚当·斯密：《国富论》，商务印书馆，1964，第 35 页。

后　记

经济增长始终是经济学研究的核心问题之一，产业结构优化升级是经济增长的本质内容。习近平总书记强调，推动经济高质量发展，要把重点放在推动产业结构转型升级上。在经济增长过程中，落后地区如何通过产业结构转型升级使经济增长赶超发达地区呢？众多学者从不同视角对此展开研究，取得了一系列研究成果。本书通过构建人力资本积聚与产业结构转型升级的耦合机理，在实证分析中部地区人力资本积聚对产业结构合理化和高级化影响的基础上，提出加速人力资本的积累和提升，可以有效促进地区产业结构优化升级，实现区域经济“弯道超车”，从而推动全国经济协调发展。本书是刘瀑教授主持的国家社会科学基金项目（15BRK030）、河南省哲学社会科学规划项目（2021BJJ113）、河南省高等教育教学改革研究与实践项目（2021SJGLX111Y）的主要研究成果，在研究过程中课题组成员进行了大量实地调研，并运用现代经济学研究方法进行了系统和深入的探索，相关研究成果对我国中部地区制定区域经济政策具有一定的指导意义。

本书是集体智慧的结晶，多人参加了课题的讨论和专著的编写，具体分工如下：刘瀑负责提出写作框架和统稿，并负责撰写第 1、2、4 章；刘凤伟负责撰写第 3、5 章；刘瀑和许玲玲共同撰写第 6 章；郑玉负责撰写第 7 章；王翔翔负责撰写第 8 章；王光霁负责撰写第 9 章；徐维和刘凤伟共同撰写第 10 章。

本书的出版要感谢全国哲学社会科学规划办公室、河南省高等学校哲学社会科学创新团队支持计划对于本项目的资助。

本书的出版得到了社会科学文献出版社的大力支持，从策划到最终定稿，出版社提出了许多合理建议，在此对社会科学文献出版社表达真诚的谢意。还有许多朋友对本书的写作和出版非常关心，并给予了帮助，在此一并致谢。

图书在版编目(CIP)数据

中部崛起：人力资本积聚与产业升级之路 / 刘瀑著. -- 北京：社会科学文献出版社，2022.7
ISBN 978-7-5228-0218-3

Ⅰ.①中… Ⅱ.①刘… Ⅲ.①人力资本-研究-中国 ②产业结构升级-研究-中国 Ⅳ.①F249.21 ②F269.24

中国版本图书馆CIP数据核字(2022)第103731号

中部崛起：人力资本积聚与产业升级之路

著　　者 / 刘　瀑

出 版 人 / 王利民
组稿编辑 / 陈凤玲
责任编辑 / 李真巧
责任印制 / 王京美

出　　版 / 社会科学文献出版社·经济与管理分社（010）59367226
地址：北京市北三环中路甲29号院华龙大厦　邮编：100029
网址：www.ssap.com.cn
发　　行 / 社会科学文献出版社（010）59367028
印　　装 / 三河市东方印刷有限公司

规　　格 / 开 本：787mm×1092mm　1/16
印 张：13.75　字 数：234千字
版　　次 / 2022年7月第1版　2022年7月第1次印刷
书　　号 / ISBN 978-7-5228-0218-3
定　　价 / 99.00元

读者服务电话：4008918866